다문화 사회정의 상담

임은미 · 구자경 공저

Theories of Counseling
and Psychotherapy

학지사

이 저서는 2015년 대한민국 교육부와 한국연구재단의 지원을 받아 수행된
연구임(NRF-2015S1A5A2A03049863)

머리말

다문화 사회정의 상담은 인간이 문화의 산물이며, 상담은 문화의 산물인 내담자와 상담자가 함께 참여하는 과정임을 강조한다. 내담자가 경험하는 고통의 원인과 영향, 그에 대한 대응방안, 도움을 요청하는 방식은 내담자 개인만의 산물이 아니다. 내담자의 가정, 학교, 지역사회, 더 나아가서는 국가와 세계 등 내담자를 둘러싼 여러 체계와 내담자의 상호작용이 빚어낸 산물이다. 내담자의 문제를 해결하고 성장을 돕고자 하는 상담자는 내담자의 문제를 이해할 때 사회체계와의 관련성을 함께 이해해야 하며, 개입방안을 세울 때 내담자 개인만의 변화를 넘어서서 사회체계의 변화 방안도 함께 모색해야 한다.

상담자의 개입활동 역시 상담자 개인만의 산물이 아니다. 상담자 자신의 성장배경인 문화와 상담자 교육과정의 산물이다. 상담자가 내담자에게 보다 충분한 도움을 주는 전문가로 존재하기 위해서는 자신의 문화적 특징을 이해하며, 내담자와 상담자 사이의 문화적 차이가 상담과정에 어떤 영향을 주는지 주시해야 할 뿐 아니라, 개입방안도 내담자의 문화를 고려하여 마련해야 한다.

상담현장에서는 사회체계와의 갈등 속에서 문제를 겪는 내담자를 많이 만날 수 있다. 현장 경험이 있는 상담자들은 다문화 사회정의 상담을 필요로 하는 내담자가 매우 많다는 것을 부정할 수 없다. 또한 상담실에서 내담자와 대화를 나누고, 내담자의 통찰과 행동의 변화를 이끄는 개입만으로는 그들의 삶에 실제적인 변화를 일으키는 데 너무 큰 제약이 있다는 것을 인정할 수밖에 없을 것이다. 현장의 상담자들은 자신의 상담 실무에 다문화 사회정의 상담접근을 이미 일정 정도 통합하고 있다. 다문화 사회정의 상담이 기존의 접근과 완전히 다를 것이라고 기대했던 독자는 이 책에서 논의하는 내용이 상담현장에서는 이미 자연스럽게 진행되는 일임을 발견할 것이다.

그럼에도 우리나라 상담자 교육과정에서는 다문화 사회정의 개입을 공식적으로 다루고 있지 않다. 이러한 현실은 상담자들이 현장에서 시간과 노력을 들여 수행하는 다문화 사회정의 개입이 마치 '전문적인 상담이 아닌 듯'한 착시현상을 불러일으킨다.

이러한 상담현장과 상담자 교육과정의 불일치로 인해 다문화 사회정의 상담은 우리나라의 상담에서 이중적 위치에 놓여 있다. 현장에서는 너무 익숙하고, 전문지식이나 공식적인 상담자 교육과정에서는 너무 생소하다. 상담자가 자신의 문화적 특징에 대한 이해가 부족함으로 인해 내담자에게 오히려 무의도적 억압과 차별을 행할 수 있다는 다문화 사회정의 상담의 문제제기는 상담자들에게 더욱 생소할 것이다. 다문화 사회정의 상담은 현장 상담자들에게 내담자가 필요로 할 때 '할 수 없이' 대응해 내야 하는 것쯤으로 부담스럽게 여겨질 수도 있다.

다문화 사회정의 상담은 특정 대상에게만 필요한 것이 아니다. 이러한 주장은 다문화 상담을 국제결혼가정을 대상으로 하는 상담이라고 여기던 독자에게는 생소하게 여겨질 것이다. 그러나 다문화 사회정의 상담은 명시적·묵시적인 특권, 억압, 차별이라는 사회 체계적 현상으로 인해 자기답게 살지 못하는 순간을 경험하는 사람 누구에게나 필요하다. 이러한 경험에서 완전히 자유로울 수 있는 사람들이 우리 사회에 얼마나 존재할 것인가를 생각해 보면, 다문화 사회정의 상담은 누구에게나 필요하다는 주장에 동의할 것이다. 다문화 사회정의 상담이 국제결혼가정이나 외국인 근로자 등의 특정 대상만을 위해 필요한 것은 더더욱 아니다. 이 책을 통해 많은 상담 전문가가 다문화 사회정의 상담은 우리의 상담현장 실무에 이미 통합되고 있으며, 이제는 한국 상담의 현상에 대한 연구와 교육에서도 본격적으로 다루어져야 함을 이해하는 계기가 되기를 바란다.

이 책은 크게 세 개의 부로 구성되어 있다. 1부는 다문화 사회정의 상담의 기초를 이해하기 위한 장이다. 이를 위해 1장에서는 다문화 사회정의 상담에 대한 전반적인 이해를 높일 수 있는 내용을 정리하였고, 2장에서는 다문화 사회정의 상담의 주요 현상을 제시하였으며, 3장에서는 다문화 사회정의 상담을 실시하기 위해 상담자가 갖춰야 할 역량을 정리하였다.

2부는 다문화 사회정의 상담의 과정을 이해하기 위한 장이다. 이를 위해 4장에서는 다문화 사회정의 상담에서의 상담관계가 어떠해야 하는지 제시하였다. 5장에서는 다문화 사회정의 상담의 과정을 상담목표, 진단, 개입원리의 순으로 제시하였으며, 6장에서는 다문화 사회정의 상담에서 적용할 대화기술과 유의사항을 다루었다.

3부는 다문화 사회정의 상담의 사례를 제시함으로써, 다문화 사회정의 상담의 관점, 개념, 기법들을 실제 상담에서 어떻게 다루어야 하는지를 보여 주고자 하였다. 7장에서는 대학생을 대상으로 애니메이션을 활용한 다문화 인식 증진 프로그램, 8장에서는 개인 상담 사례, 9장에서는 상담자의 다문화 사회정의 역량 증진을 위한 집단상담 프로그램, 10장은 교사를 대상으로 실시한 문화적 역량 강화 프로그램을 소개하였다.

　집필을 계획할 때는 이 책 한 권으로 다문화 사회정의 상담의 이론과 실제를 충분히 소개할 수 있게 하려는 목적이 있었다. 그러나 막상 집필 작업을 마치고 나니, 우리나라의 연구에서 다문화 사회정의 상담을 아직 활발히 다루지 않은 관계로 한계가 있었다. 우리나라 자료보다 미국 자료에 많이 의존할 수밖에 없었다. 전술한 바와 같이 우리나라 현장에서는 많은 상담자가 이미 다문화 사회정의적 시도를 하고 있었지만, 공식적 상담자 교육과정에서 다루어지지 않음으로 인해 다문화 사회정의 상담이라는 관점으로 실행되지 않았기 때문에, 학술 저서에 포함시킬 만큼의 체계적 논의가 부족한 실정이다. 이 책을 바탕으로 이후로는 우리나라 현장 상담자들의 노력이 '다문화 사회정의 상담 활동'으로 개념화될 수 있기를 바란다.

　그리고 저자의 다문화적 감수성과 사회정의 상담역량의 부족으로 인해, 저자가 알지 못하는 사이에 이 책에서도 주류 문화 중심적이고 상담자의 사회참여에 대한 고려가 부족한 한계가 곳곳에서 드러날 수 있을 것이다. 독자 중 이를 발견하는 분들 누구라도 온정적인 관심을 발휘하여 지적해 주서서, 다문화 사회정의 상담의 발전에 함께 기여해 주시기를 바라는 마음이다.

끝으로, 원고가 집필되기도 전에 저자들을 신뢰하는 마음으로 이미 집필 계약을 해 주시고, 원고를 작성하는 오랜 기간 동안 여러 번 기일을 연장했음에도 불구하고 끝까지 기다려 주셨으며, 편집 작업에 정성껏 임해 주신 학지사의 모든 분께 감사드린다.

저자 일동

차례

2부　다문화 사회정의 상담의 진행

1부

다문화 사회정의 상담의 기초

Theories of Counseling
and Psychotherapy

독일에서, 나치는 처음에 동성애자들에게 왔습니다. 나는 동성애자가 아니었기 때문에 목소리를 내지 않았습니다.

그러고 나서 그들은 공산주의자들에게 왔습니다. 나는 공산주의자가 아니었기 때문에, 목소리를 내지 않았습니다.

그러고 나서 그들은 유대인에게 왔습니다. 나는 유대인이 아니었기 때문에 목소리를 내지 않았습니다.

그러고 나서 그들은 노동조합원에게 왔습니다. 나는 노동조합원이 아니었기 때문에 목소리를 내지 않았습니다.

그러고 나서 그들은 가톨릭 신자에게 왔습니다. 나는 개신교도였기 때문에 목소리를 내지 않았습니다.

그러고 나서 그들은 나에게 왔습니다. 그때는 누군가를 위해 목소리를 내 줄 아무도 없었습니다(United States Holocaust Memorial Museum, 2012).

- Mthethwa-Sommers, 2014, p. 103

1장
다문화 사회정의 상담의 이해

이 책에서 다문화 사회정의 상담은 다문화 상담과 사회정의 상담을 함께 일컫는다. 다문화 상담은 상담과정에서 내담자의 문화적 성장배경을 고려한다. 사회정의 상담은 내담자의 잠재력 발달을 저해하는 사회환경적 요인의 변화를 위해 상담자가 내담자와 함께 또는 내담자를 대신하여 상담실 밖 활동에 참여하는 것을 고려한다. 다문화 상담은 전통 상담이 개인의 변화에만 초점을 두면서 불합리한 체계 유지에 기여한다고 비판하면서 등장하였다. 사회정의 상담은 다문화 상담의 토대에서 상담자의 상담실 밖 사회참여를 상담의 범위에 명시화함으로써 내담자에게 문제가 생기기 전에 개입하자고 주장한다. 사회정의 상담은 다문화 상담이 상담자의 활동을 상담실 내에 국한한다는 점을 비판하면서 등장하였기 때문에, 양자는 서로 분리되어 취급되었다. 그러나 2015년 미국상담학회(American Counseling Association: ACA)가 다문화 사회정의 역량을 인준하면서 다문화 상담과 사회정의 상담은 밀접한 관련이 있음을 확인시켜 주었다. 이 장에서는 다문화 사회정의 상담의 개념을 다문화 상담, 사회정의 상담, 그리고 이 두 상담의 공통점과 차이점을 정리하면서 알아보고자 한다.

내담자의 문제에 내재한 체계의 영향을 어떻게 바라보고 다루 느냐에 따라 상담의 접근을 전통 상담, 다문화 상담, 사회정의 상 담[1]으로 구분할 수 있다(Essandoh, 1996; Neukrug, 2017; Ratt, 2009). Essandoh(1996), Ratts(2009), Pedersen, Crethar과 Carlson(2008), Neukrug(2017)에 이르는 연구자들은 정신역동적 접근을 상담의 제 1세력, 인지행동적 접근을 제 2세력, 인간중심상담을 제 3세 력, 다문화 상담접근을 제 4세력, 사회정의 옹호 상담접근을 제 5세 력으로 구분하고 있으며, 이러한 논의 속에서 제 1·2·3세력은 전통 상담접근으로 통칭된다(임은미, 강혜정, 구자경, 2018).

전통 상담, 다문화 상담 그리고 사회정의 상담은 모두 내담자에 대한 깊은 이해를 바탕으로 내담자의 문제를 해결하고 내담자가 성장을 이루어 나가도록 돕는 것을 목표로 한다. 전통 상담과 마 찬가지로 다문화 상담과 사회정의 상담 역시 내담자의 고통에 대 한 깊은 공감을 바탕으로 한다(Lewis et al., 2011). 다문화 상담과 사회정의 상담은 전통 상담을 대신하거나 대치할 수 있는 것이 아 니다. 상담자가 어떤 접근으로 상담을 진행하든, 문화적 맥락과 사회 체계적 요인을 고려하는 다문화 상담과 사회정의 상담을 통 합할 수 있다. 전통 상담과 비교할 때, 다문화 상담과 사회정의 상

---

1) 사회정의 상담에서 상담자가 행하는 상담실 밖 사회참여를 '옹호'라고 한다. 사회정 의 상담에서 상담자가 취하는 주요 개입이 옹호이기 때문에 사회정의 상담 옹호상 담, 옹호, 사회정의 옹호상담은 동의어로 혼용된다(임은미, 2015).

담은 모두 사회 체계와 내담자 출신 집단에 관심을 돌렸다는 점에서 뚜렷한 공통점이 있다(임은미, 강혜정, 구자경, 2018).

1. 다문화 사회정의 상담의 개념

다문화 상담도 전통 상담과 마찬가지로 내담자가 스스로 자신의 문제를 이해하고 해결하도록 돕는 것을 일차적인 목적으로 한다. 다만 내담자 문제의 원인에 사회 체계적 억압과 차별의 요소가 있음을 중요하게 다룬다는 점에서 전통 상담과 다르다.

다문화 상담은 내담자를 이해하기 위해 내담자가 태어나서 성장한 배경의 문화적 특징과 상담자의 문화적 특징에 대한 인식을 상담 작업에 통합하는 것이다(McAuliffe et al., 2013; Pedersen, Crethar, & Carlson, 2008). 이를 위해 상담자는 다문화적 신념과 태도, 지식 그리고 기술을 갖추어야 한다. 다문화적 신념과 태도는 내담자의 세계관과 행동이 문화적 배경에 따라 달라질 수 있으며, 상담기법에 대한 내담자의 반응이나 상담 효과에 대한 평가 또한 문화적 배경에 따라 달라질 수 있음을 개방적으로 수용하는 것이다. 다문화적 지식은 상담자가 자신과 내담자의 문화를 알고, 그것이 상담을 진행하는 데 어떤 영향을 미치는지를 이해하는 것이다. 다문화적 기술은 상담자와 내담자의 문화적 특징이 상담과정에 미치는 영향을 통제하고, 상담에 활용하며, 내담자의 문화적 배경에 적절한 개입기술을 구사하는 것이다(임은미 외, 2018; Arredondo et al., 1996; Sue, 2013).

상담자와 내담자의 성장배경이 다르고 그로 인해 둘 사이의 문화에 차이가 날 때 다문화 사회정의 상담이 필요하다. 또 내담자가 주류 문화가 아닌 소수 문화 출신이어서 잠재력 개발이나 자기실현에 불리한 위치에 놓여 있을 때 다문화 사회정의 상담이 요구된다.

1) 다문화 상담의 개념

상담은 자신의 행동과 삶의 변화를 희망하는 내담자가 상담자를 만나 당면 문제를 해결하고 심리적 성장을 이루는 전문적인 과정이다(이장호, 1986). 다문화 상담은 상담자가 자신과 내담자의 문화적 특징을 이해하고, 그것을 상담의 전 과정에 통합하는 것이다(임은미 외, 2018).

(1) 상담자 자신의 문화적 특징

다문화 상담에서는 상담자 자신의 문화적 특징을 이해할 것을 강조한다. 문화는 사회 구성원에 의하여 습득, 공유, 전달되는 행동 양식이나 생활 양식의 과정 및 그 과정에서 이룩하여 낸 물질적·정신적 실체를 통틀어 이르는 말이다. 의식주를 비롯하여 언어, 풍습, 종교, 학문, 예술, 제도 따위 등을 모두 포함한다. 특정한 집단에 소속되어 성장하다 보면 다른 집단에서 성장한 사람과 여러 가지 면에서 차이가 나게 된다. 주거, 의상, 식생활, 교육수준, 소득수준 등이 그 예이다. 그러한 차이는 사고, 감정, 행동의 차이로 이어진다.

상담자 또한 문화적 존재이기 때문에, 자신의 문화적 특징에 따라 내담자를 바라보는 관점이 다를 수 있고, 내담자와 문제에 대한 평가가 달라질 수 있으며, 상담 개입방법이 달라질 수 있다. 상담관계에서 상담자는 힘을 가진 주류민의 위치에 있다. 상담자의 문화적 특징은 상담과정과 내담자에게 영향을 미친다.

상담자 자신의 문화적 특징을 알지 못하면, 상담자가 의도하지 못하는 사이에 내담자에게 차별과 억압을 행사할 우려가 있다. 상담자 중 의도적으로 내담자에게 억압과 차별을 행하는 사람은 없다. 다만 문화적으로 둔감하여, 돌보는 방법을 모를 뿐이다(Jun, 2009). 상담자가 내담자의 문화적 특징뿐 아니라 자신의 문화적 특징까지 충분히 이해하지 못하거나 둘 사이의 문화적 공통점과 차이점을 파악하지 못하거나, 각각의 문화적 특징에 대한 충분한 지식을 갖지 못하면 억압과 차별이 발생할 수 있다. 유학생 내담자 앞에서, 부정적인 해외의 사건을 이야기할 때, 상담자가 해당 국가 사람들을 지칭하며 무심히 사용한 '그 사람들'이라는 말에서도 유학생 당사자는 억압을 받을 수 있다. 내담자는 자신이 '그 사람들'에 속하며, 상담자가 '그 사람들'에 대하여 구분 짓고 비난하듯이 속으로는 자신에 대하여도 구분 짓고 비난할 것이라고 생각할 수 있다.

또 상심에 빠져 있는 내담자에게 상담자가 '기분전환을 위한 여행'을 제안했다고 가정하자. '여행'은 가정 형편이 어려운 내담자에게는 받아들이기 어려운 제안이다. 여행을 위한 경비를 내거나 휴가를 갖기 어려운 내담자는 상담자가 자신을 이해하지 못한다고 생각할 수 있다. 권위자의 제안에 순종하는 것을 강조하는 문화에서 성장한 내담자라면, 스트레스를 풀기 위해 여행을 하라는

'선의'의 제안을 받고 당황할 수 있다. 제안을 받아들일 수 없다고 말하면, 상담자에게 순응하지 않는 자기 모습이 불편하고 자신의 초라한 모습을 다시 확인하게 되기 때문이다. 그래서 속마음을 표현 못하고, 그로 인해 억압을 느낄 수 있다. 더 나아가 상담자가 선의로 제안한 기분전환 여행을 선뜻 받아들이지 못하는 자신에게 문제가 있다고 느끼고 실패감을 경험할 수도 있다.

내담자는 상담자가 알지 못하는 사이에 상담에서 차별과 억압을 느낀다. 차별과 억압을 가하는 사람은 자신이 차별과 억압을 행했다는 것을 인지하지 못하지만 상담자가 무심코 던진 말과 비언어 속에서 내담자는 차별과 억압을 느낄 수 있다. 내담자가 일상생활에서 받는 억압과 차별을 풀어줘야 할 상담자가 스스로 알아차리지도 못하는 사이에 오히려 내담자를 억압하고 차별하는 역설이 발생하는 것이다. 차별과 억압을 느끼는 내담자가 상담자 앞에서 문제를 개방하고, 상담자를 자신의 내면으로 초대하기는 어렵다.

그래서 상담자는 다문화적 감수성을 길러야 한다. 학위과정과 워크숍에서 교육을 받아야 하고, 슈퍼비전을 통해 드러나는 자신의 문화적 특징을 직면해야 하며, 일상생활에서 동료들과 문화적 이슈에 대한 이야기를 나누고 인식하며 서로에게 피드백을 해 주면서 지내는 것이 필요하다.

(2) 내담자의 문화적 특징

다문화 상담에서는 내담자를 이해할 때 내담자가 속한 출신 집단의 문화적 차이에 주목한다. 내담자는 혼자서 존재하지 않는다. 가족과 친척, 학교와 또래 및 교사 등의 미시체계, 이런 미시체계들 간의 관계로 구성되는 중간체계, 가족의 친구나 직장 및 지역 교육청 등의 외체계, 사회규범이나 정책과 매스컴 등의 거시체계와 끊임없이 상호작용하면서 살아간다. 내담자를 둘러싸고 내담자와 끊임없이 상호작용하며 유무형의 결과를 남기는 체계는 내담자의 성장배경이 되고, 체계의 특징은 내담자로 하여금 독특한 문화적 특징을 지니도록 한다.

다문화 상담은 내담자가 주류 문화 집단에서 성장한 경우 특권을 누리게 되고, 비주류 문화인 소수민 집단에서 성장하게 되면 차별과 억압을 받는다는 점을 인식한다. 소수민 내담자는 특권의 박탈, 차별, 억압으로 인해 문제를 겪거나, 문제가 심화되거나, 또는 해결책을 찾기 어려운 여건에 놓인다. 그래서 내담자를 충분히 이해하기 위해서는 내담자의 문화를 이해해야 한다. 또한 내담자 문화와 상담자 문화의 차이를 이해하고, 그러한 차이가 상담에 어떤 영향을 미치는지에 대하여도 이해해야 한다.

출신 집단의 특징을 고려하지 않은 채 개인적 차원에서만 내담자를 바라보면 내담자를 충분히 이해하지 못한다는 것이 다문화 상담자들의 주장이다. 동일한 문제를 호소하는 내담자라 할지라도 그가 어떤 문화적 여건에서 성장했고, 현재 어떤 여건에 놓여 있느냐에 따라 문제의 심각성이나 해결방안에서 큰 차이가 날 수 있기 때문이다. 예를 들어, 40대 후반 기혼으로서 현재 대학원 박사과정에 재학 중인 두 명의 여성을 위해 개인 상담을 진행하고 있는 상담자의 상황을 가정해 보자. 두 내담자 모두 각자의 진로 문제로 인한 불안과 스트레스를 호소하고 있다. 한 내담자는 경제적으로 부유하고, 인생에 뚜렷한 트라우마 없이 지냈다. 다른 한 내담자는 경제적으로 어려워서 남편과 자녀뿐 아니라 양가 부모님의 생계와 병간호까지 책임져야 하고, 어린 시절 부모로부터 남자 형제와 심한 차별을 받고 자랐다. 내담자의 문화를 고려하지 않았을 때는 두 사람 모두의 호소문제가 '진로문제로 인한 불안과 스트레스'로 동일하였다.

그러나 내담자의 성장배경과 문화를 고려하면 이야기가 달라진다. 불안과 우울의 발생배경과 의미에 있어 두 내담자 간에 차이가 있으므로 각자에 대한 개입방법도 달라야 한다. 박사과정을 공부하는 동안 좌절에 직면할 때, 경제적 · 가정적으로 좋은 여건에 있는 내담자는 당면 문제에 대한 해결책만 모색하면 된다. 반면, 그렇지 않은 내담자에게는 좀 다른 사정들이 더 발생한다. 문제해결에 드는 시간과 돈을 어떻게 마련할지를 함께 생각해야 한다. 여성으로서, 자기 공부를 위해 시간과 노력을 투자하는 것에 대하여 죄책감도 느낄 수 있다.

두 번째 여성이 전문상담사 자격증을 취득하는 기간이 첫 번째 여성보다 긴 것은 그녀의 게으름 때문만은 아니다. 이와 같이 내담자의 출신 배경은 그것이 내담자에게 진로가 차지하는 비중과 의미에 미치는 영향, 진로선택을 할 때 고려해야 할 사항, 진로장벽의 종류와 강도, 문제해결에 필요한 자원의 마련, 불안을 극복하기 위해 다루어야 할 심리적 사항들에 많은 차이를 일으킨다.

(3) 문제의 해결

다문화 상담 또한 전통 상담과 마찬가지로 내담자가 스스로 문제를 해결하도록 돕는 것을 목표로 한다. 다문화 상담자는 자신에게 어려움이 있음을 호소하는 내담자가 자신의 감정을 만나며, 스스로에게 도움이 되는 생각을 탐색하고, 적응적인 행동을 할 수 있도록 돕는다.

다문화 상담은 문제의 원인 중에는 내담자가 아무리 노력해도 제거할 수 없는 것이 있다는 사실에도 주목한다. 친구들에게 따돌림 받는 초등학교 3학년 아동 내담자가 상담에 의뢰되었다고 가정해 보자. 내담자는 친구들과 즐겁게 보내고 싶은 욕구를 가지고 있다. 친구들이 자신을 좋아해 주기를 바라고 있다. 친구들이 내담자를 따돌리는 이유는 첫째, '냄새가 나서'였다. 내담자는 시력과 청력이 매우 약한 할머니와 함께 단칸방에 거주하고 있다. 생활비는 다른 지역에 거주하는 아버지로부터 받아쓰고 있는데, 식비와 공과금을 해결하기에도 빠듯하며, 매달 일정하게 들어오는 것도 아니었다. 할머니는 무엇이든 아껴 쓰라고만 하신다. 둘째, '바보 같아서'였다. 내담자가 아직 맞춤법과 띄어쓰기도 잘 모르고, 모둠학습 시간에 상황에 맞지 않는 행동을 자주 한다고 한다. 내담자는 집에서 할머니 심부름을 하고, 텔레비전을 보며 시간을 보낸다. 할머니는 공부 잘하라고 말씀은 하시지만 실제로 학습에 도움을 주시지는 않는다. 한 달에 한 번 정도 오시는 아버지는 오랫동안 잠을 자다가 할머니께 용돈을 드리고, 내담자에게는 할머니 말씀 잘 들으라고 하시며 떠난다.

초등학교 3학년인 내담자는 자신에게 왜 냄새가 나는지, 어떻게 하면 냄새를 없앨 수 있는지, 바보 같지 않게 하려면 어떻게 해야 하는지 몰랐다. 상담자는 내담자의 환경을 이해하고자 하였다. 강점과 자원에 대한 강화를 바탕으로 교육도 실시하였다. 조손가정과 가난이 내담자의 특징적 가정환경이었다. 그리고 환경에 대한 이해를 상담과정에 통합하였다. 그 과정에서 내담자의 강점과 자원에 우선적으로 집중하였다. 밝은 성격과 할머니를 위해 궂은일을 도맡아 하는 내담자의 모습이 주된 강점으로, 손주에 대한 할머니의 무한 신뢰가 주된 자원으로 파악되었다. 내담자에게 매일 비누를 사용하여 샤워를 하도록 하고, 옷을 빨아 입는 등 몇 가지 기본적인 행동을 가르쳤다. 또한 한글학습을 도우며 약간의 과제를 제시하였다. 그러나 할머니께서 거의 항상 텔레비전을 크게 켜 놓으시고 주무시기 직전에 텔레비전과 전등을 동시에 끄시기 때문에, 집에서 책을 보거나 공부를 한다는 것은 불가능하였다. 그래서 우선 내담자가 스스로 할머니께 자신이 한글 공부를 하는 동안에는 텔레비전을 보지 않으시도록 부탁을 드리게 하였다. 그러나 잘 되지 않아서, 상담자가 내담자를 대신하여 할머니께 말씀드리고 해결방안을 함께 모색하기로 하였다.

이 사례는 가족 구성과 경제적 측면에서의 소수민 아동 내담자에 대한 다문화 상담 사례이다. 사례에 나타난 것처럼, 다문화 상담자는 상담에서 소수민 집단 출신의 내담자들을 위한 의도적이고 본격적인 노력을 기울일 필요가 있다. 우리나라의 상담현장은 복지차원에서 행해지는 공공기관 상담이 큰 몫을 차지한다. 학교 상담 서비스 체제인 Wee 프로젝트, 전국의 청소년상담 복지센터, 여성의 전화, 사랑의 전화, 고용지원센터, 사회복지관 등에서 이루어지는 상담이 그 예이다. 공공 상담은 높은 상담료를 지불하기 어려운 국민들을 위한 서비스의 일환으로 행해진다. 따라서 우리나라 상담자들도 상담의 현장에서 소수민 내담자들과 자주 만난다. 내담자에게 스스로 문제를 해결할 것을 강조하며, 상담자의 시선이 상담실 내 활동에만 머물러서는 소수민 집단 출신의 내담자를 제대로 이해하기 어려운 경우가 많다. 자신의 여건을 이해해 주지 않는 상담자에게 내담자가 마음의 문을 열어 보여 주기는 어렵기 때문이다.

결론적으로 다문화 상담은 내담자가 스스로 자신의 문제를 이해하고 해결하도록 돕는 과정이며 내담자를 이해할 때 상담자 자신의 문화적 특징에 대한 이해뿐 아니라 내담자 출신 집단의 문화에 대한 이해를 바탕으로 해야 한다. 문화적 특징이 상담과정에 미치는 영향을 주시하면서 상담을 진행하고, 문제를 해결하도록 할 때는 내담자 개인뿐 아니라 그가 성장한 문화에서도 만족할 수 있는 해결방안을 찾는 과정이다.

지금까지 다문화 상담의 연구나 실제는 주로 인종·민족적 소수민에 초점을 두고 이루어졌다. 미국은 흑백 갈등에서 소수자의 위치에 있는 흑인에 주로 관심을 두면서 그 외 소수 인종들을 다문화 상담의 주요 대상으로 보았다. 우리나라 다문화 상담은 결혼이주여성과 그 자녀에 대한 관심과 지원 위주로 진행되어 왔다. 다문화 상담의 연구나 실무가 인종·민족적 소수민에 편중된 경향은 있지만 인종·민족적 소수민의 아픔을 조명하면서 그 전까지는 보기 어려웠던 새로운 현상을 분명히 보여 주었다. 그것은 내담자의 괴로움이 개인의 잘못이 아닌 환경적인 이유로 인해 비롯된 것일 수 있다는 것이다. 특정 인종으로 태어났기 때문에, 독특한 피부색을 가진 것을 개인의 잘못이라고 비난하는 것이 옳지 못하다는 것을 대개는 알고 있다. 그러니 그들에게 피부색을 근거로 하는 손가락질, 따돌림, 기회의 박탈 등이 가해지는 것은 개인의 잘못이 아니라 환경의 차별과 억압인 것이다. 따라서 소수민 내담자의 출신 집단에 가해지는 사회적 차별, 억압, 편견을 이해해야 비로소 소수민 내담자를 도울 준비를 갖추게 되는 것이다.

이제 다문화 상담은 소수민 내담자의 범위를 확대하였다. 인종적 다문화 내담자로부터 얻은 통찰을 인종뿐 아니라 성, 성적 정향, 연령, 장애, 가족 등 다양한 문화적 요소에서의 소수민에게도 적용하였다(Sue & Sue, 2011). 다문화 상담자는 억압, 차별, 특권을 인식하면서 상담한다. 그러나 지금까지 상담 현장에서 다문화 상담의 개입범위는 상담실 내에서 내담자의 변화를 촉진하는 것으로 한정되었다(Arredondo et al., 1996).

2) 사회정의 상담의 개념

사회정의 상담은 상담자의 상담실 밖 사회참여에 대한 분명한 시사점을 제시하지 못했던 다문화 상담의 한계를 넘어서고자 한다. 내담자의 삶에 가해지는 사회 체계적 차별과 억압에 대응하기 위해 내담자가 자신의 권리를 주장하고 스스로를 옹호할 수 있도록 역량을 강화할 것을 요청한다. 더 나아가 상담자가 상담실 밖 자원을 결집시키고 환경개선을 위해 활동함으로써 문제를 유발하는 사회환경을 변화시키는 데 참여하라고 촉구한다(임은미, 2017; Lewis, Arnold, House, & Toporek, 2003; Vera & Speight, 2003).

사회정의 상담은 상담 전문분야의 태동기부터 시작되었다. 20세기 초로 거슬러 올라가는 상담 전문분야의 태동은 거장들의 사회정의 옹호활동에서 비롯되었다고 볼 수 있다. 스스로의 입원 체험을 바탕으로 정신질환자의 인권을 옹호하는 데 평생을 바친 정신위생 운동의 창시자 Beers, 개인의 잠재력 실현에 도움이 되는 직업선택의 필요성을 인지하고 전국적인 직업지도 운동을 일으킨 Parsons 등이 대표적인 예이다. 전문적인 개인상담 운동의 선두 주자였던 Rogers조차도 상담기술이 사회문제 해결을 위해 사용되어야 한다고 주장하고 실천하였다(Kiselica & Robinson, 2001).

사회정의 상담에서 상담자에게 독특하게 요청하는 활동은 옹호이다. 옹호에는 내담자와 함께하는 옹호와 내담자를 대신하는 옹호가 있다. 전자는 내담자의 역량을 강화하여 내담자 스스로 자신을 지키며 목소리를 내도록 하는 것을 말하고, 후자는 내담자가 스스로 자신을 옹호하기 위한 자원에 접근하기 어려울 때 상담자가 직접 나서는 것을 의미한다. 물론 대신하는 옹호과정에서도 내담자의 자율성 존중, 비밀보장 등 윤리를 준수하기 위한 최대한의 노력이 기울여져야 한다. 상담자의 옹호활동에 대한 강조로 인해, 사회정의 상담은 사회정의 옹호상담 또는 옹호상담으로 불리기도 한다.

사회정의 상담은 억압과 차별이 있는 사회 체계를 개선하기 위해 상담자의 개입 범위가 상담실 밖으로 확장될 필요가 있다고 주장한다는 점에서 다문화 상담과 큰 차이가 있다(Ivey & Collins, 2003). 또한 다문화 상담은 상담실에 온 내담자에게 관심을 두므로 문제가 이미 일어난 후에 대응하는 반응적 접근방법을 취하는 데 비해, 사회정의 상담은 상담실 밖 체계에 존재하는 문제유발요소에 개입함으로써 예방적 접근을 취한다는 점에도 차이가 있다(Ivey & Collins, 2003). 이와 같이 전통 상담, 다문화 상담, 사회정의 옹호 상담은 상담역량이라는 요인을 공유하면서도 각각의 특징을 가진다(임은미, 강혜정, 구자경, 2018).

이해를 돕기 위해 앞서 소개했던 초등학교 3학년 내담자를 다시 떠올려 보자. 내담자의 문화적 특징을 상담과정에 통합하여 상담을 진행하였지만 내담자의 환경이 변화되지 않았다. 그래서 상담자는 내담자 '스스로' 문제를 해결하도록 하되, 내담자 혼자서는 환경을 바꾸기 어렵다고 판단하였다. 그래서 할머니를 직접 찾아뵙고 상황을 말씀드리며, 아버지가 오시는 날에 아버지와도 대화를 나누기로 하였고, 내담자의 집 근처에 무료로 활용할 수 있는 사회복지시설이 있는지 찾아보았다. 할머니와 아버지의 허락을 얻어 내담자를 공부방을 운영하는 복지관에 보내기로 하였고, 할머니가 생활비 지원을 더 받을 수 있는 방법이 있는지 주민센터 사회복지사와 의논하였다.

사회정의 상담은 구성원 누구도 특권을 빼앗기거나 억압과 차별을 받지 않는 정의로운 사회를 구현하는 데 공헌하고자 하는 상담이다. 정의로운 사회는 무엇보다 구성원 개인의 인격을 존중하고, 구성원 누구에게나 기회의 평등을 보장하고자 한다. 모든 사회 구성원 각자의 자유와 인권의 가치를 우선적으로 고려한다. 그러나 현실적으로는 모든 사회가 인권 존중과 평등의 가치를 실현하지는 못하고 있다. 전체적으로는 인권 존중과 평등의 가치가 실현되는 듯이 보이는 사회에서도 인권의 사각지대가 존재한다. 평소에는 자신의 인권을 존중받으며, 사회적 자원들에 접근할 수 있는 평등한 기회를 누린다고 느끼는 개인도 경우에 따라서는 억압과 차별을 경험하기도 한다. 억압과 차별의 경험은 소수민 내담자에게 더 크게, 더 자주 경험된다. 억압과 차별이 전혀 없는 사회나 개인은 현실적으로 존재하지 않는다. 사회정의 상담은 억압과 차별의 이슈를 명시적으로 다룸으로써 억압과 차별을 최소화시키려는 데 목적을 둔다.

사회정의 상담은 자유와 인권을 충분히 누리기 어려운 위치에 있는 사회적 약자에게 관심을 갖는다. 특정한 문화적 배경 출신의 내담자는 억압과 차별을 보다 빈번하게 받고, 계속되는 억압과 차별의 경험으로 인해 자신의 가치를 믿거나 잠재력을 개발하는데 어려움을 겪을 수 있다. 사회정의 상담은 사회적 약자인 소수민 내담자들이 자신의 자유와 인권을 지키기 위한 기회에 평등하게 접근할 수 있는지를 주요 관심사로 한다. 상담자는 소수민 내담자가 자유와 인권을 지키며 잠재력을 개발하는 과정에서 체계적인 차별이나 억압을 받거나 특권을 빼앗기는지 알아보고 개입한다. 소수민 내담자가 경험하는 체계적인 차별이나 억압, 특권의 박탈 등은 상담과정에서도 나타날 수 있으며, 상담자는 자신이 무의도적으로 행하는 차별, 억압, 특권의 박탈에도 민감성을 유지하고 적절하게 대처해야 한다.

사회정의 상담은 소수민 내담자의 아픔을 해결하는 상담자의 역할이 상담실 내에 머물러서는 안 된다고 지적한다. 어떤 내담자도 출신 집단의 차이로 인해 억압과 차별을 받지 않고 잠재력을 개발할 수 있게 해 주는 사회로 변화하기 위해, 상담자가 사회 변화의 매체로 직접 활동할 것을 강조한다(Kiselica & Robinson,

2001). 내담자를 위하여 가정 · 학교 · 지역사회가 변화하도록, 규칙의 제정과 소수민에게 우호적으로 실행하도록, 동료들의 문화가 바뀌도록 목소리를 내라고 요청한다. 지역사회와 학교가 바뀌는 데 도움을 주기 위해 시청, 도청, 교육청, 정부부처 등의 정책이 바뀌도록 목소리를 내거나 정치적인 활동에 참여하라고 한다.

자신의 권리를 빼앗기고, 잠재력을 개발하는 데 방해를 받으면서도 자기주장을 할 수 없는 내담자들이 많이 있다. 이런 일은 일상생활에서 드물지 않게 일어난다. 예를 들어, 식당에서 아르바이트를 하던 청소년 내담자가 있었다. 자신을 탐탁지 않게 여기는 분위기를 이기지 못해, 더 이상 일을 계속할 수 없었다. 아침에 일어나 출근하려 했으나 사장과 주방아주머니들의 막말이 자꾸 생각나서 맥이 빠졌다. 이틀 전에 사장님께 더 이상 일을 할 수 없다고 말했다가 성실하지 못하다는 핀잔만 들었던 터였다. 그 날은 기분이 우울해서 도저히 출근할 수가 없었다. 식당 사장에게 못 가겠다는 문자를 보냈다. 갑자기 출근하지 못하는 게 미안하여 그동안 일한 20일간의 보수는 받지 않겠다는 내용을 함께 보냈다. 사장에게서 아무런 응답이 없었다. 내담자는 갈등에 빠졌다. 처음에는 화가 나서 응답하지 않는 것으로 이해하였다. 그러나 연로한 할머니와 함께 하루하루 생계를 꾸려나가는 처지이다 보니 받지 못한 보수가 자꾸 생각났다. 시간이 지날수록 보수를 주지 않는 사장에 대한 원망이 커졌다. 그러나 자기가 먼저 보수를 받지 않겠다고 했기 때문에, 이제 와서 항의를 할 수도 없을 것 같았다. 오히려 비난만 받을까 봐 두려워졌다.

내담자의 사정을 알게 된 상담자는 체불임금을 받을 수 있도록 개입하기로 하였다. 사장에게 당시 일을 설명하고, 일한 만큼의 대가를 달라고 말하는 것이 내담자가 직접 할 일이었다. 그러나 이 내담자의 경우와 같이 당연히 찾아야 할 권리가 있음에도 불구하고 자기주장을 하지 못하는 내담자들이 많다. 내담자들이 자기주장을 하지 못하는 이유는 내담자가 다른 사람들이 이해할 수 있게 말하는 방법을 배우지 못했거나, 대화를 나눠야 할 많은 사람과 다른 언어를 사용하며 성장했거나, 경우에 따라서는 의사를 표현할 때마다 부정적인 피드백을 받는 환경에서 성장했기 때문에 부정적 피드백이 내면화되어, 자기표현을 하지 못하게 된 것일 수도 있다. 이 내담자처럼 청소년인 경우 자기를 옹호하는 기술이 성인보다 서투르다.

이들에게 상담실 안에서 자기표현 방법을 가르치는 것도 중요하다. 그러나 내담자가 효과적인 자기표현 기술을 학습하느라 시간을 보내는 동안 자신의 권리를 주장할 수 있는 기회가 사라질 수도 있다. 이때 상담자가 내담자를 대신하여 먼저 행동할 수 있다. 그것이 옹호이다. 상담자는 내담자가 자기표현 기술을 배우도록 돕는 역량강화 작업과 내담자를 대신하여 행동하는 옹호 활동 모두를 고려하여, 내담자에게 보다 적절한 것을 선택해야 한다. 역량강화와 옹호 작업이 동시에 행해질 수도 있다.

상담자가 할 수 있는 옹호활동에는 여러 가지 방법이 있다. 상담사례를 분석할 때 내담자가 성장배경으로 인해 환경으로부터 받아온 차별과 억압을 주시하고, 환경의 차별과 억압이 내담자의 사고, 감정, 행동에 어떤 영향을 미치는지 정리하여 연구물을 발표할 수 있다. 지역사회 단체 회의나 슈퍼비전에 초대되었을 때 차별과 억압을 받는 소수민 내담자의 고충을 드러내서 설명함으로써 그들의 목소리가 되어줄 수 있다. 상담 프로그램을 구상할 때 환경적 차별이나 억압을 받는 내담자 집단이 해당 프로그램에 평등하게 접근할 수 있는지에 대하여 분석해 보는 것 또한 소수민 출신 내담자를 위한 옹호방안이 될 수 있다.

이와 같이 사회정의 상담은 체계적 억압과 차별을 인식하고 그것을 상담과정에 통합하는 것뿐만 아니라 더 나아가 내담자 스스로 해결하기 어려운 환경적 문제에 상담자가 적극 개입하며, 이를 위해 상담실 밖 사회활동에 참여해야 한다는 점을 강조한다. 환경의 힘을 인식한 것은 다문화 상담의 공헌이지만, 그것의 해결책에 대하여는 소극적인 것이 다문화 상담의 한계라고 지적한다. 사회정의 상담은 상담자가 상담실 밖 내담자의 삶에 관심을 가져야 한다고 주장한다. 내담자의 발달에 부정적으로 작용하는 환경의 힘을 약화시키기 위해서는 상담자의 옹호활동이 필요하다는 것이다. 사회정의 상담에서는 상담자가 상담실 안과 밖에서 억압과 차별을 제거하기 위해 활동한다(Vera & Speight, 2003).

3) 다문화 상담과 사회정의 상담의 공통점과 차이점

미국상담학회(ACA)는 1996년에 다문화 상담역량을, 2009년에는 사회정의 옹호역량을 각각 인준하였다. 2015년에는 다문화 상담에서 사회정의를 지향하는 목적을 추구하는 활동이 간과되었던 현실에 대한 비판과 그것에 대한 개선의지로 다문화 사회정의 상담역량(Multicultural and Social Justice Counseling Competencies:

MSJCC; Ratts et al., 2015)을 새롭게 인준하였다. 이는 Sue 등(Sue, Arredondo, & McDavis, 1992)이 다문화 상담역량을 제안하면서 소수민 내담자를 위해 사회 체계를 변화시키려는 활동을 상담 이론, 실무, 그리고 연구에서 실행하는 것이었음을 재확인하는 시도이기도 하였다. MSJCC는 다문화 상담과 사회정의 상담의 본래 목적은 사회정의를 지향하는 것이었음을 보여 준다(임은미, 강혜정, 구자경, 2018).

다문화 상담과 사회정의 상담은 모두 내담자의 문제와 고통에 내재된 환경의 취약성에 주목한다는 점에서 공통점이 있다. 예를 들어, 진로문제로 고민하는 내담자를 가로막는 진학제도나 고용제도에 차별이 포함되어 있는지 점검한다. 학교에 적응하기 어려워 고민하는 내담자가 다니는 학교의 교칙에 내담자가 지키고자 해도 지킬 수 없는 사항들이 포함되어 있는지 점검한다. 친구들과 잘 지내고 싶어 하지만 친구들이 싫어하는 행동을 습관적으로 하고 있는 내담자의 행동이 내담자 개인의 오류가 아니라 내담자의 독특한 성장배경으로 인해 비롯된 '다름'으로 인한 것인지 알아본다. 교장, 교감, 담임, 교과교사, 상담자가 특정 계층이나 집단에 대한 부정적인 편견을 표현하지는 않았는지, 제도를 실행하는 과정에서 내담자가 체계적으로 소외되지는 않았는지 점검한다. 또래 문화가 내담자의 출신 배경을 차별하고 비하하는지 살펴본다. 내담자 스스로 자신의 특징 중 어떤 것을 비하하여 자신의 역량을 개발하는 데 걸림돌이 되는지를 점검한다. 내담자가 자신에게 불리하도록 내사한 가치관은 환경과의 관계 속에서 형성되었기 때문에, 그 근원을 이해하고 교정하도록 한다.

전통 상담은 개인이 문제를 겪는 이유는 개인이 생성한 사고, 감정, 행동에 부적응적인 요소가 있기 때문이라고 가정하였다. 개인이 변화해서 부적응적인 요소들을 적응적으로 변화시킬 때 비로소 문제가 해결될 수 있다고 보았다. 적응적으로 변화된 사고, 감정, 행동이 습관화될 때 내담자에게 성장이 이루어진 것이라고 보았다. 이러한 전통 상담의 패러다임에서도 개인이 호의적인 환경 여건에서 효율적으로 적응하는 데 도움을 얻는다는 것을 인정한다.

다문화 상담은 전통 상담의 시각에 문화 다양성이라는 새로운 관점을 더해 주었다. 문화 다양성에 대한 이해는 상담자로 하여금 다양한 사회집단마다 정당성을 부여받은 사고, 감정, 행동들이 다르다는 것을 발견하게 해 주었다. 특정 문화에서 정당하다고 인정받는 행동이 다른 문화에서는 부당하거나 부적절하거나 불충분하다고 간주되기도 한다. 내담자가 속한 문화가 현재 거주하고 있는 사회집단의 지배적인 가치와 유사할수록 내담자는 자신의 성장과정에서 습득한 행동들을 어디서나 자연스럽게 승인받는 특권을 누린다. 반대로 내담자가 속한 문화가 그 사회의 지배적인 가치와 다를수록 내담자는 자신을 자연스럽게 표현하기 어렵고, 표현했을 때 소속 구성원들에게 '낯선' 사람으로 보이며, 이런 과정이 반복되면서 위축되고 고립된다. 내담자는 점차 그 사회가 구성원들에게 제공하는 기회들에서 멀어지게 된다.

특권, 차별, 억압을 받는 집단출신 내담자에 대하여 소속 구성원들의 선입견이 형성되고 한 번 형성된 선입견은 시간이 지나면서도 계속 유지되는 경향이 있다. 이와 같이 다문화 상담은 차별과 억압이 개인의 행동에 대한 정당한 대가가 아니라는 것을 보여 주었다. 다문화 상담의 출발은 유색인종에 대한 차별에 주목하면서 시작되었다. 피부색이 개인의 선택에 의해 결정된 것이 아님에도 불구하고, 유색인종은 사회에서 차별을 받으며, 자신의 잠재력을 발휘하는 기회를 박탈당하고 있다는 것을 알게 해 주었기 때문이다. 유색인종에 대한 차별로 인해 내담자가 겪는 고통은 무죄한 고통(innocent suffer)이라는 것이 널리 공감될 수 있었다.

이러한 통찰은 내담자의 피부색 이외의 다른 특징으로 인한 차별로도 확장되었다. 예를 들어, 장애 또한 개인이 선택한 결과로 겪는 증상이 아니었다. 가난한 집에 태어나 경제적인 고생을 하기로 선택하는 아동은 없다. 언어 또한 개인이 선택한 것이 아니라 어떤 언어를 사용하느냐 하는 것은 자신이 태어난 곳이 어디인가와 밀접한 관련이 있었다. 따라서 소속 집단의 주류에게 어색하거나 부정적인 평가를 받아 특권을 박탈당하고 차별과 억압을 받는 행동이나 특징은 내담자가 의도적으로 만든 것이 아니라 살아오면서 자연스럽게 체득한 행동과 특징임을 일깨워 주었다.

이러한 통찰은 상담자가 상담을 수행할 때 사회정의적 관점을 취해야 할 필요성을 보여 주었다. 다문화 상담은 사회정의 상담에 정당성을 부여해 주었다. 사회적 소수민이 겪는 억압과 차별은 내담자 개인이 선택한 행동에 대한 것이 아니라는 것을 알려주었기 때문이다. 또 자신의 잘못이 아닌 이유로 인한 억압과 차별을 나타내는 무죄한 고통을 겪는 내담자를 돕고, 더 나아가 그러한 내담자가 생기지 않도록 해야 한다는 인식을 가능하게 해 주었다. 상담자는 무고한 내담자를 고통스럽게 하는 환경의 영향에 대한 통찰과 그에 대한 대응, 즉 환경변화를 촉구하며 내담자를 옹호하는 작업을 해야 한다는 결론을 자연스럽게 유도한 것이다. 또한 내담자가 고통을 받은 이후에 개입하기보다는 무죄한 내담자가 더 이상 생기지 않도록 하기 위한 예방적 개입이 중요하다는 결론에 도달하게 해 주었다.

다문화 상담이 약자의 문화와 그로 인한 억압에 대한 상담자의 통찰을 상담과정에 반영하는 것을 강조한다면, 사회정의 상담은 이러한 통찰을 상담자의 상담실 밖 사회참여라는 실천으로 옮길 것을 강조한다. 사회정의 상담은 고통이 발생하고 나서 개입하는 것뿐만 아니라 고통을 발생시키는 체계의 문제를 미리 알고 예방하기 위해 주류 문화를 변화시키거나 내담자의 환경에 변화를 주려고 시도한다.

장애인인 중학생 내담자 A의 사례를 가정해 보자. 이 사례는 Toporek 등(Toporek, Lewis, & Crethar, 2009)의 사례를 바탕으로 부분적으로 각색하였다. 교사는 학급 학생들 두 명을 지정하여, 장애인 학생이 화장실에 갈 때 휠체어를 밀어주도록 요청하였다. 그 대가로 봉사점수를 부여하기로 하였다. 얼마 후 상담실 홍보를 위해 학급에 들어간 상담자와 마주친 A는 휠체어를 상담실까지 밀어달라고 상담자에게 요청하였다. 상담실에 도착한 A는 주위에 다른 사람이 없는지 확인한 후, 자신이 화장실에 가면서 겪는 고통을 말하였다. 친구들은 A의 휠체어를 밀어주면서, A를 투명인간 취급한다고 하였다. A에게 말을 거는 경우가 없고, A가 화장실에서 꺼내달라고 요청해도 듣지 못한 척하였다. 자기들끼리 이런저런 이야기를 하면서 웃는데, 그중에는 장애인에 대한 폄하

발언들도 있었다고 한다. '제 발로 돌아다닐 수 없다면 학교도 다니지 말아야지, 민폐를 끼쳐.'라는 말이 A에게는 가장 상처가 되었다. 자신을 화장실에 넣어 놓고 문을 닫은 다음, 수업시작 종소리가 울리고 나서야 나타나서 A와 함께 수업에 들어간다고 하였다. A는 화장실에서 친구들이 올 때까지 기다려야 했다. 수업에 여러 번 늦게 되었다. 친구들이 자신을 괴롭힐까 봐 두려워서 직접 말할 수도 없었고, 이런 사정을 담임 선생님께 말씀드릴 수도 없었다고 한다.

상담자는 A의 사정을 듣고, 비밀을 보장하며 관련자와 대화를 나누었다. 회의 결과에 따른 조치로, 행정직원 중 한 명이 A를 돕기로 하였다. 담임 선생님이 그동안 A를 돕는 일을 맡았던 학생들에게 이제 A를 돕는 일은 그만해도 된다고 말해 주었다. 쉬는 시간에 행정실 선생님이 A에게 와서 도움이 필요한 지를 물었다. 그러는 동안 상담자는 교감, 교장 선생님과의 협의를 거쳐, 교육청에 예산지원을 요청하였다. 장애인을 위한 화장실을 A의 학급이 배치된 층에도 설치하여, A는 화장실에 가기 위해 계단을 오르내릴 필요가 없게 되었다. 장애인 화장실의 시설을 정비하여 혼자서도 쉽게 휠체어에서 변기에 올라앉을 수 있도록 팔걸이를 설치하였다. 화장실 문은 자동문으로 바꿔서 A가 원할 때 버튼을 누르면 열릴 수 있게 되었다. 전교생을 대상으로 하는 집단 따돌림 예방교육은 다음 학기에 실시하기로 하였다. 당장 실시하면, 그 원인제공자가 A라고 짐작한 친구들이 A를 괴롭힐 수도 있다는 A의 염려에 공감하고, A의 의견을 존중한 결과였다.

상담자가 A의 호소를 듣고 공감한 것은 고통이 생긴 이후의 고통 받는 학생 개인을 위해 취한 반응적 조치였다. 더 나아가 상담자는 이 사례를 진행하는 과정에서 사회정의 상담활동인 예방적 조치도 취하였다. 즉, 호소 문제를 경청하고 공감하는 과정에서 얻은 정보를 바탕으로 A가 직접 해결하기 어려운 일들, 즉 담임, 교감, 교장, 교육청의 협조 받기, 행정인력 재배치 등의 성과를 얻었다. 집단 따돌림 예방 교육을 기획하고, 장애인을 위한 화장실을 매 층마다 설치하며 시설을 현대화한 것은 제 2, 제 3의 A가 생겨나지 않도록 하기 위한 예방적 조치였다. 사건이 생기기 전에 먼저 조치를 취한 것이다. 이 과정에서 상담자는 A의 의견을 존중하고 비밀을 지킴으로써, 사회정의 상담자로서 윤리적 실무를 수행하기 위해 노력하였다.

2. 다문화 사회정의 상담의 등장배경

다문화 사회정의 상담의 등장은 전통 상담 이론이 백인 중산층 문화에 기반한 이론이어서 문화적 소수민에게는 지극히 제한적인 효과만을 보인다는 깨달음에서 출발하였다. 소수민이 경험하는 억압과 차별에 대한 공감, 억압과 차별로 인한 소수민의 이탈은 사회의 존속과 주류민의 삶에도 좋지 않은 영향을 미친다는 인식을 바탕으로 한다. 구성원 누구나 사회적 기회들에 접근하는 것을 평등하게 허용하지 않으면서 사회존속과 사회통합을 기대할 수는 없다는 것이다. 사회가 존속하기 위해서는 구성원들의 자발적인 소속감이 필요하다. 자신을 그 사회의 구성원이라고 자발적으로 인정하는 사람들이 모여 있을 때 그 공동체가 유지될 가능성이 높아진다. 구성원들의 소속감을 강화하기 위해서는 서로를 향한 존중과 배려가 필요하다. 존중과 배려가 깊어지기 위해서는 우선 상대에 대한 이해가 필요하다.

1) '상담'에 등장한 다문화주의

세계화의 진행, 국가와 문화 간 이동의 활성화, 소수 집단의 다양화 및 수적 증가 등은 다문화 사회의 영향들이 표면으로 드러나게 해 주었다. 다문화 사회에서 소수민을 대하는 시각 중 다양한 문화 고유의 가치를 존중하면서, 구성원 간 자발적 화합을 꾀하는 시각을 다문화주의라고 하며, 다문화주의를 통합한 상담이 다문화 상담이다.

다문화주의란 말은 1960년대 말 교차문화(cross-cultural)라는 말에서 시작되었다. Sue(1977)는 교차문화에 대한 정의를 '상담에 참여하는 사람들 간에 문화적 배경, 가치, 생활자세 등에서 차이가 나는 상담관계'라고 내렸다. 그런데 '교차(cross)'라는 개념은 크게 두 개의 집단을 전제로 하되 한 집단은 '표준 집단'이 되고, 나머지 집단이 '문화적으로 다른' 집단이 된다는 것을 의미한다. 실제로 교차문화 상담의 이슈가 처음 제기될 당시에는 백인 상담자가 비백인 내담자를 상담하는 경우를 가리켰다. 그러나 비백인 상담자가 생기게 되고 또 그들이 백인을 상담하는 경우가 늘어나게 될 뿐 아니라, 같은 백인 상담자-내담자 간에도 사회경제적 지위나 종교를 비롯한 여러 가지 문화적 배경이 다른 경우가 빈번하게 되자 이 모든 경우를 포괄하는 개념이 필요하게 되었다(설기문, 1993; 임은미, 2010; Speight, Myers, Cox, & Highlen, 1991).

문화는 좁은 의미의 개념과 넓은 의미의 개념으로 이해할 수 있다. 좁은 의미의 문화는 국가, 민족, 종족의 테두리에서 이해되지만 넓은 의미로 보면 성별, 주거지역, 나이, 교육적 배경까지도 관심의 대상이 될 수 있다(Attkinson, Morten, & Sue, 1979). 그러므로 넓은 의미로 볼 때, 모든 상담관계는 문화가 서로 다른 상담자-내담자 간의 관계로 이해될 수 있다. 이렇게 볼 때 특히 인종, 민족, 종족적인 차원에서의 차이에 기초하여 명명된 '교차문화'라는 용어보다는 넓은 의미의 문화적 차이를 포괄하는 새로운 개념이 필요하게 되는데, 그것이 바로 다문화주의(multiculturalism)이다(Speight et al., 1991).

다문화적 입장의 학자들은 전통적으로 상담은 미국 문화의 주류를 이루고 있는 백인-앵글로색슨-청교도(White-Anglo-Saxon-Protestant: WASP)를 위한 것이었다고 비판한다. 1960년대 말 이후 미국 사회에서는 소수인종들의 수가 급증하면서 월남전에 대한 반전 운동, 기존 질서와 체제에 반대하는 각종 반체제, 반문명 운동과 흑인들에 의해 주도된 민권 운동, 빈부격차 등의 문제로 인한 소수 집단들의 각종 문제가 사회적으로 부각되었다(Lee & Richardson, 1991). 상담분야에서도 비백인과 타문화에 대한 이해를 중시하는 학자들을 중심으로 백인 위주의 상담적 접근에 대한 회의가 일어나게 되었다(설기문, 1993; Herr, 1989).

주류민 중심의 상담 접근에 대한 회의는 현재 우리나라의 다문화 사회 형성과정에서도 검토될 필요가 있다. 대한민국 국민을 주류 사회로 하는 우리나라에서도 다문화적 관점이 필요한 인구 규모가 생기게 되었다. 결혼이주여성, 외국인 근로자, 외국인 유학생 등이다. 인종·민족적으로 '다른' 인구뿐 아니라 우리 사회 전반에 경제적, 교육적 격차가 커지고 있으며, 장애·언어·가족배경·트라우마 등으로 인해 서로 '다른' 문화적 소수민 집단들이 드러나게 되었다. 소수민들의 숫자와 비중이 커지면서, 이제 그들에게 적용할 수 있는 다문화 상담의 접근이 필요하게 되었다.

2) 주류사회의 특권 인식

미국의 경우 다문화 상담은 유색인종과 비교할 때 백인들이 누리는 '백인 특권'에 대한 의식에서 시작되었다. 백인 특권은 흰 피부, 금발머리, 푸른 눈 등의 신체적 특징, 기독교 또는 유일신 신앙, 개인주의, 청교도적 직업윤리, 표준 영어, 정서조절, 문서화 등이 유럽계 미국인 문화에서 가치 있게 여겨지는 데서 시작된다. 이런 특징을 지닌 사람들이 호감과 기대를 받고, 더 많은 좋은 기회를 부여받고, 더 큰 보상을 받으며, 당당하게 살아가는 현상을 '백인 특권'이라고 말한다(Sue & Sue, 2011).

특권을 누리는 사람은 자신의 선택에 따라 대부분의 시간을 자신과 같은 인종의 집단과 편안하게 어울리면서도 교육적·사회적 성취를 얻을 수 있는 기회에 더 쉽게 접근할 수 있다. 텔레비전이나 신문 1면에서 자기와 같은 인종이나 배경의 사람들이 주인공으로 나오는 것을 볼 수 있다. '민족적 유산'이나 '시민화'에 대해 말할 때 자연스럽게 자신과 동일한 피부색을 가진 사람들의 이야기라고 생각하며, 자녀들에게도 이런 것이 당연히 전달될 것이라고 생각되는 삶을 산다(McIntosh, 1989) 이러한 특권의식은 백인이 아닌 다양한 문화적 배경의 집단은 덜 지적이고, 덜 교육받았고, 인기가 없고, 바람직하지 않는 특성을 많이 지니고 있다는 생각으로 이어진다. 그 결과 한정된 자원에 접근할 자격이 자신들에게 부여되어 있음을 정당하고 당연하게 여기게 된다.

특권을 누리는 집단의 특징은 반드시 '백인'에 국한되지 않는다. 우리나라는 백인 특권에서 백인의 자리에 한민족(韓民族)이 위치한다. 한민족은 한반도라는 공간을 배경으로 오래전부터 고유한 언어 문화적 공동체를 이루고 살아왔으며, 대한민국이라는 국적을 보유하고 있다. 단일민족이라고 여길 만큼 외모와 언어적 공통성이 강하다. 이에 대하여 한국 사람들은 한민족 이외의 사람들을 자신과 다른 '그들'로 쉽게 식별하고, 구분 짓고, 차별한다는 비판이 있다.

대한민국에서 '그들'로 구별되는 집단 중 숫자가 많은 집단으로는 결혼이주여성과 외국인 근로자가 대표적이다. 결혼이주여성은 일정기간 결혼생활을 유지하거나, 결혼생활이 유지되지 못하더라도 본인에게 귀책사유가 없다면, 한국에서 여생을 보내며 자녀를 기른다. 외국인 근로자는 근로 계약을 통해 우리나라에 장기적으로 체류하며, 근로 계약 형태에 따라 비자 갱신을 통해 체류 기간을 연장하며 오랫동안 생활할 수 있다. 외국인 근로자 가정 중에서는 자녀가 모국어보다 한국어에 더 익숙할 정도로, 자녀의 성장기를 우리나라에서 보내는 경우도 많다. 우리나라 인구 구조에서 인종·민족적 다문화 인구의 구성비가 점차 늘어나며, 결혼이주여성의 자녀들이 성장하면 문화 다양성으로 인한 현상이 보다 만연해질 것이다.

인종·민족적 차이가 두드러지지 않는 집단 내에서도 사회경제적 소외계층, 소수 종교를 믿는 사람, 특정 트라우마를 가진 집단, 가족구조가 전형적인 핵가족에서 벗어나는 집단, 사투리나 방언이 강한 집단 등 다양한 소수민 집단들이 있다(D'Andrea & Daniels, 2001). 특히 소득의 격차는 점차 벌어져서 경제계층 차이로 인한 문화 집단 간 차이가 커지고 있다.

따라서 우리나라 상담자들도 여러 유형의 다문화 내담자를 맞이하기 위한 역량을 더 쌓아야 한다. 그렇지 않을 경우 고통 받는 내담자를 돕기 위해 존재하는 상담자가 상담을 통해 소수민 출신의 내담자에 대한 사회적 차별과 편견을 더 공고히 하는 우를 범할 수 있기 때문이다. 소수민 내담자의 문화적 특징에 대한 예를 들면, 아프리카계 미국인은 백인보다 신체적 메시지를 더 잘 알아차리며, 중요한 내용을 전달하기 위해 언어보다 신체적 의사소통을 사용한다(Hall, 1976). 반대로, 백인은 신체적 의사소통보다는 언어적 의사소통을 더 선호한다. 이들은 신체적 단서를 활용하지 않기 때문에 서로 중요한 사항을 확실하게 전달하기 위해서는 말을 더 정교하게 해야 한다. 이런 차이를 알지 못하여 적절하게 대응하지 못하는 백인 상담자는 아프리카계 미국인 내담자가 정교한 방식으로 의사소통하지 못한다고 생각한다. 이런 판단은 지적, 언어적 활동을 가치 있게 여기는 상담자의 가치관에 기초한 것이다. 의사소통을 위해 신체적 메시지를 선호하느냐 언어적 메시지를 선호하느냐는 그야말로 선호의 차이일 뿐이다. 그렇지만 언어적 의사소통에 능숙하고 편안함을 느끼는 상담자가 이러한 차이를 알지 못하면, 신체적 메시지를 선호하는 내담자보다 언어적 메시지를 선호하는 내담자에게 무의식적으로 보다 더 긍정적인 태도로 대하고 긍정적인 기대를 많이 하게 될 것이다.

신체나 행동적 메시지로 대화하는 데 능숙한 내담자를 향한 상담자의 덜 호의적인 태도는 내담자에게 억압으로 작용할 수 있을 것이다. 소수민 내담자는 상담실에서 자신이 온전히 수용 받는다는 느낌을 경험할 수 없을 것이고, 자기 탐색과 표현이 줄어들 것이다. 내담자는 신체적·행동적 메시지 사용을 줄이고 언어적 메시지를 더 능숙하게 사용하라는 압력을 느낄 것이다. 상담실 내에서 내담자가 이러한 느낌을 갖는다면, 내담자는 심리적 안전감을 느끼기 어렵고, 편안하게 자기를 탐색하기 어렵다. 이와 같이 상담자에게 문화적 역량이 부족하면, 상담이 내담자의 고통을 덜어주기 어렵고, 상담이 사회에서의 차별을 영속시키는 데 기여할 우려가 있다.

이에 내담자를 이해하기 위해서는 내담자가 성장한 출신 집단과 그것의 산물인 내담자의 행동을 함께 이해해야 한다. 내담자의 성장 및 생활환경에서 체계적으로 배제된 특권이 무엇인지를 상담에서 고려해야 한다. 내담자 개인에게 문제의 책임을 돌리기 이전에 문제의 원인을 문화, 사회 체계적 억압과 차별로 인한 고통으로 개념화하여 희생자 비난으로 흐르지 않고 문화적으로 책임 있는 상담을 수행할 필요가 있다.

3) 인구 구성의 변화

세계화, 국제화가 진행되면서 국가마다 다문화 사회가 진행되고 있다. 우리나라에도 외국인이 많아졌다. 출입국관리소 통계에 따르면 2018년 11월 기준 우리나라의 외국인 수는 장단기 체류를 합쳐서 2,336,689명에 이른다. 국내 체류 외국인 수는 해마다 늘어나고 있으며, 전년 대비 10%가량 증가하였다(출입국 · 외국인정책본부, 2018). 우리나라에서 다문화 상담에 관심을 갖게 한 집단은 결혼이주여성 가정과 그 자녀이다. 결혼이주여성은 158,600명이며 전년대비 2%가량 증가한 숫자이다(출입국 · 외국인정책본부, 2018). 외국인 유학생도 16만 명을 넘었다. 취업자격 체류외국인이 594,461명이며, 그중 전문 인력은 47,769명이고 단순 기능 인력은 546,692명이다(출입국 · 외국인정책본부, 2018). 이 외에도 다문화적 접근이 필요한 집단으로 북한이탈주민을 들 수 있다. 2018년 3월 기준 북한이탈주민의 수는 29,645명이다(통일부, 2018). 우리나라에서 다문화적 접근을 필요로 하는 사람들이 함께 생활하고 있지만 성장배경이 확연히 다르며, 특권에서 배제되고 교육, 직업, 일상생활에서 억압과 차별을 경험하는 것 또한 현실이다. 같은 민족이 아니기 때문에 겪는 차별과 억압도 있지만, 같은 민족임에도 불구하고 성장배경이 확연히 달라서 겪는 억압과 차별도 있다. 조선족과 북한이탈주민은 같은 민족이지만 우리나라에서 태어나거나 자라지 않았기 때문에 언어, 습관 등에 있어서 일반인들과 많은 차이가 있다.

문화적 차이로 인한 억압과 차별은 상담에서도 재현될 수 있다.

상담자는 내담자를 이해하기 위해 상담기법을 익히고 활용한다. 효과적인 상담을 위하여 경청, 반영, 공감, 무조건적 긍정적 존중, 진술성 등의 기법은 당연히 필요하다. 이들 태도와 기법을 갖추는 것은 성공적인 상담을 위한 지름길이다. 그러나 다문화 상담에서는 한 가지 질문을 더 제기한다. 질문의 요지는 '상담자가 사용하는 이러한 기법이 다른 문화권의 내담자에게도 성공적으로 적용되는가'이다. 상담자와 내담자의 문화가 다르면 상담자가 좋은 의도를 가지고 개입할지라도 그의 의도가 내담자에게 왜곡되어 전달될 수 있다.

시댁의 문화에 완전하게 동화할 것을 요구하는 시어머니와 남편의 강요로 스트레스를 느끼는 결혼이주여성이 많다. 이들이 상담자가 자신의 차별경험을 충분히 이해할 것이라고 기대하기는 어렵다고 한다(서지은, 최현미, 2012). 문화적으로 둔감한 상담자는 동화주의적 관점에서 결혼이주여성의 고통을 개인의 적응 부족으로 개념화하여 결혼이주여성 자신의 행동을 남편과 시어머니의 요청에 따라 변화시키라고 조언할 수 있으며, 이 여성은 상담에서 오히려 차별과 압력을 경험할 우려가 있다.

4) 사회 존속을 위해 모든 사람의 잠재력을 발달시켜야 하는 현실

저출산 고령화는 우리 사회가 당면한 가장 큰 문제 중 하나이다. 정부는 대통령을 위원장으로 하는 저출산고령사회위원회를 구성하여 대책을 마련하고 있다. 저출산에 대응하는 정책으로

출산율을 높이기 위해 성 평등 문화 확산, 경력단절여성 재취업 지원, 노동단축, 일-생활 균형 정책, 육아기 근로자 지원정책 등 아이를 낳고 키우기 위한 정책 등을 추진하였다. 고령화에 대응하기 위하여 고령자의 삶의 질을 높이기 위한 정책들이 마련되어 있다.

저출산 고령화 사회에 대하여 이와 같이 출산율을 높이는 대책도 필요하지만 태어난 자녀 한 명 한 명을 잘 길러서 개개인의 심리적 안녕을 증진하며, 사회안전망을 구축하고, 우리 사회의 생산인력의 양과 질을 유지하는 대책도 필요하다. 구성원 모두가 잠재력을 개발하여 스스로의 행복을 추구함과 동시에 사회에 기여할 수 있는 인력으로 자라도록 도와야 한다.

이를 위해서는 주류계층의 판단기준에 따라 개인의 가치가 서열화되는 풍토가 없어져야 한다. 서열화는 높은 서열에 속한 구성원에게는 우월감을 심어 주고, 그렇지 않은 구성원에게는 열등감을 심어 준다. 억압하는 풍토가 개개인에게 내사되면, 구성원들은 서로를 서열화하여 억압하고 때로는 남을 억압하던 잣대를 자신에게 적용하여 스스로를 억압하기도 한다. 서열화된 사회에서는 상호 인권의 존중이나 잠재력의 개발보다는 타인의 성취를 앞서는 경쟁과 좌절에 압도되어, 구성원의 자존감을 저하시킨다. 자존감의 저하는 개인의 발달뿐 아니라 사회구성원들이 양질의 생산인력으로 성장하는 것을 방해한다.

저출산 고령화에 대응하여 구성원의 잠재력을 충분히 발달시키고 상생하는 사회분위기를 조성하기 위해서는 구성원 각자의 '다름'을 존중하고, 배우며, 이를 통해 새로운 것을 창조해 낼 수 있는 안목과 실천이 필요하다. 이러한 과정에 상담이 공헌하기 위해서는 내담자가 취약한 출신 배경으로 인해 억압과 차별을 받는지, 내사된 억압과 차별로 인해 스스로의 잠재력 개발에 어려움을 겪는지에 주목하는 다문화 상담, 체계적인 억압과 차별을 없애기 위한 사회참여를 강조하는 사회정의 상담이 필요하다. 사회정의 상담은 상담자가 단지 회기 내에서 내담자의 역량을 강화하는 것에서 더 나아가 고통의 원인을 확인하고, 내담자를 옹호하며, 억압하는 구조를 변화시키기 위해 작업하라고 촉구한다.

학습문제

1. 다문화 사회정의 상담과 전통적 상담의 차이는 무엇이라고 생각하는지 정리하고, 동료들과 공유해 보자.

2. 다문화 상담과 사회정의 상담의 차이는 무엇인지 정리하고 동료들과 공유해 보자.

3. 우리나라 상담의 현장에서 다문화 사회정의 상담의 필요성에 관한 저자의 설명에 대하여 자신의 의견은 무엇인지 정리하고 동료들과 나누어 보자.

2장
다문화 사회정의 상담의 주요 현상

1. 특권, 억압, 차별

다문화 상담에서는 특권, 억압, 차별에 관심을 둔다. 특권, 억압, 차별은 다문화 사회정의 상담의 실천과정에서 고려해야 할 중요한 주제이다. 특권을 보유한 집단인 주류민은 의식적, 무의식적으로 그것을 누리고 현상을 유지시키고자 하며, 그렇지 못한 집단은 억압을 느끼고 소외된다. 주류민은 점점 힘을 얻게 되어, 주류민의 생활과 사고방식이 '옳음'이라는 기득권까지 확보하게 된다. 특권을 누리지 못하는 집단인 소수민은 삶에 불편을 경험한다. 그 이유가 어디에서 연유하는지 알지 못하고 혼란에 빠지면서 그 원인을 스스로에게 돌리며 억압을 느낀다. 특권을 누리는 집단이 현상을 유지하기 위해 자신들의 주장을 개인, 사회, 제도적 측면에서 더욱 자유롭게 표현하면서 억압을 점점 강하고 광

범위하게 행사한다. 소수민 집단은 불편을 느끼는 이유를 자신에게서 찾으면서 억압을 점점 강하게 느낀다. 특권, 차별, 억압은 개인, 사회, 제도의 차원에서 상존하지만, 상담관계에서도 재현된다(Ratts et al., 2015).

1) 특권

특권은 한 사회에서 구체적인 특징을 기반으로 선택된 집단의 사람들에게 사회에서 부여하는 체계적이고 획득된 혜택이다(Crethar, Rivera, & Nash, 2008). 다문화 상담자들은 미국의 백인 특권을 주목하였다. McIntosh(1986)는 백인들이 그들의 인종에만 기반하여 종종 무의도적으로 다양한 특권을 누리는 데 대하여 '보이지 않는 배낭(invisible knapsack)'이라는 은유로 표현하였다.

백인들은 세계적인 홍보 영상물의 주목을 받는 자리에 선다. 각종 매체에서 국제회의의 주역으로 등장한다. 편안한 복장을 하고도 세계를 자연스럽게 누빈다. 범죄자로 의심받는 확률도 적다. 영어를 사용하는 백인들은 세계 어느 나라에 가서나 영어로 당당하게 소통한다. 현지 언어를 모르는 자신들을 수치스럽게 생각하지 않는다. 오히려 영어를 알아듣지 못하는 사람이 부끄러움을 느낀다. 그런 자신들이 특권을 누린다고 생각하지 않는다. 당당하고, 자유롭게 자신을 표현하면서, 스스로에게 자부심을 느낀다. 백인은 그야말로 세계 어디서나 주류민이기 때문이다. 중세시대 유럽 여러 국가를 통치하던 백인들이 전세계를 식민 지배화하면서, 세계의 리더 위치에 서게 된 전통이 이어진 결과이다. 자유를 찾아 유럽을 탈출한 백인들이 북아메리카 대륙을 지배하면서 백인의 영향력은 미국의 국력을 통해 세계로 파급되었다. 백인 특권에 대한 인식은 주류민에 대한 인식으로 확장되었다. 세계무대에서는 영어를 사용하는 백인 중산층 남성에게 특권이 모인다.

특정 국가나 사회에서는 그곳에서 우세한 집단이 있다. 우리나라 안에서는 고학력의 중산층인 사람들에게 특권이 몰린다. 게다가 남성이라면 더욱 특권을 누린다. 우리나라에 있는 한 경제적으로 빈곤하지 않으면서 교육수준이 높은 사람들은 거리낌 없이 자신을 자유롭게 표현할 수 있다. 당당하게 하루하루를 살 수 있다. 특별히 주의를 기울이지 않으면 가난한 사람에게 신경 써야 할 이유를 찾지 못한다.

특권은 그것을 누리는 사람들에게는 의식되지 않는 특성이 있어서, 누리는 사람은 자신이 누리는 특권이 무엇인지 의식하지 못한다. 자신에게 허락된 특권이 무엇인지, 그것이 상대방에게도 허락되는지에 대하여 생각할 필요조차도 없다. 인식하지 못하면서, 자연스럽게 누릴 뿐이다.

특권이 삶에서 작동하면서, 겉으로 보이지 않고, 그것을 누리는 사람의 성취만이 명시화되는 경우가 많다. 예를 들어, 고학력 중산층 가정의 부모는 자녀에게 높은 학업기대를 할 뿐 아니라 어떻게 하면 높은 학업성취도를 올릴 수 있는지를 말과 행동으로 가르치며 지지적 환경을 조성할 수 있다. 자녀는 자신이 부모로부터 받는 지지가 특권이며 같은 반의 저학력 빈곤계층 친구는 그러한 특권을 누리지 못한다는 사실을 모르는 상태로 학교에 편안하게 적응하고 대학교육까지 받는다. 사회에 진출하면서도 부모의 심리적·물질적 지지와 부모로부터 학습한 성공적인 적응행동들의 영향이 계속되지만 본인이 그러한 특권을 민감하게 알아차리기는 어렵다. 자신이 얻은 성공은 순전히 자기가 노력한 대가로 얻은 것이라고 생각한다. 그에게는 그렇지 않은 환경에서 분투하지만 뚜렷한 성과를 보여 주지 못하는 사람들의 처지는 그들의 거친 성격이나 비관주의 또는 게으름으로 인한 저성취의 결과라고 보일 수 있다.

2) 억압

억압은 '권위나 힘의 불공평한 또는 잔인한 행사'를 의미한다. 소수민은 주류민과의 상호작용에서 자신을 표현하고 주장하는 데 어려움을 겪는다. 표현된 자기 모습이 주류민들에게 부정적인 평가를 받을까 봐 두렵기 때문이다. 평가불안을 느끼는 것이 이에 해당하는데, 본인의 특징 중 어떤 것이 주류민의 특징과 다르기 때문에 표현하지 못한다면, 문화적 요소로 인한 억압이라고 볼 수 있다.

낳아 준 부모와 함께 거주하는 핵가족 배경의 친구들 앞에서 가정 이야기를 하지 못하는 조손가정 청소년을 예로 들 수 있다. 방학을 앞두고 가족여행에 대하여 즐겁게 이야기하는 친구들과 함께 있는 빈곤가정 청소년이 슬그머니 자리를 빠져 나간다거나 부자연스러운 표정으로 힘들게 자리를 지키는 것이 이에 해당한다.

억압이 오랫동안 지속되면, 생활 전반으로 확대된다. 지체장애로 인해 억압을 당한 학생이 사회생활에서 억압을 받다 보니 사람 만나는 것을 기피하게 되고, 학교 공부도 소홀히 하게 되는 것이 이에 해당한다. 그 학생의 낮은 성적이 포함하는 억압의 개인사를 알아차리기는 쉽지 않다. 교사, 부모 그리고 학생 자신조차도 신체가 조금 부자유스러울 뿐인데, 학업 성취도가 매우 낮아지게 만든 억압을 찾아내기 어렵다. 억압으로 인한 부작용은 개인의 문제로 돌려지기 쉽다. 이런 과정이 반복되면서 억압은 내면화되고, 개인이 자신의 불행을 책임져야 한다는 개인주의 사회의 가치관과 만나게 된다.

억압은 권력에 근거하여 수행되며, 개인과 집단은 의도적이든 무의도적이든 자신이 지닌 편견을 드러내고 실행하기 위해 힘을 사용한다. 인종, 성, 종교, 장애여부, 국적, 성적 지향 등 어느 것에서 힘 있는 사람과 다른 특징을 지닌 개인은 자기표현을 억압당하거나 스스로 억압하게 된다.

스스로를 억압하는 사람은 타인이 더 이상 자신에게 낙인을 찍거나 억압하지 않을 때도 낙인과 억압을 경험한다. 이런 현상을 호의적인 오명(courtesy stigma)이라고 부른다(Goffman, 1963). 호의적인 오명은 낙인찍힌 개인이 낮은 자기 존중감을 지니도록 유도하며, 거부 받는 것을 피하기 위해 사회적 상호작용에서 철수하도록 한다(Ratt et al., 2015). 소수민 스트레스는 역사적으로 주변화된 집단의 구성원이 경험하는 사회적 억압과 낙인이 어떻게 부정적인 정신건강을 유도하는지에 대한 과정을 보여 준다(Meyer, 1995). 예를 들어, 동성애 혐오와 이성애 우월주의 때문에, 성 소수자 청소년의 경우는 이성애자인 다른 또래들에 비해 자살행동을 할 위험성이 더 높다. 가난한 삶과 관련된 스트레스는 인지적 기능을 손상시킬 수 있다. 인종 차별과 불공평한 처우가 불가피하다는 신념의 조합은 아프리카계 미국 남성의 높은 혈압수준과 관련된다(Ratts & Pedersen, 2014). 이러한 발견들은 억압의 생리심리사회적 영향을 지지한다.

억압은 개인적, 사회문화적 그리고 제도적 수준 모두에서 작동한다. 억압의 개인적 형태는 자신과 타인을 향하는 개인적 행동과 태도를 의미한다. 개인 수준에서 억압은 관계를 맺는 상대방 또는 자신을 지속적으로 비인간화시키는 데 근거할 수 있다. Pierce(1970)는 이런 경험을 '미묘한 차별(microaggression)'이라고 불렀다. 그것은 주류 문화 밖으로 주변화된 개인에게 일상생활에서 언어적, 비언어적 행동으로 가해져 이들에게 불평등을 유발한다.

사회문화적 형태의 억압은 한 사회의 지배문화적 규준과 관행이 주변화된 개인과 집단을 대상화하고 비인간화하기 위해 사용될 때 발생한다. 제도적 억압은 개인의 인종, 민족, 성, 성적 정향, 연령, 능력, 경제적 또는 종교적 정체성에 근거하여 사회에서 재화, 서비스 그리고 기회에 접근하는 데 있어서의 차별로 발생한다. 그리고 개인 차원과 체계의 차원 모두에서 드러난다.

3) 차별

차별은 편견에 근거하여 개인에게 부정적으로 대하는 의식적, 무의식적 행동이다. 차별은 개인이 타인을 인종, 민족, 성, 성적 정향, 경제적 지위, 연령, 종교 등에 따라 호의적으로 또는 비호의적으로 대할 때 발생한다. 예를 들어, 부모님이 '우리 교회'에 출석하시는 경우에만 자녀에게 세례를 주겠다는 교회의 정책에는 차별이 들어 있다. 상점에서 물건을 고르다가 가난해 보이는 유색인 손님들이 들어오는 것을 보고 그냥 나와 버린다면 이는 무의식적인 차별이다. 레즈비언, 게이, 양성애 또는 트랜스젠더(LGBT)를 보기 싫어하는 이성애 상담자가 LGBT 내담자를 피하거나 그들에게 신체적·정신적 질환이 있을 것으로 예측하거나 그들의 삶이 불행할 것이라는 강한 가정을 가지고 그들을 대하면서 '건강한 이성애' 내담자와 다르게 대할 때 발생한다. 차별은 유리한 결정 또는 사실에 근거한 결정보다는 편견에 근거한 결정을 유도하기 때문에 해롭다.

억압에 참여하는 주류민과 소수민 사이에서 차별이 발생한다. 인종 차별, 성차별, 계층 차별, 장애인 차별, 종교 차별 등 차별의 행태는 매우 다양하다. 차별이 행해지는 범위 또한 개인 차원, 사회 문화적 차원, 그리고 제도적 차원 등 다양하다. 차별이 행해지는 순간 소수민은 억압을 당하고, 주류민은 억압을 가한다. 주류민은 소수민의 관습이나 행동을 의도적, 무의도적으로 가치 절하하고, 소수민은 주류민의 사고방식에 휘말려서 스스로 부정적인 정서를 느끼며 당당하지 못하게 행동한다. 주류민은 자신의 행위 과정을 인식조차 하지 못하는 경우가 많고, 부정적인 정서를 느끼는 소수민에 대하여 이차적 비난을 하는 피해자 비난의 상호작용이 계속된다.

차별은 예상되는 순간에 일어나기도 하지만 예상되지 않은 순간에 지나가 버리는 경우도 많다. 따라서 차별을 받는 사람조차 부정적이고 막연한 느낌만 있을 뿐 원인을 명확하게 파악하기 어렵다. 만성적으로 굳어진 편견이나 선입견에 의한 차별은 더욱 그 근원을 알기 어렵다. 차별에 저항할 경우 오히려 반항적 성격 탓으로 귀인되면서, 소수민은 더 곤란한 처지에 놓이는 경우가 많다. 주류민의 힘에 도전했다가 '처벌'을 받는 셈이다. 소수민은 이렇게 자신이 받는 차별에 둔감해질 것을 요청받는다.

상담자는 소수민 출신의 내담자가 자신의 잘못과 관계없이 받는 차별과 억압을 민감하게 알아차려야 한다. 그러나 상담관계에도 문화적 특징이 반영되고, 상담자가 민감하게 알아차리지 못하는 사이에 차별과 억압이 일어날 수 있다. 이에 대하여, Ratts 등(2015)은 상담자와 내담자의 문화적 관계를 정리하였는데, 다음 장에서 다룰 다문화 사회정의 상담역량에서 좀 더 구체적으로 살펴볼 것이다.

4) 특권, 억압, 차별의 상호작용과 순환

Harro(2010)의 사회화 과정은 권력과 특권이 어떻게 유지되는지, 주류민이 자신의 특권을 지키려는 현상유지 관행이 왜 변화되지 않는지를 설명한다(Ratts & Pedersen, 2014). 사람들이 변화의 필요성을 인식할 때조차도 체계적 권력과 특권을 유지하고자 하는 힘은 개인과 제도적 차원에서 압력을 발동시켜 변화가 일어나는 것을 어렵게 한다. 출생부터 인간은 특정한 규율, 권력 구조, 법 그리고 정책들이 이미 다른 집단에 비해 한 집단에게 혜택을 주는 세상에서 태어난다. 사회적 집단에 대한 편향, 정형화, 편견은 이미 우리가 태어나기도 전에 정해졌다고 볼 수 있다. 우리의 선택과 관련 없이 우리는 차별과 억압이 존재하는 세상을 물려받았다.

어린 시절 최초 사회화를 통해 인간은 인종, 민족, 성, 성적 정향, 경제적 계층, 종교 그리고 장애에 대하여 교육받는다. 이 과정은 태어날 때 시작하여 일생을 통해 계속된다. 인간이 자기와 타인에 대하여 배운 암묵적, 명시적 메시지는 사람들이 그것에 대하여 비판의식을 기르기 이전의 나이부터 전달되기 시작한다. 이 사회화는 개인내적으로는 우리가 자신을 어떻게 생각하는가, 대인관계상으로는 우리가 타인과 어떻게 관계를 맺는가의 양 방향에서 발생한다. 개인은 양육자와 교육자들로부터 사회에서 자신이 해야 할 행동과 역할을 배운다. 가장 가까운 사람들은 개인의 가치관, 자기개념 그리고 타인에 대한 판단에 영향을 미친다. 개인이 자신, 다양성, 사회정의에 대해서 배우는 메시지들은 긍정적이거나 부정적일 수 있고, 타인에 의해 강화를 받거나 도전을 받을 수도 있다.

가족 밖의 제도 및 체계와 상호작용하기 시작하면서 사회화 과정이 문화적 사회화로 확대된다. 자기 자신과 타인에 대해 배운 메시지와 중요 타자들과의 상호작용을 통해 얻은 세계관은 학교, 예배장소, 사업, 미디어 그리고 인터넷 자료들에 의해 강화되거나 도전받는다. 사람들은 사회 체계와 상호작용하며 참여한 집단의 규칙을 빠르게 배운다. 예를 들면, '소녀는 분홍색을 좋아하고 소년은 푸른색을 좋아한다.' '건강한 가족에는 한 명의 엄마와 한 명의 아버지가 있다.' '게이는 소아성애자이다.' '트랜스젠더에게는 정신질환이 있다.' '가난한 사람들은 게으르다.' '아시아계 미국인은 엉큼하다.' '실패는 게으름의 대가이다.' '성공은 열심히 일한 보상이다.' 등의 현실적 증거에 기반하지 않거나 현실적 근거를 과장하여 만들어진 규칙들을 믿고 옮긴다.

사회적 질서는 강제적으로 유지된다. 사람들은 지배계층의 힘을 유지시켜 주면 보상을 받고, 의문을 제기하면 처벌을 받는다. 현상유지를 방해하는 사람들은 인기가 없어지고 문제아라고 낙인찍힌다. 현상유지를 돕는 사람들은 단체행동을 잘하는 사람으로 평가받는다. 이런 보상 체계는 현상유지를 지속시킨다.

그 결과 사회화의 영향은 지배 계층과 소수민 계층에게 다른 경험을 가져온다. 소수민 계층의 구성원들은 분노, 불화, 좌절, 스트레스, 절망 그리고 영향력 상실 등 여러 가지 부정적 정서를 경험한다. 이러한 느낌은 내면화된 억압으로 이어지고 낮은 자존감, 범죄, 파괴적 행동 등을 일으키게 할 수도 있다. 지배 집단 구성원은 내면화된 특권, 죄책감, 응징과 폭력에 대한 공포, 스트레스를 경험하며 종종 방어적이 된다.

사람들은 아무것도 하지 않고 억압이 현상유지되도록 선택할 수 있다. 또는 이와 달리 억압의 고리를 가로막고자 선택할 수 있다. 어느 쪽이든 자기 생각을 소리 내어 말하는 것보다 조용히 있는 것이 더 쉽다. 조용히 남기로 선택한 사람들은 소리 내어 말을 하면 타인으로부터 올 응징이 두렵기 때문에, 또는 억압이 일어나는 현실에 대하여 모르기 때문에 그렇게 할 수 있다. 소리 내어 말하는 사람은 침묵하는 것은 억압을 용납한다는 것을 의미함을 깨달았기 때문에 그렇게 한다.

Harro(2010)는 특권, 억압, 차별이 반복되는 핵심적인 이유로 공포, 무지, 불안전, 혼란, 의식하지 못함, 무기력의 조합을 지적하였다. 공포는 표적 집단의 구성원들이 문제아로 낙인찍혀서 추방당하고 죽임 당할 것을 두려워하는 것이다. 그래서 그들은 조용히 지내는 것을 선택한다. 무지는 표적 집단과 주류 집단 구성원 모두 억압이 존재하는 것과 그것이 어떻게 작동하는지를 알지 못하는 것이다. 그들은 그들이 사회화된다는 것을 모를 수 있다. 혼돈은 억압이 어디서 시작되었는지 사람들이 알지 못하기 때문에 발생한다. 그래서 아무것도 하지 않기로 선택한다. 잘못된 것을 말하거나 행동하는 것에 대한 두려움은 사회화와 억압의 순환이 계속되도록 돕는다. 불안전은 많은 사람이 억압의 이슈를 다루는 그들의 능력에 대한 자신감이 부족한 것을 의미한다. 그들은 현상 유지에 도전하는 데 필요한 충분한 훈련, 지식, 기술이 부족하다. 지배적 집단은 권력을 가지며 잃을 것을 두려워한다. 표적 집단은 존재하는 권력구조에 압도되고 아무것도 선택하지 않는다.

2. 문화적 특징

상담자는 내담자의 성장을 지원하고자 한다. 그리고 내담자를 심리적으로 충분히 돌봐주고자 한다. 그러나 상담자가 내담자를 돌보고자 해도 내담자는 상담자로부터 돌봄을 받지 못했다고 느낄 수 있다. 이는 상담자가 내담자를 돌보는 방법을 모르기 때문이다. 내담자를 돌보는 방법을 더 알고 싶을 때, 상담자는 내담자의 문화적 측면을 고려해야 한다. 상담자와 문화적으로 다른 배경에서 성장한 내담자를 상담자 자신의 사고방식과 문화의 틀로 판단하고 평가하며 개입 방식을 선택하면, 상담자의 의도와 다른 결과가 초래될 수 있다.

내담자의 문화적 특징을 이해하는 목적은 두 가지이다. 첫째는 상담실 밖 생활 속에서 소수민 내담자가 겪은 억압과 차별을 충분히 이해하기 위한 것이다. 둘째는 상담실 내에서 상담자 자신이 소수민 내담자를 억압하거나 차별하지 않기 위한 것이다. 어떤 상담자도 내담자를 차별하거나 내담자에게 억압을 가하려고 하지는 않는다. 그러나 상담자가 내담자의 문화적 특징에 대하여 인식하지 못하면, 무의식적으로 상담자 자신의 문화와 가치에 의해 내담자의 행동을 판단하고 해석한다. 그로 인해 내담자의 문화를 폄하하고 상담자의 문화적 관점을 채택하기를 강요하는 실수를 범할수 있다.

상담자가 내담자의 문화적 특징을 이해해야 한다면, 보다 구체적으로 어떤 특징을 이해해야 하는가에 대하여, 개인의 문화적 특징을 나타내는 모형들이 발표되었다. 이들 문화적 요소들은 알파벳 머리글자를 따서 리스펙트풀(RESPECTFUL) 모형(D'Andrea & Daniels, 2001), 어드레싱(ADDRESSING) 모형(Hays, 1996) 등으로 발표되었다.

리스펙트풀 모형은 개인의 문화적 특징을 이해할 때 종교적 요인(R: religious-spiritual identity), 경제적 계층 요인(E: economic class background), 성 정체성 요인(sexual identity), 심리적 성숙도 요인(psychological maturity), 민족적 인종적 요인(ethnic-racial identity), 생활연령 요인(chronological developmental challenges), 트라우마 요인(trauma and other threats to one's well-being), 가족형태 요인(family history and dynamics), 독특한 신체적 특징 요인: 장애 포함(unique physical characteristics), 거주지나 언어 (location of residence and language differences) 등의 측면을 고려할 것을 권유한다. 어드레싱 모형은 개인의 문화적 특징을 이해할 때 나이(age and generational issues), 발달적 장애(developmental disability), 후천적 장애(disability acquired later in life), 종교적 정향 (religion and spiritual orientation), 민족적 정체성(ethnic and racial identity), 사회경제적 지위(socioeconomic status), 성적 정향(sexual orientation), 토착유산(indigenous heritage), 국적(nation origin), 성 관련 정보(gender-related) 등을 고려할 것을 권유한다.

이와 같이 리스펙트풀 모형과 어드레싱 모형이 제시하는 문화적 요소들에는 종교와 영성, 사회경제적 지위, 성역할 및 성적 정향, 인종·민족적 정체성, 연령과 세대, 장애, 국적 및 거주지와 언어가 공통적으로 포함된다. 리스펙트풀 모형이 제시하는 심리적 성숙도, 트라우마 대신 어드레싱 모형에는 이민 전 토착유산이 포함되어 있다. 우리 사회에서 비교적 현저하게 드러나는 문화적 요인들을 좀 더 구체적으로 알아보면 다음과 같다.

1) 종교와 영성

영성은 신령한 품성이나 성질을 의미하는 데 비해, 종교는 신이나 초자연적인 절대자 또는 힘에 대한 믿음을 통하여 인간 생활의 고뇌를 해결하고 삶의 궁극적인 의미를 추구하는 문화 체계이다. 종교는 대상, 교리, 행사의 차이에 따라 여러 가지가 있는데, 애니미즘, 토테미즘, 물신 숭배 따위의 초기적 신앙 형태를 비롯하여 샤머니즘이나 다신교, 불교, 기독교, 이슬람교 등의 세계 종교에 이르기까지 비제도적인 것과 제도적인 것이 있다(표준국어대사전, 2018).

종교는 내적 신념 체계를 기반으로 하되, 종교적 정체성을 획득하고 공고히 하는 가운데, 신념의 기준으로 작용하는 절대자, 교리, 행위규범 등이 있어서, 종교를 공유하는 집단에는 유사한 행동양식과 문화도 공유된다. 같은 종교를 공유하는 사람들의 모임에서 출생하고 성장한 개인 또한 동일한 신념, 규범, 행위체계를 공유한다. 이로 인해 하나의 종교 집단 내부에 속한 개인끼리는 유사한 문화 체계를 지니는 반면, 다른 종교 집단에 속한 사람들과는 서로 다른 문화 체계를 지니게 된다. 이때 종교 집단 간 문화차이가 발생하며, 다수가 소속한 종교 집단이나 국가 및 사회에서 인정받는 종교 집단은 주류 종교가 되고, 그렇지 않은 집단은 소수 종교가 된다. 종교는 개인의 대인관계 범위와 방식을 결정한다. 종교생활을 하다 보면, 동일 종교에 속한 집단의 가치가 내면화되고, 그에 따라 개인의 행동방식이 결정된다.

영성은 가치관의 핵심으로서 개인의 성격, 사고방식, 정서 등에 영향을 미친다. 영성은 집단이 아니라 개인 내부에 존재하며, 절대적인 존재와 자신의 내적 관계를 의미한다. 영성은 자기에 대한 개인의 이해방식, 타인과의 관계 속에서의 자기, 그리고 스스로 정의한 권력자나 약자와의 관계 속에서의 자기를 정의한다. 인간은 누구나 영성을 소유하지만 자신의 영성에 대한 인식 정도는 개인에 따라 다르다. 또한 누구나 특정 종교에 소속되어 있는 것도 아니다.

동일한 종교집단에 소속해 있다고 해서 영성이 동일한 것은 아니다. 종교는 영성이 제도화된 모양으로 나타나기 때문에, 같은 제도를 선택했다 할지라도 그 제도를 선택한 동기와 그 종교에서 숭배하는 절대자와 개인의 관계는 서로 다를 수 있기 때문이다.

상담자는 종교문제로 상담실을 찾은 내담자의 문제가 종교적인 근심에 해당하는지, 영적인 근심에 해당하는 것인지를 구분할 필요가 있다. 종교적인 근심에 해당하는 문제는 제도화된 종교생활을 하면서 부딪히는 다른 사람들과의 관계로 인한 것이다. 영적인 근심에 해당하는 문제는 보다 내면적인 것으로서 개인적이고 보다 실존적인 삶의 의미에 관한 질문에 해당된다.

이 과정에서 소수 종교나 영성을 지닌 내담자를 만났을 때, 그들의 종교생활이나 영적인 내면세계를 이해하기 위해서는 내담자가 지닌 종교와 영성이 상담자의 그것과 다름을 알아차릴 수 있는 감수성이 필요하다. 또한 내담자의 종교와 영성에 대한 연구물들을 찾아보고, 내담자와 대화를 나누면서 내담자에게 배우려는 자세가 필요하다. 특히 상담자의 종교가 주류 종교라면, 상담자가 상담과정 중에 미묘하게 내담자의 종교적 표현을 차단하거나 억압하지는 않는지, 상담자 자신의 종교 이야기를 부적절하게 개방함으로써 내담자에게 거리감을 주지는 않는지 등에 대한 성찰이 필요하다. 예를 들어, 상담회기를 마치고나서 내담자와 헤어질 때 상담자가 "메리, 크리스마스!"라고 인사를 하는 것은 은연중에 기독교 이외의 종교를 지닌 내담자에게는 다른 생각을 하게 할 수도 있다. 만일 내담자가 소수 종교에 속해 있으면서 종교문제로 억압을 받고 있는 상황이라면 상담자의 그러한 행동은 내담자의 자유로운 종교적 표현을 억압하고 상담동기를 저하시키는 결과를 초래할 수 있다.

2) 사회경제적 지위

사회 계층은 한 사회 안에서 재산, 교육, 직업, 주택, 명성 따위의 기준에 의하여 구별되는 인간 집단이다. 상류층, 중류층, 하류층으로 나누어지며, 특유한 생활 태도나 의식·관습 등을 공유한다(표준국어대사전, 2018). 현대 사회에서 사회 계층은 경제적 소유의 정도로 나누어지며, 경제적 소유는 교육수준의 영향을 크게 받는다. 자본주의 사회에서 사회 계층은 개인의 의식주, 교육과 직업의 기회뿐 아니라 주로 교류하는 사람들의 계층, 더 나아가 여가생활까지도 결정한다. 부모의 사회 계층은 자녀들의 삶에 큰 영향을 미쳐서, 사회 계층은 대물림될 가능성이 크다.

유사한 사회 계층에 속한 사람들은 유사한 소비수준과 생활양식을 공유하는 반면, 사회 계층에 차이가 나는 사람들 간에는 소비수준과 생활양식에 차이가 생길 수밖에 없다. 이러한 차이는 위계적 구조와 곧 연결되어, 높은 소비수준과 풍요로운 생활을 누리는 계층과 그것을 누리지 못하는 계층은 서로 상대방과 자신을 구분 짓는다. 사회 계층에 의한 차별로 인해 많이 가진 자는 주류민이 되어 특권을 누리고, 그렇지 못한 자는 소수민이 되어 억압과 차별을 경험한다. 이러한 억압과 차별이 일반화되고 지속되다 보면, 자기 스스로에게 억압을 가하게 되는 내사과정이 일어난다. 가난하다고 무시하거나 차별하는 사람이 없는 상황에서도 스스로 억압을 느끼고 차별받는다고 생각하는 호의적인 오명(Goffman, 1963)의 상태에 놓이는 것이다.

사회경제적 지위는 여러 가지 문화적 요소 중 우리 사회에서 가장 현저한 문화적 요소이다. 우리 사회 구성원들은 다른 문화적 요소의 차이에서보다 사회 계층 차이에 매우 민감하다. 다른 문화적 요소에서 개인이 차지하는 위치에 사회경제적 요인이 상호작용하면, 개인에게 미치는 영향이 상당히 달라진다. 예를 들어, 인종ㆍ민족적 정체성에서 소수민이라 할지라도 사회경제적 지위가 높으냐 낮으냐에 따라 그가 사회에서 받는 대접은 달라진다. 인종ㆍ민족적 정체성에서의 소수민이 사회경제적 계층에서 상류층이라면 그가 인종ㆍ민족적 소수민으로 느낄 억압과 차별의 정도는 매우 약화될 수 있다. 반대로, 인종ㆍ민족적 소수민이 경제적으로도 가난하다면, 그가 받는 억압과 차별의 정도는 심화될 수 있다.

상담자들은 사회경제적 소수민과 작업하기 위한 사전준비를 많이 해야 한다. 특히 가난이 인간의 삶에 미치는 영향에 대해 깊이 생각하고 관찰할 필요가 있다. 예를 들어, 청소년 내담자와 작업하면서 상담시간을 잘 지키지 못하고 상담자가 제시한 과제를 수행하지 않는 내담자의 행동을 저항이라고 규정하는 공공기관 상담자를 가정해 보자. 상담자가 내담자 부모의 사회경제적 지위를 이해하려 노력하다 보니 내담자가 상담실에 오기 위해 큰 노력을 기울이고 있음을 알게 되었다. 내담자 집 근처에 버스나 지하철이 없으며, 내담자를 상담실에 데려다 줄 부모님이 낮에 일하러 나가시기 때문에, 이웃 학생이 상담실에 올 때 그 학생의 부모님이 운전하시는 차를 얻어 타야 하는 형편이었다. 내담자가 상담실에 제시간에 도착하기 위해서는 내담자 자신의 준비뿐 아니라 이웃 학생과 학부모님의 상황까지 준비되어 있어야 한다. 상담자는 상담실에 오기 힘들 때 왜 부모님께 도움을 요청하지 않았는지 알아보았다. 이 내담자의 부모님에게는 가족 전체의 생계유지를 위해 일을 더 하는 것이 자녀를 상담실에 보내는 것보다 훨씬 더 중요했으며, 내담자 또한 이러한 부모님의 상황을 이해하고 도움을 요청하지 않는 것이 습관이 되어 있었다. 이 내담자의 상담시간에 지각하는 것은 상담에 대한 저항이 아니었던 것이다.

문화적 특징 이해의 중요성을 나타내는 사례

상담자 A는 학교적응에 어려움을 겪고 있는 남자 중학생 B를 상담하고 있었다. 탐색과정에서 B의 어머니는 B가 세 살 때 부부싸움 후 집을 나갔고, B는 아버지와 지내고 있다는 것을 알게 되었다. 어머니는 아버지 몰래 B를 찾아와서 이것저것 물어보기도 하고, 필요한 것을 사주기도 한다. 아버지는 건축일을 하는데, 수입이 불규칙하고, 매일 술을 마시고 주사를 부린다. 지금은 아니지만 어릴 때는 아버지에게 많이 맞았다고 한다.

중산층에서 성장하여 대학원까지 졸업한 상담자 A는 B의 '불운한' 성장배경에 압도되었다. B의 상황이 긍정적으로 변할 것 같지 않았고, 그에 따라 B에게 긍정적인 변화가 일어날 수 있을 것이라 기대하기도 어려웠다. B가 불행하게만 느껴졌다. 이혼가정에서 학대받으며 자란 저소득층 출신의 B가 긍정적인 변화를 일으킨다는 것은 A에게는 생각할 수 없는 일이었다.

슈퍼비전에서 상담자 A는 이혼가정에 대한 자신의 고정관념을 발견할 수 있었다. 어머니가 집을 나간 것은 자녀를 버린 것이고, 부모에게 버림받은 자녀는 불행하며, 건강하게 성장할 수 없다는 것이 A가 발견한 자신의 고정관념이었다. 그러한 고정관념은 상담자 A로 하여금 B의 강점과 자원을 볼 수 없게 만들었고, B가 보내는 긍정적인 변화의 징후들에 주의를 기울이지 않도록 하였다. B가 어렸을 때 집을 나갔음에도 불구하고 아직까지 B를 챙기고 있는 엄마에 대한 이야기를 두 차례나 했다는 것을 축어록을 보고서야 발견할 수 있었다. A는 B를 다른 내담자들과 달리 대하고 있었고, 상담자로부터 긍정적인 기대와 격려를 받기 원하는 B의 바람을 무시하는 차별을 행하였음을 인식하게 되었다.

상담자 A는 B와의 상담이 지지부진하게 진행되는 것, B의 말과 행동이 자신에게 선명히 와 닿지 않았던 것, B와 상담한 날은 유난히 피곤하고 상담자로서의 직업에 대하여 회의가 느껴졌던 것 등이 자신이 가지고 있던 이혼가정에 대한 고정관념에서 비롯된 것임을 알게 되었다.

그러한 문화적 통찰은 상담자인 A가 B를 보는 관점을 바꾸게 해 주었다. B에게 초등학교 때부터 친하게 지내는 친구가 있으며, 낡거나 고장 난 기계를 분해하여 살펴보고 고치는 일에 몰두한다는 B의 이야기에도 경청할 수 있었다. A는 지금까지 발견할 수 없었던 B의 강점과 자원들을 분명하게 발견할 수 있었고, B가 원하는 삶의 모습을 좀 더 선명하게 그려볼 수 있었으며, B가 원하는 삶을 살도록 변화하는 데 도움을 줄 수 있다는 자신감을 갖게 되었다.

3) 성 및 성적 정향

성(Gender)은 남성이냐 여성이냐에 따라 달라지는 사회적 역할을 의미한다. 사회는 남성과 여성에 대하여 다른 역할기대를 설정하고 그에 부합하는 외모·행동·능력을 기대한다. 남아와 여아는 사회화 과정을 겪으면서, 사회에서 하는 역할기대에 익숙해진다. 사회는 남성이 하기를 기대하는 역할에는 더 큰 인정, 더 많은 보수를 주고 있다. 사회가 생물학적 성역할의 경계를 넘어가려는 개인에게 보내는 시선은 곱지 않다. 현대 사회가 진행될수록 많은 여성이 남성의 역할이라고 여겨지던 직업 진출과 경제적 능력, 리더로서의 위치 등에 진입하였다. 또 여성의 직업이라고 여겨지는 직업들에 남성이 진출하기도 하고, 가사와 육아에 흥미를 보이는 남성도 많아졌다. 그러나 이들이 상대의 역할에 진입하고 적응하는 과정에서는 본인의 성역할에 충실할 때는 겪지 않아도 되는 차별과 억압을 감내해야 한다. 그래서 대부분의 남성과 여성은 상대의 성역할에 대한 흥미 자체를 차단하면서 사회가 기대하는 성역할에 몰두한다.

남성보다 여성이 훨씬 더 성차별에 노출되기가 쉽기 때문에, 남성은 주류민으로 여성은 소수민으로 분류된다(Hays, 2008). 성을 기준으로 다른 사람을 차별하고, 폄하하고, 또는 비난하는 사람은 성차별주의자라고 불린다. 여성과 남성의 역할을 지나치게 뚜렷이 구별하고 그 경계를 넘나드는 것에 대한 반감을 표시하면 성차별주의자라고 분류될 가능성이 커진다.

성적 지향은 한 사람이 특정 유형의 대상을 향하여 지속적으로 성적 감정, 갈망 그리고 애착을 두는 성향이다(Neukrug, 2017; Szymanski, 2013). 성적 갈망이 이성에만 향하지 않고 동성이나 양성에게 향하면, 사회는 그 사람에게 부정적인 편견을 부과한다. 이성애자는 '정상'이고, 동성애자나 양성애자는 '비정상'으로 낙인찍힌다. 성적 지향에서 '비정상'으로 낙인찍히면, 그 낙인이 확대되어 다른 생활영역에서도 '비정상'으로 보이며, 차별과 억압을 받는다. 자신의 성적 지향을 남들에게 자연스럽게 표현하기 어려우며, 사회생활을 할 때 여러 가지 기회로부터 박탈된다. 이런 경험이 쌓이면 스스로가 기회에 다가가지 못한다. 이성애자가 아닌 사람을 비난하고 차별하는 현상을 이성애 우월주의 또는 동성애 공포증이라고 한다. 1975년에 미국심리학회(American Psychological Association: APA)는 동성애가 장애가 아니라고 선언하였으며, 미국상담학회(ACA)도 이 선언을 지지하고 있다. 성적 지향은 성적 질환도 아니고, 성적 선호의 문제도 아니라고 주장한다. 이러한 성적 지향에 대한 심리학계의 변화된 입장은 사회 전반으로 파급되고 있지만, 동성애자나 양성애자를 향한 일반인의 인식과 편견은 변화하기 어려운 것이 현실이다.

성 소수자에는 성행위와 무관한 생물학적 성의 유형도 있다. 성전환자(transsexual)는 자신의 성을 강하게 부정하고, 자신의 정체감에 맞게 성을 다시 만들기 위해 호르몬제, 수술 또는 둘 모두를 사용한다. 양성인 사람(intersex person)은 남성과 여성의 성기를 모두 가지고 태어난 사람이다. 무성(asexual)인 사람은 남에게 성적인 매력을 거의 또는 전혀 느끼지 않는다. 더 중요한 것은 젠더전환, 성전환, 의상전환, 양성 그리고 무성인 사람들은 게이나 레즈비언 또는 양성애가 아니라는 것이다. 몇 년 전부터 동성애자를 나타내기 위해 퀴어(queer)나 훼그(fag)와 같은 말도 사용되고 있다(Neukrug, 2017).

4) 민족, 인종

민족은 일정한 지역에서 오랜 세월 동안 공동생활을 하면서 언어와 문화의 공통성에 기초하여 역사적으로 형성된 사회 집단이다. 인종이나 국가 단위인 국민과 민족은 반드시 일치하는 것은 아니다. 인종은 인류를 지역과 신체적 특성에 따라 구분한 종류이며, 백인종, 황인종, 흑인종이 대표적이다(표준국어대사전, 2018).

인종 차별은 다문화 사회정의 상담의 필요성을 부각시키고, 그것의 발전에 공헌한 가장 대표적인 문화적 요인이다. 민족은 인종보다 단위가 작기 때문에, 한 인종이 여러 민족으로 구성되기도 한다. 다문화 사회정의 상담 문헌들에서는 인종과 민족이 함께 다루어진다.

민족, 인종의 차이로 인해 어떤 사람을 차별하는 것은 차별받는 당사자의 행위와는 아무런 관련이 없다. 피부색은 타고난 것이며, 민족을 선택해서 태어나는 사람은 없기 때문이다. 특정 피부색이나 민족 출신의 사람들이 했던 특정 행동 때문에 해당 인종이나 민족 출신의 다른 사람들을 만날 때마다 부정적인 편견과 고정관념을 갖는다면, 그것은 당사자의 행동에 대한 반응이라고 보기 어렵다. 당사자는 죄 없이 박해를 받는 셈이 된다. 흑인에 대하여 백인이 행하는 인종 차별은 소수민에 대한 주류민의 차별과 억압의 대표적인 예이다.

우리나라에서는 국제결혼 이민 가정, 중도입국 청소년, 외국인 근로자 등이 민족·인종적 다문화 인구에 해당한다. 미국처럼 사회 구성 자체가 다인종, 다민족인 경우에 비하면 우리나라에는 다른 인종이나 민족의 수가 적은 편이다. 그러나 우리나라의 역사를 통해 볼 때, 현재 그 어느 때보다 다인종, 다민족 이주민이 많다. 체류 외국인 비율은 해마다 늘어나서 2017년에는 218만 명에 이르렀으며, 결혼 이민자 수는 15만 명을 넘어섰다(출입국·외국인정책본부, 2018).

인종·민족적 소수민들은 의도적, 무의도적으로 차별을 경험한다. 모국에서 형성한 세계관, 가치관, 행동방식 등과 현저히 다른 곳에서 소수민으로 살아가다 보면, 생활 전반에 억압과 차별이 드리워진다. 주류민은 인종·민족적 소수민을 대할 때 선진국에서 온 외국인에게는 긍정적인 선입견을, 후진국에서 온 외국인에게는 부정적인 선입견을 가지는 경향이 있다. 상담자에게도 이런 경향이 있다면, 약소국 출신의 인종·민족적 소수민은 상담에서조차 억압과 차별을 받게 되기 때문에, 상담자는 문화적 역량을 길러서 억압과 차별로부터 자유로운 상담을 하려고 노력해야 한다.

5) 연령과 세대

연령 차별주의는 연령을 이유로 개인의 기회를 박탈하거나 소외시키는 사회적 이념 및 행위를 뜻하며(두산백과, 2018), 연령 차별은 고령자와 연소자 모두를 향한다. 고령자 차별은 나약하고 보호가 필요한 존재라는 선입견을 바탕으로 노인을 차별대우하는 것을 일컫는다(한국경제용어사전, 2018). 고령자에 대한 선입견은 많은 경우 고용기회로부터의 차단으로 나타난다. 노인에게 이해받는 것을 포기하는 젊은 세대들이 노인과의 대화나 관계를 기피함으로써 일상생활에서 노인에 대한 차별이 나타나기도 한다.

어린 나이를 이유로 개인을 억압하고 차별하는 연소자에 대한 차별도 있다. 연소자에 대하여는 아직 경험이 부족하고 성숙하지 못하다는 선입견으로 인해 자율적인 결정의 권리를 박탈하는 방식으로 차별이 나타난다. 연소자에게 발언권을 주지 않고, 강하고 억압적인 규칙을 그들과 협의 없이 부과하며, 위계에 의해 특정 방향으로 발언하도록 하는 등 억압이 발생하기도 한다. 연소자에 대한 억압과 차별은 보호와 구분하기 어려울 때가 있어서, 보다 면밀한 주의가 필요하다.

사회의 변화와 맞물리면서 연령 차이는 세대 차이로 이어진다. 동일한 시대적 배경을 공유하며 성장한 집단이 동일한 세대를 이룬다. 한 세대는 다른 세대가 경험하지 못한 시대사회적 사건들을 경험하면서, 독특한 성장배경을 공유한다. 동일한 세대는 생애발달주기를 공유하며, 다른 생애발달주기에 놓여 있는 다른 세대와 여러 가지 면에서 차이를 보인다. 청소년, 성인, 노인 등은 서로를 이해하는 데 어려움을 느낀다. 이러한 어려움은 차별과 억압으로 이어지는데, 사회적 권력이 주로 성인에게 주어지면서, 청소년과 노인은 차별과 억압을 받는 위치에 놓인다. 상담자 또한 청소년과 노인에 대한 고정관념으로, 개별 내담자의 고유한 사고, 정서, 행동의 의미를 이해하고 존중하는 데 어려움을 겪을 수 있다.

6) 독특한 신체특징

　문화적 요소로서 독특한 신체특징을 논의할 때는 장애인을 주목한다. 장애인은 장기간에 걸쳐 직업생활에 상당한 제약을 받는 자로서 대통령령으로 정하는 기준에 해당하는 자를 말한다(장애인고용촉진 및 직업재활법, 2017). 우리나라에 등록된 장애인의 숫자는 2016년 12월 기준 2,511,051명이다(http://www.mohw.go.kr). 장애의 유형은 지체, 시각, 청각, 언어, 지적, 뇌병변, 자폐, 정신, 신장, 심장, 호흡기, 간, 안면, 장루·요루, 뇌전증 등이다. 장애인 차별을 막기 위한 여러 가지 대책들이 등장하고 있지만, 여전히 장애인은 일상생활과 취업 및 직업적응의 현장에서 차별을 겪는다(김봉환 외, 2018).

　「장애인고용촉진 및 직업재활법」은 장애인이 경제적 어려움에서 해방되어 자신의 잠재력을 개발하며 살아가도록 하기 위한 여러 가지 방안을 법안으로 담고 있다. 이 법에서는 장애인 고용 촉진을 위한 제도, 예산, 장애 인식 개선 교육 의무화, 장애인 고용 촉진 및 직업재활, 장애인 고용 의무 및 부담금, 장애인 고용공단의 설치, 장애인 고용촉진 및 직업재활 기금 등 장애인의 독립적인 생활을 위한 포괄적인 사항들을 담고 있다.

　한국장애인단체총연합회(www.kofod.or.kr)는 장애인과 비장애인의 사회통합에 기여함을 목적으로 설립되었다. 이 단체는 장애인 당사자 주권을 주장하며 장애인이 인간으로서의 존엄과 가치를 지닌 국민의 일원으로 완전한 참여와 평등을 실현하는 데 제약이 되는 모든 편견과 차별을 철폐하고, '장애인과 함께 일하는 행복한 직장 만들기' 사업 등 장애인의 고용증진을 위한 사업들을 적극 추진하고 있다(김봉환 외, 2018).

그러나 장애인에 대한 평등이 실현되기 위해서는 일상생활에서 장애인에게 가해지는 차별과 억압들이 지속적으로 개선되어야 할 것이다. 법과 제도로는 평등을 갖추었지만, 장애인과 함께 생활하고 일하는 동료, 상사, 고용주들이 장애인에 대한 부정적인 편견과 고정관념을 벗지 못한다면, 그들과 함께 일하는 장애인은 존중받는다는 느낌을 가지기 어려울 것이다. 호의적인 제도에도 불구하고 일상의 미묘한 차별들이 쌓여간다면, 장애인은 억압과 차별을 내사하여 위축된 심리상태에서 여러 가지 부적응을 보일 우려가 있다.

어린 시절부터 장애로 인한 억압과 차별을 경험한다면, 손상되지 않은 능력조차 개발하지 못하여 잠재력 개발에 큰 어려움을 겪을 수 있다. 지역사회와 학교 전체가 장애아를 억압하거나 차별하지 않으려는 노력이 필요하다. 특히 가까운 사람일수록, 동정심에 근거하여 '돌봄'이라는 명분으로 자기도 모르게 장애인의 자율권을 훼손하는 경우도 있다. 돌봄이 억압으로 작용하지 않도록 각별한 주의가 필요하다.

상담자는 내담자를 만날 때, 내담자의 문화적 요소를 우선 분석해야 한다. 리스펙트풀 모형이나 어드레싱 모형 등 문화적 요소를 나타내는 모형들을 숙지하고 있다가 내담자의 문화적 성장배경을 이해하는 작업을 시도할 필요가 있다. 내담자의 문화적 요소에 대한 정보가 있다면 내담자를 만나기 전부터 해당 문화에 대하여 학습해야 한다(Neukrug, 2017). 내담자의 문화적 배경을 이해하면, 내담자가 살아오는 동안 미묘하게 받아온 차별과 억압들을 이해하는 데 도움을 받을 수 있다. 내담자의 사고, 정서, 행동은 그러한 차별과 억압으로 인해 어떤 영향을 받았는지 알 수 있다. 또한 상담자 자신의 특징 중 해당 내담자에게 차별과 억압으로 작용할 만한 것이 무엇인지 미리 알아차려서, 내담자와 관계를 형성하는 데 참고할 수 있다. 더 나아가 내담자에게 효과적인 개입방법이 무엇인지에 대한 단서들을 찾는 데 도움을 받을 수 있다.

7) 문화적 요소의 교차성과 상담에의 활용

문화적 요소의 교차성(intersectionality)이란 신분, 인종, 성별, 장애 등의 차별 유형들이 서로 결합하여 영향을 미치는 것을 말한다(Jun, 2009). 어떤 하나의 문화적 요소에서 소수민인 개인은 다른 문화적 요소에서도 소수민일 수 있다. 어떤 문화적 요소에서는 소수민이지만 다른 요소에서는 주류민인 경우도 있다. 물론 모든 문화적 요소에서 소수민인 경우도 있고, 주류민인 경우도 있다. 논리적으로는 네 가지 경우의 수가 모두 가능하지만, 대부분의 개인은 정도의 차이는 있지만 주류민적 요소와 소수민적 요소를 함께 지니고 있다. 개인에게는 여러 문화적 요인들이 혼재되어 나타나기 때문에 교차성을 분석하는 것이 도움이 된다.

내담자가 지닌 문화적 요소의 교차성을 이해하면, 여러 문화적 요소에서 소수민의 위치에 있는 내담자를 이해하는 데 도움을 받을 수 있다. 어느 한 요소에서만 소수민이고 다른 요소에서는 주류민인 내담자보다 여러 요소에서 소수민인 내담자가 더 큰 억압과 차별을 겪는다. 예를 들어, 장애가 있는 성 소수민이 경제적으로 어떤 상태에 있느냐에 따라 그가 받는 억압과 차별에는 차이가 있다. 경제적으로도 빈곤하다면 억압과 차별에 노출될 가능성이 더 커진다. 문화적 요소와 교차성에 대한 이해는 내담자 및 상담자와의 작업동맹을 공고히 하는 데 도움이 되며, 상담관계에서 주류민으로 존재하는 상담자가 무의도적으로 내담자에게 행사할 우려가 있는 억압과 미묘한 차별로부터 내담자를 지키는 데도 도움이 된다.

문화적 요소의 교차성을 논의할 때, 가장 공통적인 요소는 사회경제적 지위이다. 여러 문화적 요소에서 소수민의 위치에 있다 할지라도, 높은 사회경제적 지위는 차별과 억압으로부터 보호받는 완충지대의 역할을 해 줄 수 있다. 소수 종교, 장애, 트라우마, 가족구조의 특이성, 국적 등에서 소수민의 위치에 있는 개인이라도 경제적으로 풍요롭다면 같은 조건에서 경제적으로 풍요롭지 못한 개인보다는 차별을 덜 받을 수 있다. 물론 경제적인 풍요가 이들이 심리적으로 느끼는 좌절을 완전히 해소해 줄 수는 없다. 여전히 심리적인 결핍과 억압은 고통의 형태로 이들에게 영향을 미친다.

또 문화적 소수민 중 경제적인 풍요로움의 혜택을 볼 수 있는 사람은 많지 않다. 이주민, 소수 종교자, 붕괴된 가족, 장애, 트라우마 등이 있는 개인은 그만큼 교육이나 직업의 기회에 접근하는 데서 취약한 위치에 있기 때문에, 학력 기반의 자본주의 사회에서 높은 사회경제적 지위를 획득하기 어렵다.

다문화 사회정의 상담자는 가능한 한 상담 시작 전에 내담자의 문화적 특징을 고려하고, 내담자와 자신의 문화적 특징의 차이를 분석하며 그것을 상담에 활용해야 한다. 예를 들어, 내담자의 종교를 이해하면, 내담자의 세계관과 가치관에 대한 대화를 나누며 상담목표를 수립할 때 참고할 수 있다. 내담자 종교에서 사용하는 핵심 용어들을 익히고 적절하게 사용할 수 있다. 경제적 위치를 이해하면, 경제적 압박으로 인해 가중되는 내담자의 고통을 보다 잘 이해할 수 있고, 복지혜택을 탐색하는 데 시간을 할애할 수 있다. 연령과 세대 차이로 인한 고충을 이해하면, 내담자의 어려움을 내담자 연령과 세대의 세계관 및 가치관의 관점에서 바라봄으로써 작업동맹을 보다 견고히 할 수 있다. 교차성에 대한 이해는 여러 가지 소수 문화적 요소로 인한 고통을 견디면서 살아남은 내담자의 강점을 발견하는 데도 좋은 자료가 된다.

3. 문화적 정체성 발달모형

문화적 정체성은 자신의 문화적 특징에 대하여 스스로가 내리는 정의이다. 문화적 정체성은 어린 시절부터 습득한 소속 집단의 가치관을 바탕으로 다양한 문화 집단과 함께 생활하면서 획득된다. 소수민으로서의 문화적 정체성은 문화적 차이로 인해 주류 구성원으로부터 차별과 편견을 받으며 자신의 의사결정 과정과 자아평가 그리고 자신의 민족성에 대한 정의가 변화되는 과정을 거치면서 형성된다(김수아, 2012). 주류민으로서의 문화적 정체성은 당연시 여기며 누리던 특권들의 존재를 발견하고, 특권을 빼앗긴 소수민 집단이 있음을 인식하며, 소수민 집단과의 상호작용을 통해 자신의 문화적 위치를 재조명하면서 성취된다. 다른 문화에 대하여 위계적 태도를 취하는 데서 자유롭고, 억압과 차별로부터 자유롭게 자신의 문화뿐 아니라 자신과 다른 집단의 고유한 문화를 수용하는 성숙한 문화적 정체성은 하루 아침에 얻어지는 것은 아니다. 여러 학자가 문화적 정체성이 여러 단계를 통해 성숙해지는 현상을 포착하여 문화적 정체성 발달단계 모형을 발표하였다.

다음에 소개하는 소수민의 정체성 발달모형과 주류민의 정체성 발달모형의 구체적인 단계는 서로 다르지만, 각각의 내용을 보면, 문화적 정체성의 발달은 처음에는 문화에 따른 차이가 있음을 인식하지 못하고 차별의 존재를 알지 못하는 데서 출발한다. 그러다가 차별이 있음을 알게 되고, 차별에 대한 불편한 마음을 가져서 주류민은 소수민에게 소수민은 주류민에게 호의적으로 대하려고 노력하다가, 다시 자신의 문화 중심주의로 후퇴했다가 다시 다른 문화를 바라보는 방향으로 진행된다. 마지막 단계에 이르러서는 자기와 상대방을 '집단'의 일원으로서가 아니라 고유성을 가진 개별적인 존재로 수용하고 인정하는 단계로 진행된다. 각각을 소개하면 다음과 같다.

1) 소수민 정체성 발달모형

여기에서는 소수민의 문화적 정체성 발달모형 중 McAuliffe (McAuliffe, Goméz, & Grothaus, 2013)의 유색인 정체성 발달모형을 소개한다(Neukrug, 2017).

(1) 순응

이 단계에서 소수민은 자신의 정서, 사고, 행동을 주류의 시각에 맞추려고 한다. 어떤 이는 자신의 문화를 폄하하고, 주류 집단의 생활양식, 성취, 성격에 높은 가치를 둔다. 문화에 중요성을 부여하지 않는 이들도 있다. 이 단계의 내담자들은 주류민 상담자를 선호하는 경향이 있다. 성장 지향적이고 경쟁적인 우리나라의 문화에서 경쟁에서 뒤처지지 않기 위해 성취 지향적으로 살아가고 있는 내담자의 모습은 이 단계에 해당된다.

(2) 부조화와 알아차림

이 단계에서 개인은 여러 경험을 통해 소수 문화에 대한 긍정적인 경험을 한다. 자신이 속한 소수 문화에 대하여 가졌던 부정적인 견해에 의문을 갖기 시작하며, 주류 사회의 가치관에 무조건적으로 순응했던 과거의 견해들에 혼란과 부조화를 느낀다. 소수민들이 자신의 문화에서 소속감과 안정감을 느끼며, 그 문화의 장점을 재평가한다.

(3) 저항과 몰입

이 단계에서 소수민들은 자신의 문화 집단에 몰입하고 점차 주류민들에 대하여 강한 불신과 분노를 경험한다. 주류 집단이 문제의 가장 큰 원인이라고 생각한다. 자신의 문화, 그리고 그들이 경험한 투쟁들을 자랑스럽게 여긴다. 자기 문화의 긍정적인 특징들만 보려고 하며, 주류민 상담자를 불신한다. 기득권에 대한 불신이 상담자에게 전이될 수 있는 단계이기 때문에, 상담자는 내담자의 세계관과 가치관, 그리고 신념에 특히 유의하면서 관계를 형성해야 한다.

(4) 성찰과 통합

이 단계에서 개인은 여러 문화에 대한 객관적 판단을 하게 된다. 자신의 문화를 편향적으로 주장하던 데서 빠져나오면서, '다름'의 이슈들에 대하여 전반적으로 통찰하기 시작한다. 주류민과의 상호작용에는 긍정적인 것도 있기 때문에, 자신의 문화는 좋고 기득권은 모든 문제의 근원이라는 이분법적 생각을 버리기 시작한다. 자신의 문화가 갖는 긍정적인 특징과 다른 문화의 긍정적인 특징들을 함께 볼 수 있다. 여기에서 상담자는 내담자의 복합적인 생각과 새로운 통찰을 지지하면서 함께할 필요가 있다.

(5) 보편적 포용

이 단계에서 개인은 모든 사람, 심지어 기득권 층까지도 억압을 경험할 수 있다는 것을 알게 된다. 주류민과 소수민의 이분법에서 빠져나오고, 모든 개인을 위하여 사회정의를 증진하려는 방향으로 이동한다. 모든 문화에 관심을 갖고, 세상을 균형 있고 통합적으로 이해하고자 노력한다. 상담자는 이 단계에 있는 내담자들과 함께 여러 가지 문화와 그로 인한 영향들을 공유할 수 있다.

2) 주류민 정체성 발달모형

주류민 정체성 발달모형을 백인종 정체성 모형(Helms, 1999)에 근거하여 소개하면 다음과 같다. 주류민의 정체성 발달은 일곱 단계로 구분할 수 있다(Neukrug, 2017). Helms(1999)은 주류민 정체성 발달단계를 설정하면서 백인 특권을 주로 언급하였으나 여기에서는 여러 문화적 특징을 아울러 주류민의 정체성 발달에 대하여 생각해 보기 위해 '백인'을 '주류민'으로 대체하여 소개한다.

(1) 접촉

주류민들이 스스로가 문화적인 존재라는 것을 인식하지 못하며, 사회적·문화적 이슈와 문화적 특권에 대해 알지 못한다. 인종이 스스로와 남에게 어떤 영향을 미치는지에 대하여 단순한 관심 정도만 있다.

(2) 와해

이 단계에서, 주류민은 소수민에 대한 억압과 차별이 존재한다는 것을 알게 된다. 세상은 평등하다는 막연한 생각이 도전 받으면서, 사회가 불공평하다는 생각으로 혼란스러워진다. 차별과 억압에 대한 죄책감을 느끼며 소수민과 과도하게 동일시하고 보호하려고 한다.

(3) 재통합

소수민과 상호작용하면서, 갈등하는 경험들이 모이면서, 오히려 2단계에서 느꼈던 죄책감이 소수민에 대한 분노와 공포로 바뀐다. 기득권을 지키고자 하는 욕구가 강해진다.

(4) 유사 독립

이 단계에서는 차별에 대해 불편함을 느끼고, 차별의 부당성에 대하여 지적으로 수용한다. 비주류 집단 개인들에게 호기심을 갖기도 한다. 그러나 차별에 대하여 자신이 기여했다고 인정하거나 변화를 이루는 책임을 자기 것으로 받아들이지는 않는다. 다른 사람이 차별을 하고 있다고 보는 경향이 있다.

(5) 몰입

소수민에 대하여 더 많은 정보가 필요하다고 생각하며, 자기가 어떻게 하여 차별적 태도를 갖게 되었는지를 깊이 이해하려고 노력한다. 주류민에 대하여도 더 새롭고 보다 온정적인 생각을 하려고 한다.

(6) 발현

소수민과 주류민의 정체성을 깊이 이해하는 방향으로 이동할 준비가 되어 있고, 시도한다.

(7) 자율성

이 단계에서는 상황과 삶을 다양한 시각에서 이해하고, 자신의 특권을 인식하며, 관대하고 인간중심적이다. 모든 유형의 차별 및 억압과 기꺼이 싸운다. 다문화적이고 다인종적인 초월적 세계관을 갖는다.

3) 국내에 거주하는 결혼이주여성이 문화적 정체성 발달단계

앞서 소개한 소수민 정체성 발달모형과 주류민 정체성 발달모형은 모두 미국에서 개발되었다. 우리나라 사람들의 문화 다양성을 충분히 이해하기 위해서는 우리나라 사람들을 대상으로 하는 문화적 정체성 발달모형이 별도로 연구되어야 한다. 그럼에도 아직 우리나라 사람의 문화적 정체성 발달모형은 거의 개발되지 않았다. 김수아(2012)는 우리나라에 거주하는 결혼이주여성의 문화적 정체성 발달단계를 탐구하였고, Kim(1990)은 Parham과 Helms(1985)가 개발한 인종적 정체성 태도 척도를 한국 고유문화의 가치와 생활양식에 맞게 문화적 정체성 태도 척도로 수정하여 한국계 미국 이민 자녀 중 청소년을 대상으로 하는 문화적 정체성 발달단계와 진로성숙도의 관계를 살펴본 바 있다. 김태호(1998)는 우리나라 대학생을 대상으로 문화적 정체성 태도 발달단계와 진로성숙과의 관계를 탐구하여, 문화적 정체성 태도 발달단계가 높아질수록 진로성숙도가 높아진다는 것을 밝혔다(김수아, 2012 재인용). 이들 중 김수아(2012)가 Q 방법론을 통해 밝힌 결혼이주여성의 문화적 정체성 발달단계를 제시하면 다음과 같다.

(1) 자문화 인식 전 단계
이들은 모국 문화보다 한국 문화를 선호하고 적극적으로 한국 사람이 되기를 희망하였다. 연구참여자 30명 중 5명이 이 단계에 속하였으며, 자신의 모국 문화를 인식하기보다는 한국 문화를 더 수용하고 한국 문화에 통합하고자 하며 적극적으로 한국 사람처럼 생각하고 한국 사람이기를 바라는 특성을 보였다.

이 단계에 속한 여성들은 '때때로 나는 내가 한국인이었으면 얼마나 좋았을까 하고 생각한다.' '나는 필리핀 사람들이 문제를 해결하는 가장 좋은 방법은 한국 사람처럼 생각하고 행동하는 것이라고 생각한다.' '나는 필리핀 사람들은 한국 사람보다 자부심이 없다고 느낀다.' '나는 한국 사람들이 필리핀 사람들을 열등한 사람으로 생각할지라도 나 자신을 필리핀 사람으로 생각하곤 한다.'는 진술문에 가장 동의하였다.

(2) 자문화 인식 단계

자신의 모국 문화와 한국 문화 사이에서 갈등하며 자신의 민족 정체성에 대해 새롭게 인식하였다. 30명 중 10명이 이 단계에 속하였다. 이 단계에 속한 여성들은 한국 문화를 수용하며 한국 사람이 되기를 바라면서도, 한국 문화와 차이를 느끼며 자신의 모국 문화를 인식하기 시작하였다. 자신이 모국 사람임을 기억하려는 특성을 보였다.

'한국 사람이었으면 좋겠다.'라고 바라면서 동시에 '나에게 중요한 것은 모국 사람이다.'라고 생각하였다. 또한 '나에게 가장 중요한 것은 내가 필리핀 사람이라는 것이다.' '나는 한국의 사회적, 교육적, 정치적 제도와 한국인의 가치 및 생활양식에 자주 갈등을 일으킨다.'는 진술문에 강하게 동의하였다. 그럼에도 모국의 모든 것이 좋다거나, 모국 사람으로 살고 싶다거나 하는 등 한국에 대한 극단적인 부정적 문장에는 동의하지 않았다. 모국과 한국의 가치 모두에 불편을 느끼는 단계로 보인다.

(3) 자문화 몰입 단계

한국 사람으로 살기보다는 모국 사람으로서 살아가야 함을 느끼고 자신의 모국 문화에 가치를 더 많이 부여하는 특성을 보였다. 30명 중 2명이 이에 속하였다. 한국 문화보다는 모국 문화의 가치를 더 높게 평가하고, 모국 사람에 대해 더 강한 애착을 보였다. 자신을 한국 사람과 구분하여 모국 사람으로서 모국 문화에 자신을 한정시키는 특성도 보였다. 그러나 여전히 한국 문화에 가치를 두고 있어서 자신의 모국 사람들에 대해서 부정적인 태도를 보이기도 하였다.

'나에게 가장 중요한 것은 내가 필리핀 사람이라는 것이다.' '나는 필리핀의 모든 것이 좋다고 믿기 때문에, 필리핀 사람들의 활동만 고수한다.' '나는 내 생활양식을 필리핀 사람의 생활양식으로 변화시켜 왔다.' '나는 내가 필리핀 사람이기 때문에 나 자신에 대해 긍정적인 태도를 갖는다.' 등 자신의 모국과 강하게 동일시하는 특성을 나타내는 진술문에 가장 동의하였다.

(4) 내면화 단계

모국 문화와 한국 문화 중 어느 한쪽을 선호하기보다는 이중 문화 속에서 자신의 모국 문화를 자연스럽게 받아들여 한국 문화 활동과 모국 문화 활동에 모두 적극적으로 참여하였다. 결혼이주여성 30명 중 이 단계에 속한 사람은 13명이었다.

이 단계에 속한 여성들은 한국 문화와 모국 문화에 대한 차별과 편견을 초월하여 자신에게 초점을 두고 있다. 국적을 구분하기보다는 한 사람으로서의 개인에 초점을 맞추어 인생의 의미와 목표에 관심을 가지기 시작하며, 두 문화를 비교하거나 평가하는 데 큰 관심을 두지 않는다.

'나는 그 사람이 좋은 사람인지 아닌지는 인종과 상관이 없다고 생각한다.' '인종에 상관없이 사람들은 장점과 약점이 있다.' '내가 필리핀 사람이라는 사실이 나에게는 자연스럽게 느껴진다.' '나는 내가 필리핀 사람이라는 것에 자부심을 느낀다.' 등 자기와 타인에 대한 수용을 나타내는 진술문에 강하게 동의하였다.

학습문제

1. 자신의 문화적 정체성을 본문에서 소개한 문화적 요소들을 기준으로 분석해 보자. 상담자로서 자신이 가장 이해하기 어려울 것으로 예상되는 내담자의 문화적 특징은 무엇일지 예상하고, 동료들과 함께 공유해 보자.

2. 자신이 무심코 누리던 특권에는 무엇이 있었는지 찾고, 동료들과 공유해 보자.

3. 스스로가 억압이나 차별을 당했던 경험을 떠올려서 어떤 문화적 요인 간의 충돌이었는지, 자신과 상대방의 문화적 정체성 발달단계는 어느 수준이었는지 분석하고, 동료들과 나누어 보자.

3장
다문화 사회정의 상담을
위한 상담자의 역량

1. 다문화 사회정의 상담의 이론 이해

다문화 사회정의 상담은 내담자를 '홀로 있는 개인'으로 보기보다 '맥락 속의 구성원'으로 바라본다. 내담자가 경험하는 고통은 내담자 자신이 개인적으로 유발한 것이 아니라 맥락의 문제에서 유발된 것일 수도 있다. 이에 대하여 내담자는 자신의 경험이나 행동을 맥락적으로 타당화하거나 맥락과 환경의 변화를 위해 주장할 수도 있어야 한다. 이 과정에 상담자가 함께한다. 전통 상담 이론 중에서도 내담자의 환경을 중요시한 이론이 있다. 예를 들어, Adler는 형제 순위, 공동체를 향한 관심 등에 주목하여 환경과 상호작용하는 삶을 강조하였고, 체계이론은 개인의 문제가 지닌 체계유지 기능을 드러내 줌으로써 내담자의 문제를 개인화하는 것을 경계하였다.

다문화 사회정의 상담이론도 전통 상담 이론에 바탕을 두고 비판하면서 발전된 산물이다. 그러나 여기에서는 다문화 사회정의 상담의 보다 직접적인 배경이 되어 준 최신 이론들 중 여성주의 상담이론, 생태체계이론, 그리고 사회구성주의 이론을 간략하게 정리함으로써 다문화 사회정의 상담의 이론적 배경에 대한 이해를 돕고자 한다.

1) 여성주의 상담이론

여성주의 상담은 1960년대와 1970년대의 여성주의 정치 운동의 결과로 생겨났다. 여성주의 이론가들은 인간 상호작용에 내재하는 성의 역할, 여성 억압 그리고 정치의 영향을 알아차렸다. 여성들의 수는 남성보다 많기 때문에, 수적으로만 보면 여성을 소수 집단으로 간주할 수는 없다. 그러나 여성의 수적 우세는 힘과 권력을 동반하지 않기 때문에 남성과 대조할 때 여성은 '주류민'이 아닌 '소수민'에 위치한다. 남성의 삶과 대비할 때 여성의 삶에서는 여성이 억압과 차별을 받는 상황이 많이 벌어진다.

여성은 경제적 지위가 낮다. 이러한 현상은 현대 사회에서도 예외가 아니라 세계적인 추세이며 우리나라에서도 매우 심하다. 2016년 OECD가 최근 회원국들의 고용시장을 분석한 보고서에서는 한국의 남녀 노동소득 격차가 37% 수준에 이른다(김기찬, 2017).

가사와 육아를 여성이 전담해야 한다는 사고방식에서 성장한 여성들이 현대 사회에서는 경제적 능력까지 요청받게 되었다. 가사와 육아 부담은 거둬지지 않은 채 경제적 부담을 추가로 껴안은 여성들의 삶은 고달프다. 일부 사회적 장면에서는 여성의 수도 많고, 여성을 향한 기회도 많아지고 있으며, 여성들이 오히려 힘을 가진 것으로 보이기도 한다. 그러나 전반적으로 여성의 노동은 생산성이 낮은 것으로 평가되기 쉽고, 승진 등의 사회적 기회에서는 가로막힌다. 여성의 능력은 딸, 엄마, 며느리, 아내로서의 다중 역할에 분산되고, 각고의 노력에도 불구하고 각각의 영역에서 여성이 자타에게 성공적인 점수를 받기는 쉽지 않다.

이러한 풍토는 여성이 경제적으로 남성의 보조역할에 머무르게 하는 체계적 장벽이 되고 있으며, 소위 '여성 직장'이 아닌 조직에서는 여성의 채용을 꺼리고, 여성인력에 대한 긍정적인 기대를 하지 않게 만든다. 이러한 체계적 차별이 여성에게 내사되어 여성 스스로 자존감이 저하된 채로 살아가는 경우가 많다. 여성주의 상담에서는 남성 지배적 사회 때문에 여성의 가치가 절하된다고 생각하였다. 남성 문화가 주류 문화로 받아들여지고 있으며, 힘을 가진 주류 문화가 변화를 시도해야 여성이 받는 억압과 차별이 감소된다고 주장한다.

고통을 받는 소수민으로서의 여성이 내담자로 올 때, 상담자가 소수민 여성들의 아픔을 이해하기 위해서는 내담자의 고통을 야기하는 심리적, 사회정치적 그리고 문화적 요소를 이해해야만 한다. 여성 내담자가 받는 고통의 원인은 개인에 있는 것이 아니라 사회적, 정치적 배경에 있으며, 고통의 외적 원인과 개개인의 정신적 요소가 상호작용한 결과이기도 하다.

예를 들어, 자녀 둘을 키우며 직장 일을 하는 여성 내담자가 시댁과의 갈등 문제로 상담에 왔다. 각종 기념일에 부모님을 찾아가지 못하는 자신을 비난하는 시어머니에게 화를 내고, 그 이유로 부부싸움을 한 후였다. 죄책감과 분노가 번갈아 생긴다고 하였다. 이 사례는 가부장적인 한국 문화가 드러나는 사례이다. 직장 일과 자녀양육, 가사노동, 남편 뒷바라지를 함께 해야 하는 위치에서, 기념일에 시댁까지 찾아가야 자기 도리를 다하는 며느리라는 우리 문화의 고정관념이 만들어 낸 문제이다. 문제의 원인은 내담자 본인도 아니고, 기념일을 챙기지 않는 며느리를 탓하는 시어머니도 아니다. 둘은 각자가 성장하던 시기에 가부장적 한국 문화에서 여성에게 요구되는 역할을 주입받으며 성장하였고, 서로의 문화를 이해하지 못하였다. 그로 인해 상대방을 자신의 문화에 동화시키려고 하는 데서 어려움을 겪고 있다.

이 사례에서 내담자는 시어머니와 갈등하는 자신이 원래 성격이 강하고 뭐든 참지 못하는 편이라고 하였다. 어린 시절 부모님이 오빠에게 큰 기대를 걸고 적극적인 후원을 하는 것에 반감을 품고 자주 반항하였으며, 자기도 할 수 있다는 것을 보여 주기 위해서 모든 것을 더 열심히 하였다고 했다. 친정에서도 자신은 '싸움닭'으로 통하는 문제유발자였다는 것이다. 내담자는 가족 갈등의 원인을 자신에게서 찾으며, 고통당하는 자신에게 스스로 희생자 비난하기를 하고 있었다.

이 내담자가 우리 사회에 만연한 가부장적, 남성 중심적 가치관을 명확하게 이해하고, 자신의 문제를 들여다보는 데 적용한다면 결과는 달라진다. 내담자가 자신의 시댁 가족이 여성을 바라보는 시각과 스스로가 여성으로서의 자신을 바라보는 시각에 남성 중심적 가치관이 어떠한 영향을 미쳤는지 알고 나면 여러 가지 역할을 해 내기 위해 노력하는 자신을 좀 다르게 대할 수 있었을 것이다. 적어도 스스로가 자신에게 행하는 희생자 비난하기는 없었을 것이다. 스스로를 향한 희생자 비난하기를 거둠으로써 마음의 여유가 생기고 상황을 객관적으로 바라보며 대응할 수 있었을 것이다.

여성주의자들은 가부장적 가치관을 형성하도록 양육되어 온 남성들이 변화를 일으켜 성 평등한 사회 체계의 건설에 참여해야 이러한 성 불평등이 변화한다고 주장한다. 앞의 사례에서도 남편이 자녀양육, 가사노동, 배우자 뒷바라지에 공동의 노력을 기울이는 관점에서 문제를 바라보면, 기념일에 시댁을 찾아가는 문화를 바라보는 시각과 그에 대한 대응이 달라질 것이다. 물론 여성 자신의 능동적인 노력이 전제되어야 하겠지만 주류민인 남성들이 여성의 다중 역할 각각에 가치를 부여하는 시각을 가지고, 그러한 시각을 반영하는 의사결정을 내릴 때 비로소 성 불평등이 해소될 것이다. 힘을 가진 주류 집단의 생각이 변할 때, 사회 전체의 인식이 변화하고, 여성들이 자부심을 가지고, 여성 간의 갈등도 줄어들 수 있다는 것이다.

인간에 대한 깊은 이해를 주요 업무로 하는 상담자 집단에서도 남성 중심의 가치관은 존재한다. Melanie Klein, Anna Freud, Insoo Kim Berg 등 몇몇 예외가 있지만 상담의 기본 이론 대부분을 남성이 개발하였고, Sigmund Freud의 이론에는 여성이 취약한 성이라고 묘사되어 있기도 하다. 따라서 성차별의 오류에서 상담자도 예외일 수는 없다. 상담자 또한 남성 중심의 사회에서 성장하였기 때문에, 무의도적으로 여성 차별적 언행을 내담자에게 행할 수 있다.

상담과정에서도 관계의 평등이 중요하다. 상담자가 쥐고 있는 힘과 권위를 인식하고 그것이 상담관계에서 내담자에게 억압을 가하는 기제로 작용하지 않는지 점검해야 한다. 상담관계에서 여성이 사회에서 경험하는 힘의 불균형을 재현해서는 안 된다. 상담자가 권위를 갖는 전문가로서 존재하기보다는 내담자를 존중하고 신뢰하며, 스스로 자기 노출과 의사결정을 하도록 격려할 필요가 있다.

더 나아가 상담자는 여성에게만 발생되는 생리, 임신, 출산, 불임, 유산, 성역할과 건강 등의 문제와 여성에게 더 빈번하게 발생되는 문제인 성폭력, 학대, 섭식장애 등에 대하여 알고 있어야 한다. 학대받는 여성이 학대에 대하여 스스로를 비난하는 행동을 보일 때, 여성들 사이에서 여성 비하 또는 성의 상품화 등으로 집단 내 갈등을 일어날 때, 이들의 긴장 속에 숨은 사회 체계적 억압을 명확히 이해하고 드러내 주어야 한다.

여성주의 상담의 목표는 고통을 겪는 내담자들이 자신의 문제에 내재한 개인적 원인뿐 아니라 자신의 고통에 숨은 정치적 요소까지 이해하도록 하는 것이다. 특권을 가진 주체가 특권을 빼앗긴 집단에 행해 온 차별과 억압이 자신의 현재 문제와 어떻게 연결되어 있는지 이해할 때, 비로소 내담자는 스스로에 대한 비난에서 벗어날 수 있다. 자신에게서 가능성을 발견하고 역량을 개발하며, 일상에서 경험하는 한 남자에 대한 분노와 남성 중심의 사회에 내한 분노의 차이를 구분할 수 있다. 한 개인으로서의 여성인 자신이 경험하는 고통, 여성 전체가 역사적으로 받아 온 고통, 여성 집단 내에서 주류민으로서 특권을 행사하는 여성과 이와 반대로 여성 사이에서도 주변화되어 온 여성들에 대하여 폭넓게 이해할 수 있다. 자신에 대한 이해를 넘어서서 남성 중심의 사회에서 여성이 체계적, 역사적으로 겪어 온 차별과 억압을 이해하며, 그것을 변화시키기 위해 여성 자신과 주류민을 설득하여 변화를 시도하는 힘을 얻을 수 있다.

2) 생태체계이론

내담자가 상담 받으러 올 때는 개인적인 문제나 해결의지를 지니고 온다. 그러나 문제의 형성과정이나 해결과정에서 내담자는 혼자가 아니다. 내담자가 현재 경험하고 있는 문제, 문제에 대한 대응 능력, 문제해결에 활용할 수 있는 자원과 강점 등은 내담자와 환경의 상호작용의 산물이다.

상담자 또한 혼자가 아니다. 상담자도 한 명의 전문가로 상담활동을 시작하기까지의 성장과정 그리고 현재에 자신을 둘러싼 환경과의 상호작용에 의해 형성되었다. 그리고 환경과 개인의 상호작용은 계속적으로 이루어진다.

따라서 상담자는 내담자를 이해할 때, 여러 환경에 둘러싸인 내담자와 환경의 상호작용을 이해해야 한다. 상담과정을 이해할 때는 환경과 상호작용하고 있는 상담자를 이해하고 더 나아가 그러한 상담자와 내담자의 상호작용을 이해해야 한다. 상담자와 내담자를 둘러싼 환경을 이해하기 위한 틀을 제공해 주는 여러 가지

이론이 있다. 여기에서는 Bronfenbrenner의 생태체계 모형을 정리하고자 한다(임은미 외, 2017).

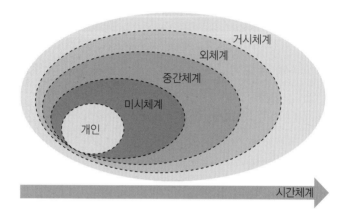

[그림 3-1] Bronfenbrenner의 생태체계 모형

출처: Bronfenbrenner (1993).

생태체계 모형에 따르면, 인간은 자신을 둘러싼 미시체계, 중간체계, 외체계, 거시체계, 시간체계와 끊임없이 상호작용한다. 미시체계(microsystem)는 가정, 학교, 친한 친구를 포함하여 내담자가 직접 접촉하는 환경이다. 이러한 맥락에서 볼 때 가족, 학교, 친구와 내담자의 관계는 내담자가 무엇을 학습하고 어떤 가치관을 형성하느냐에 직접 영향을 미친다. 상담자는 미시체계가 개인에게 미치는 영향을 점검하고, 가족과 교사, 또래 등의 미시체계에 직접 개입하여 내담자를 위한 지원방안을 자문할 수도 있다.

중간체계(mesosystem)는 미시체계들이 생산적으로 상호작용하는 모습을 가리킨다. 미시체계들이 생산적으로 상호작용하고, 서로 조화를 이루며, 내담자의 여러 행동에 융통성을 부여하면 내담자는 원만한 생활을 누릴 수 있다. 그러나 내담자를 둘러싼 미시체계들이 갈등관계에 놓이면 내담자는 어려움에 처할 수 있다. 부모의 가치관이 서로 달라서 자녀에게 일관된 메시지를 전달할 수 없을 때, 가정에서 배운 행동이 학교에서는 용납되지 않을 때, 부모가 자녀의 친구들을 인정하지 않을 때 중간체계에 갈등이 일어난다. 이때 내담자는 갈등하는 중간체계와 상호작용하면서 어려움을 경험한다.

외체계(exosystem)는 내담자와 직접적인 접촉은 거의 없지만 내담자의 미시체계에 영향을 미치는 사람, 기관, 제도를 의미한다. 국가와 지역의 각종 정책을 비롯해서 사회 서비스 기관, 부모의 직장과 사회적 지지망, 그리고 다양한 매체들이 이에 속한다. 외체계는 미시체계와 미시체계 간 관계인 중간체계를 통해서 내담자에게 직접·간접적으로 영향을 미친다.

거시체계(macrosystem)는 산업구조, 경제상황, 국가 간 무역형태, 이주 유형, 문화적 신념, 계속되는 하위집단 간 사회정치적 갈등과 같은 거시적 차원의 사건과 상황들을 포함한다. 거시체계는 내담자의 행동을 직접 통제하지는 않지만 외체계와 직접 접촉하면서 외체계의 여러 요인에 영향을 미치고, 외체계는 미시체계와 중간체계에 영향을 미침으로써, 결국 내담자에게 영향을 미친다.

시간체계(chronosystem)는 내담자, 미시체계, 중간체계, 외체계, 거시체계가 각자 시간에 따라 변화하면서 상호작용하는 모습을 반영한다.

내담자를 앞에 둔 상담자는 내담자의 생태체계를 함께 이해하려는 노력을 해야 한다. 내담자 개인의 특성은 체계와 상호작용한 결과이기도 하고 체계에 영향을 미치는 원동력이 되기도 한다. 내담자의 성, 연령, 인종 등 생물학적인 특징에 대하여도 미시체계, 외체계, 거시체계는 다르게 반응한다. 동일한 남성이라도 연령에 따라 각 체계로부터 다른 기대를 받으며 상호작용할 수 있다. 이는 여성에게도 마찬가지이다.

3) 사회구성주의 이론

사회구성주의 이론은 소수의 시각 또한 표현하고 배려받을 가치와 의미가 있다는 것을 밝혀 주었다. 사회구성주의 이론에서는 전통적으로 '옳다'고 여겨지는 지식들은 절대적인 '정의'나 '진리'가 아니라 주류 사회의 입장을 반영한 주장이고, 주류의 주장이 강할수록 비주류 소수민 사회에 대한 억압이 강해진다는 것을 간파하였다. 상황을 명확히 이해하기 위해 '진실'과 권력 또는 헤게모니의 관계를 봐야 한다는 것이다. 사회구성주의는 데리다, 푸코, 촘스키, 그람시 등의 포스트모더니즘과 맥을 함께 한다 (Mthethwa-Sommers, 2014). 데리다는 백인이 흑인을, 남성이 여성을 억압하는 사회구조를 해체시켜 보여 주었고, 푸코는 계몽주의자들의 주장과 달리 지식이 권력에 저항해 온 것이 아니라 지식은 권력의 지지를 받아 사회에 정착한다는 것을 보여 주었다.

사회구성주의는 사회에서 실제라고 받아들여지고 있는 현실이나 현상이 어떤 방식으로 사회 구성원들에 의해 수용되고 만들어지며 확산되는지를 밝히는 데 관심을 둔다. 개인이나 집단이 바라보는 사회의 현실을 어떻게 구성해 내는지에 집중한다. 사회적 현상이 어떻게 만들어지고 체계화되며 사람들에게 알려지고 전통으로 받아들여지는지를 탐구한다. '이론'이나 '설명'은 그 사회에 속하지 않은 사람들이 바라보는 현실이나 실재를 반영하지 않을 수도 있기 때문에, 다른 사회 구성원들에게는 허구일 가능성이 있음을 인정한다.

사회구성주의 이론에 따르면 지식은 사회적 과정을 통해 구성된다. 사회는 '실재'를 만들기도 하고 파괴하기도 하며, 진실을 드러내 보이기도 하고 가리기도 한다. 이 과정에 사회에서 만들어진 권력관계가 작용한다. 다수의 권력자들이 가담하고 있는 지식은 구성원 간 상호작용을 통해 '실재'로 자리 잡는다. 우리가 현실이나 실재라고 믿는 것들은 사실 사회 구성원 간의 상호작용을 통해 만들어지며, 보편타당한 진리가 아니라 다양한 현실을 반영한 결과이다. 우리가 '진리'라고 생각하는 것 또한 일상생활에서 사람들과 상호작용한 결과이다. 개인의 삶을 살아가거나 세상을 이해하는 데 유일한 '옳은' 방법은 없다. 사회구성주의는 가치가 어떻게 사회적 환경 속에서 언어를 통해 전달되는지를 설명하고, 개인은 가족, 문화, 사회의 영향에 의해 계속 변화한다고 주장한다.

권력, 지식, 진실이 가족 및 여러 사회와 문화의 맥락에서 만들어지듯이, 내담자의 문제 또한 사회와 문화의 맥락에서 만들어진다. 내담자는 자신의 문제가 꽤 객관적으로 진단되고, 자신이 느끼는 고통은 고통 받아 마땅한 것이라고 생각한다. 이러한 생각은 내담자가 자신을 둘러싼 사회와 상호작용하면서, 사회에서 제시하는 지식과 진리 그리고 가치관에 비추어 자기 모습을 비교한 결과로 만들어진다. 자신이 문제라고 생각하는 내담자는 사회적으로 힘에 의해 만들어진 '기준'이 적합한지를 비판적인 시각으로 바라볼 여유가 없다. 그 기준에 합당하지 못하다고 스스로 생각하거나 타인이 그렇다는 정보를 주면 그것을 받아들여서 실제화해 버리기 때문이다.

해결중심상담과 이야기상담은 사회구성주의의 시각으로 내담자를 바라본다. 이 이론들에 의하면 문제를 가진 주체와 문제를 분리시킬 수 있다. 문제를 가진 주체인 내담자와 문제를 분리시킴으로써 그 사이에 상담자가 끼어들어 내담자와 연대하여 문제를 개념화하고 그 영향력을 약화시키며, 내담자가 새로운 선택을 하도록 도울 수 있다. 내담자는 자신을 문제로부터 분리시킴으로써, 해결할 수 있는 유능하고 책임 있는 존재로서의 입지를 확보한다. 사회구성주의 상담이론은 내담자를 자신의 문제와 자신이 원하는 삶에 대하여 누구보다 잘 아는 전문가의 위치로 올려놓는다.

내담자는 자신의 문제와 자신이 원하는 삶을 누구보다 잘 아는 전문가이기 때문에, 외적으로 정해진 규준을 통한 진단은 의미가 없다. 해결중심상담에서 중요한 개념으로 제시하는 '알지 못함의 자세(not-knowing-posture)'는 상담자에게 내담자의 세계에 대한 호기심과 관심을 가지고 대화에 참여할 것을 요구한다. 목표는 최대한 내담자의 세계로 들어가는 것이다. 상담자는 내담자의 내적 강점을 탐구하기 위해 노력해야 한다.

해결중심상담과 이야기상담은 언어를 중요하게 여긴다. 언어는 현실을 비추는 기능만을 하는 것이 아니라 '실재'를 구성하기 때문이다. 상담은 자신의 삶에 대한 내담자의 구성과정을 언어로 돕는 활동이다. 상담자가 내담자와 문제 이야기를 해체하고 재구성하며, 해결 이야기를 말하는 시간을 확대함으로써, 문제 이야기의 비중이 작아진다. 이 과정이 지속되면 문제 자체의 힘이 붕괴되기 시작하고 변화가 일어나며 해결책을 함께 찾아나갈 수 있다고 본다.

사회구성주의는 내담자의 가치가 형성된 맥락에 관심을 두고 중요시하다 보니, 내담자 성장과정의 문화적 특징을 이해하는 것을 중요시한다. 내담자의 문화적 성장배경과 내담자가 상호작용하며 형성한 가치관과 생활방식을 존중한다. 소수민 내담자가 겪는 어려움은 그들이 속한 주류 사회의 진리와 현실에 자신의 삶을 맞추어 가야 한다는 압력으로 생겨난다. 이 압력은 내담자의 미시체계로 영향을 미치는 교사나 친구들로 인해 생겨날 수도 있고, 내담자가 주류민의 대열에서 멀어지는 것을 두려워하는 부모나 내담자 자신에 의해 발생될 수도 있다.

4) 실존주의 이론

정체성은 문화, 환경, 시간에 따라 달라지는 다차원적 현상이다. 문화적 정체성은 자신이 문화적으로 어떤 위치에 속해 있는가에 대한 지각의 결과로 형성된다. 이러한 과정은 어린 시절 성격 형성기부터 시작된다.

다양한 문화 출신의 개인을 이해하기 위한 시도 중 하나는 실존주의 철학자들에 의해 이루어졌다. 그들은 인간의 심리적 세계가 몇 개의 공 모양을 통해 검토될 수 있다고 보았다(Binswanger, 1963; van Deurzen 2002). 실존주의 철학자들은 인간을 심리적, 사회적, 생물학적, 영적인 차원의 다차원적 존재로 이해하였다. 인간의 심리적 세계는 고유한 세계, 즉 Eigenwelt로서, 이는 인간이 자신을 이해하는 방식 및 자신과의 관계를 나타낸다. 사회적 세계는 공존세계, 즉 Mitwelt로서, 문화를 통해 공유하는 공통의 경험을 의미한다. 생물학적 세계는 Umwelt로서 인간이 인간을 둘러싼 세계를 경험하는 방식과 관련되는데 이때 세계는 생물학적 세계나 환경을 의미한다. 인간의 영적 세계, 즉 Überwelt는 영적인 자기 또는 알려지지 않은 것과 관계 맺는 방식이다. 실존주의자들에 의하면, 인간을 충분히 이해하기 위해서는 그의 심리적 세계, 사회적 세계, 생물학적 세계, 영적인 세계 모두를 봐야 한다. 네 영역은 서로 밀접하게 상호작용하며 유기적으로 영향을 미친다.

상담자는 공감과 이해를 통해서만 네 가지 각각의 차원에서 개인을 이해할 수 있으며, 그들 간의 유기적 관계를 탐색함으로써 개인에 대한 이해의 폭을 넓혀갈 수 있다. 다문화 사회정의 상담자들은 내담자를 충분히 이해하기 위해 심리적 세계와 생물학적 세계뿐 아니라 사회적 세계와 영적 세계에도 관심을 두고 입체적으로 이해할 것을 강조한다. 다양한 문화마다 어떤 차원의 인간세계가 보다 현저하게 드러나는지에는 차이가 있다. 어떤 문화는 개인주의가 강하고, 어떤 문화는 집단주의가 강하며, 어떤 문화에서는 종교성이 강하다. 어떤 문화에서는 능력주의에 대한 관심이 현저하게 강하다. 내담자가 살아온 이야기를 들으면서, 어떤 차원의 정체성이 현저하게 드러나는 문화권에서 성장했는지, 각 차원에서의 삶이 어떠했는지를 알아보는 것이 다문화 사회성의 상남을 가능하게 하는 출발이 될 수 있다.

문화적 정체성 발달에 대한 실존주의 모형에서 빌려와서, Sue 와 Sue(2011)는 인간의 정체성에 대한 삼원 모형(tripartite model of personal identity; [그림 3-2])을 제안하였다. 삼원 모형은 내담자의 독특성을 나타내는 개인적 수준, 내담자가 속한 문화적 · 인종적 집단에 따라 달라질 수 있는 집단적 수준, 인간 공통의 경험과 관련되는 보편적 수준으로 구성된다(Neukrug, 2017).

인간의 정체성에 대한 삼원 모형은 내담자를 만날 때, 보편적 수준과 개인적 수준뿐 아니라 집단적 수준까지 고려할 것을 주장

[그림 3-2] 인간의 정체성에 대한 삼원 모형

출처: Sue & Sue (2011), p. 63.

한다. 보편적 수준은 모든 인간에게 공유되는 경험이고 상담자와 내담자 간에도 공유된다. 보편적 수준의 정체성은 '모든 개인은 어떤 측면에서는 다른 모든 사람과 똑같다.'고 가정한다(Sue & Sue, 2011). 인간은 생물학적, 신체적으로 유사하며, 출생, 사망, 사랑, 슬픔 등은 인간 누구나 겪는 일이고, 자기인식과 언어 같은 상징사용 능력은 인간 누구나가 지니고 있다. 상담자가 자신에 대해 가진 이해와 통찰을 내담자에게 확장시킴으로써 보편적 수준의 내담자 이해에 도움을 받을 수 있다. 어떤 내담자를 만나더라도 인간에게 보편적인 경험은 지니고 있을 것이라 가정하고 보편적 수준의 이해를 시도할 수 있다.

개인적 수준은 개인이 각자 다르게 경험하는 독특한 사건, 가까운 사람과도 다른 자신만의 특성, 독특한 유전적 특징 등을 포함한다. 같은 부모님 아래에서 비슷한 시기에 태어난 개인 간에도 서로 다른 점이 발견되는데, 이러한 특징을 이해하기 위해서는 개인 수준의 정체성을 이해하기 위한 노력이 필요하다. 지금까지 상담자 교육에서는 어린 시절의 경험, 내담자의 독특한 경험, 특성, 기질, 능력, 태도 등 개인수준의 인간 이해의 방법에 대하여 강조해 왔다. 개인적 수준의 정체성은 '모든 개인은 어떤 측면에서도 다른 어떤 사람과도 비슷하지 않다.'고 가정한다(Sue & Sue, 2011).

집단적 수준에서의 정체성 이해는 성장배경을 공유하는 사람들의 모임은 유사한 세계관과 가치를 공유한다는 것을 가정한다. '모든 개인은 어떤 측면에서 다른 사람들과 비슷하기도 하다.'는 것이다(Sue & Sue, 2011). 따라서 동일한 성, 인종, 민족, 종교, 사회경제적 지위, 가족구조에서 성장한 개인 간에는 유사한 가치관과 행동특성을 발견할 수 있다. 동성, 같은 민족, 유사한 경제적 수준, 같은 종교 등으로 동일한 집단적 특징을 공유하는 사람들의 만남에서는 서로 간의 유사점을 발견하기가 쉽고 상대방을 이해하는 데 어려움을 덜 겪는다.

이와 달리 이들 문화적 요소에서 다른 개인 간에는 가치관과 행동특성이 다르고, 문화적 요소의 차이는 서로에 대한 이해에 장애요인이 될 수 있다. 남성은 여성을 이해하기 어렵고, 특정 종교 집단에 속한 사람은 다른 종교 집단에 대하여 이해하기 어려우며, 비장애인은 장애인을 이해하기 어렵고, 경제적 형편이 다른 사람들은 풍요 또는 빈곤으로 인해 발생하는 가치관과 행동방식의 차이를 이해하기 어렵다.

다수 집단 출신자들이 힘과 권력을 가지면 주류민이 된다. 소수 집단 출신자들은 소수민이 되는데, 힘을 가진 다수민은 소수민에 대해 보다 자유롭고 당당하게 자신의 의사와 이익을 표현할 수 있다. 소수민은 위축감을 느끼며, 억압과 차별을 경험할 가능성이 높은 취약한 위치에 놓이게 된다.

집단적 수준으로 내담자를 본다는 것은 각 문화적 요소에서 내담자가 어디에 위치해 있으며, 그러한 위치가 내담자의 세계관, 가치관, 신념에 어떤 영향을 미쳤는지를 바라본다는 것이다. 가족을 바라볼 때도, 가족의 여러 형태 중 내담자의 가족이 어디에 속하는지, 주류에 속하는지 비주류에 속하는지를 먼저 탐색한다. 그리고 그러한 가족의 특성 속에서 성장한 내담자들이 공통적으로 갖게 되는 차별과 억압의 경험들에 주의를 기울인다.

다문화 상담역량을 기르기 위한 수업에서 대학생들과 함께 여러 가족의 형태에 대한 정보를 전하고 재구성 가족의 적응과정을 다룬 드라마의 일부를 함께 시청하였다. 그리고 조손 가정, 이혼 가정, 한부모 가정, 소년·소녀 가장의 가정 등 각 형태에 속한 가족들이 느낄 수 있는 정서와 사고 그리고 행동 등에 대하여 토의하는 활동을 하였다. 수업 후 한 학생이 익명의 소감문을 보내왔다. 그 소감문에서 학생은 부모님이 이혼하신 이후로 밖에서 가족 이야기를 꺼낸 적이 없다고 하였다. 학교에서나 친구들의 모임에서나 가족 이야기가 나오면 대화에 참여할 수가 없었으며, 자기도 모르게 위축되었고, 생기를 잃게 되었다고 한다. 그러다가 수업에서 자신의 이야기를 꺼내놓고 보니 무거운 납덩이가 거두어지는 홀가분한 기분이 되었다고 하였다. 이러한 미묘한 경험들은 쉽게 드러나지 않고 내담자 또한 쉽게 표현할 수 없기 때문에, 상담자가 민감하게 파악하여 안전하게 표현할 수 있는 기회를 주지 않으면 내담자로 하여금 마음을 열게 하기 어렵다.

2. 다문화 상담역량

다문화 상담역량은 다원화된 민주 사회에서 상담을 효과적으로 수행하기 위해 상담자가 갖춰야 할 신념과 태도, 지식 그리고 기술을 의미한다(Sue & Torino, 2005). 상담자는 내담자와 직접적인 접촉을 통해 상담서비스를 제공하므로, 상담자의 문화적 역량은 다문화 상담의 질을 높이고, 내담자에게 만족스러운 상담을 진행하기 위한 결정적인 요소이다(임은미 외, 2018). 여기에서는 다문화 상담과 발달학회(Association for Multicultural Counseling and Development: AMCD)(Arredondo et al., 1996)가 인준한 다문화 상담역량 모형과 그것을 바탕으로 우리나라에서 개발하고 타당화한 다문화 상담역량 검사(임은미 외, 2018)를 살펴보기로 한다.

1) AMCD 다문화 상담역량

AMCD에서 인준한 다문화 상담역량은 문화적으로 다른 내담자와 상담할 때 상담자가 갖춰야 할 역량을 보여 준다. 다문화 상담역량은 상담자, 내담자, 개입기술의 세 측면(3)에 대한 신념과 태도, 지식 그리고 기술(3) 세 요인의 총 9개 요인이 3×3의 위계구조로 구성되어 있다. 9개 요인 각각의 내용은 다음과 같다.

(1) 자신의 문화적 가치와 편견에 대한 상담자의 인식
① 태도와 신념: 자신의 문화적 배경과 경험의 중요성 인식
② 지식: 자신의 문화에 대한 구체적인 지식
③ 기술: 자신의 문화적 특징을 알기 위해 기울이는 노력(컨설팅, 훈련, 자문을 구하기 등)

(2) 내담자의 세계관에 대한 상담자의 인식
① 태도와 신념: 다른 집단에 대하여 자신이 가진 편견 인식
② 지식: 내담자의 출신 집단 문화에 대하여 알고 있음
③ 기술: 다양한 문화 집단에 대한 최근 연구 및 실무에 익숙해지려고 노력함

(3) 문화적으로 적절한 개입기술

① 태도와 신념: 문화적 차이가 상담에 미치는 영향을 긍정적으로 수용함

② 지식: 심리치료와 관행이 특정 집단 출신 내담자에게 미치는 영향에 대하여 알고 있음

③ 기술: 내담자의 문화에 맞는 상담기술을 활용하고 연계함

2) 한국 상담자를 위한 다문화 상담역량 척도

임은미 외(2018)가 한국 상담자를 대상으로 개발하고 타당화한 다문화 상담역량 척도에도 앞의 아홉 가지 요인 모두가 포함되어 있다. 9요인 각각의 내용은 다문화 상담역량 모형과 유사하다. 검사지와 연구에서 얻은 요인별 평균 및 표준편차를 이 책의 [부록 1]에 제시하였으므로, 관심 있는 독자는 검사를 실시하고, 평균치를 비교하며 자신의 문화적 역량 수준을 점검할 수 있다. 검사의 내용은 다음과 같다.

(1) 상담자 문화에 대한 수용

상담자 문화에 대한 수용은 상담자가 자신이 문화적 존재임을 민감하게 인식하고, 자신의 문화를 편안하게 개방적으로 수용하는 것이다.

- 내담자와 종교적 신념 차이를 경험할 때 민감성을 유지하면서도 편안하게 받아들일 수 있다.

- 내담자와 사회 계층적 특징 차이를 경험할 때 민감성을 유지하면서도 편안하게 받아들일 수 있다.
- 내담자와 성(gender)역할 고정관념 차이를 경험할 때 민감성을 유지하면서도 편안하게 받아들일 수 있다.
- 내담자와의 인종, 민족, 정체성 차이를 경험할 때 민감성을 유지하면서도 편안하게 받아들일 수 있다.
- 내담자와의 신체적 특징(장애, 외모 등) 차이를 경험할 때 민감성을 유지하면서도 편안하게 받아들일 수 있다.

(2) 상담자 문화에 대한 지식

상담자 자신의 문화가 가진 특징을 이해하고 그것이 상담과정에 미치는 영향을 아는 것으로서, 내용은 다음과 같다.

- 사회경제적 배경에 대한 상담자의 고정관념이 상담을 진행하는 데 어떤 영향을 미치는지 알고 있다.
- 성(gender)에 대한 상담자의 고정관념이 상담을 진행하는 데 어떤 영향을 미치는지 알고 있다.
- 인종, 민족에 대한 상담자의 고정관념이 상담을 진행하는 데 어떤 영향을 미치는지 알고 있다.
- 특정 신체적 특징(장애, 외모 등)을 가진 사람들에 대한 상담자의 고정관념이 상담을 진행하는 데 어떤 영향을 미치는지 알고 있다.
- 성적 소수자(게이, 레즈비언, 양성애, 트랜스젠더 등)에 대한 상담자의 고정관념이 상담을 진행하는 데 어떤 영향을 미치는

지 알고 있다.

(3) 상담자 문화의 영향 조절 노력

상담자 문화의 영향 조절 노력은 상담자 자신의 문화가 상담 과정에 미치는 영향을 통제하고자 하는 것으로서, 내용은 다음과 같다.

- 성(gender)에 대한 상담자의 고정관념이 상담에 미치는 영향을 이해하기 위해 교육이나 훈련, 슈퍼비전을 받은 경험이 있다.
- 인종, 민족에 대한 상담자의 고정관념이 상담에 미치는 영향을 이해하기 위해 교육이나 훈련, 슈퍼비전을 받은 경험이 있다.
- 상담자 세대의 특징으로 인한 고정관념이 상담에 미치는 영향을 이해하기 위해 교육이나 훈련, 슈퍼비전을 받은 경험이 있다.
- 특정 신체적 특징(장애, 외모 등)을 가진 사람에 대한 상담자의 고정관념이 상담에 미치는 영향을 이해하기 위해 교육이나 훈련, 슈퍼비전을 받은 경험이 있다.
- 문화적 배경이 다른 사람들과의 상담을 위해 교육이나 훈련, 슈퍼비전을 받은 경험이 있다.

(4) 내담자 문화에 대한 존중

내담자 문화에 대한 존중은 내담자가 문화적 존재임을 민감하게 인식하고 내담자의 문화가 자신의 문화와 다르더라도 내담자를 존중하는 것으로서, 내용은 다음과 같다.

- 내담자가 어떤 사회경제적 배경 출신이든 내담자를 존중한다.
- 내담자가 여성이든 남성이든 내담자를 존중한다.
- 내담자가 어떤 인종, 민족 출신이든 내담자를 존중한다.
- 내담자의 신체적 특징(장애, 외모 등)에 개의치 않고 내담자를 존중한다.
- 내담자의 국적에 개의치 않고 내담자를 존중한다.

(5) 내담자 문화에 대한 지식

내담자 문화에 대한 지식은 내담자의 문화가 내담자의 삶에 미치는 영향에 대한 지식을 나타내며, 내용은 다음과 같다.

- 내담자의 신체적 특징(장애, 외모 등)이 내담자의 삶에 미치는 영향을 알고 있다.
- 내담자의 문화적 배경이 내담자의 심리적 장애의 발현에 미치는 영향을 알고 있다.
- 내담자의 문화적 배경이 내담자의 도움 요청 행동에 미치는 영향을 알고 있다.
- 내담자의 문화적 배경이 내담자의 자존감과 자아개념에 미치는 영향을 알고 있다.
- 내담자의 문화적 배경이 내담자의 대인관계에 미치는 영향을

알고 있다.

(6) 다문화적 지식의 활용

다문화적 지식의 활용은 내담자 문화에 대한 지식을 내담자를 이해하는 데 활용하는 것을 의미하며, 내용은 다음과 같다.

- 다양한 종교에 관한 최근 연구 경향을 알고 내담자를 이해하는 데 활용한다.
- 다양한 사회경제적 배경에 대한 최근 연구 경향을 알고 내담자를 이해하는 데 활용한다.
- 성(gender)역할에 대한 최근 연구 경향을 알고 내담자를 이해하는 데 활용한다.
- 다양한 인종, 민족의 현안에 대해 알고 내담자를 이해하는 데 활용한다.
- 다양한 인종, 민족의 특성이 정신건강과 심리상태에 미치는 영향에 대한 최근 연구 경향을 알고 내담자를 이해하는 데 활용한다.

(7) 다문화적 기법 수용

다문화적 기법 수용은 다문화 상담기법을 개방적으로 인정하는 것으로서, 내용은 다음과 같다.

- 상담을 진행할 때 내담자의 사회경제적 배경을 존중하는 상담기법을 사용해야 한다고 생각한다.

- 상담을 진행할 때 내담자의 성(gender)을 존중하는 상담기법을 사용해야 한다고 생각한다.
- 상담을 진행할 때 내담자의 인종, 민족, 정체성을 존중하는 상담기법을 사용해야 한다고 생각한다.
- 상담을 진행할 때 내담자의 연령을 존중하는 상담기법을 사용해야 한다고 생각한다.
- 상담을 진행할 때 내담자의 신체적 특징(장애, 외모 등)을 존중하는 상담기법을 사용해야 한다고 생각한다.

(8) 개입기법의 차별적 요소에 대한 지식

개입기법의 차별적 요소에 대한 지식은 다문화 내담자가 상담 서비스를 이용하거나 심리검사를 받을 때 경험할 수 있는 차별과 억압을 알고 있느냐에 관한 것으로서, 내용은 다음과 같다.

- 심리검사도구나 상담기법에 포함되어 있는 소외계층에 대한 미묘한 차별적 표현들을 식별할 수 있다.
- 심리검사도구나 상담기법에 포함되어 있는 성차별적 표현을 식별할 수 있다.
- 소수 인종, 민족 출신의 내담자가 상담서비스를 이용할 때 경험할 수 있는 어려움을 알고 있다.
- 심리검사도구나 상담기법에 내재된 연령 차별적 표현들을 식별할 수 있다.
- 독특한 신체적 특징(장애, 외모 등)을 지닌 내담자가 상담서비스를 이용할 때 경험할 수 있는 어려움을 알고 있다.

(9) 다문화적 상담개입 기술

다문화적 상담개입 기술은 다양한 문화 출신의 내담자에게 적절한 상담기술을 사용하는 것에 대한 상담자의 자신감을 의미하며, 내용은 다음과 같다.

- 내담자의 사회경제적 배경을 고려하면서 효과적으로 상담할 수 있다.
- 내담자의 성(gender)을 고려하면서 효과적으로 상담할 수 있다.
- 내담자의 인종, 민족, 정체성을 고려하면서 효과적으로 상담할 수 있다.
- 내담자의 연령을 고려하면서 효과적으로 상담할 수 있다.
- 내담자의 신체적 특징(외모, 장애 등)을 고려하면서 효과적으로 상담할 수 있다.

3. 사회정의 옹호상담역량

사회정의 옹호역량 모형은 Lewis 등(2003)이 개발하였고, 미국상담학회(ACA)가 인준하였다. 사회정의 옹호역량 모형에 기반하여 우리나라에서 타당화된 검사는 두 개이다. 하나는 임은미(2016)가 Nilsson 등(2011)의 척도를 번안 타당화한 척도이고, 다른 하나는 임은미(2017)가 한국 상담자를 대상으로 개발한 검사이다. 임은미(2017)는 ACA 사회정의 옹호 모형에 맞추어 검사 구인을 설정하였고, 그에 비해 Nilsson 등(2011)은 사회참여 중심의 옹호 활동을 구인으로 설정하였다. 상담자의 사회정의 옹호 정도를 평가할 때, 두 검사를 종합하여 사용하면 보다 많은 정보를 얻을 수 있다. 사회정의 옹호역량 모형과 함께 두 검사를 소개하면 다음과 같다.

1) 사회정의 옹호역량 모형

ACA 옹호역량(Lewis et al., 2003)은 ACA 조정위원회 운영협의회에 의해 2003년 3월 20-22일에 인준되었다. Lewis 등이 사회정의 옹호역량을 개발한 것은 2002년이었다고 알려져 있으나 ACA 홈페이지에서 최종적으로 확인된 자료에 의해 2003년에 개발한 것으로 참고문헌에 표기하였다. 이 모형은 옹호의 형태를 함께하는 옹호와 대신하는 옹호의 두 가지로, 옹호의 대상을 내담자ㆍ학생, 학교ㆍ지역사회, 공공영역의 세 가지로 설정하였다.

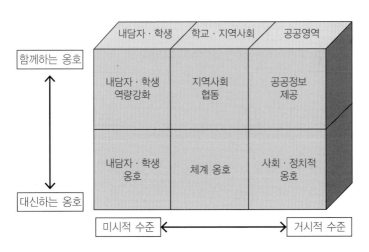

[그림 3-3] ACA 옹호역량 모형

출처: Lewis et al. (2003).

(1) 함께하는 옹호

① 내담자 · 학생 역량강화

상담에서 내담자와 학생의 강점과 역량을 강화한다. 인간발달에 미치는 사회, 정치, 경제, 문화적 요인의 영향을 인정하고, 내담자와 학생들이 환경 속에서 자신의 삶을 이해하고 스스로를 옹호하도록 돕는다.

② 지역사회 협동

학교, 지역사회 기관 등을 대상으로 내담자 · 학생의 발달을 침해하는 환경적 요인 및 강점과 자원을 확인하며, 그들이 스스로 문제를 해결할 수 있도록 대인관계, 의사소통 훈련 그리고 연구결과들을 활용할 수 있게 해 준다.

③ 공공정보 제공

다양한 매체와 자료를 제공하여 인간발달에 대한 대중의 지식 및 인간의 존엄성에 대한 의식을 고양하고, 건강한 발달을 위한 보호 요인과 장애물을 확인시키며 대중이 스스로 더 나은 사회를 지향하도록 돕는다.

(2) 대신하는 옹호

① 내담자 · 학생 옹호

취약한 위치에 있는 내담자와 학생이 자신에게 필요한 서비스에 접근할 수 없을 때, 내담자와 학생을 대신하여 그들에게 필요한 서비스를 얻을 수 있도록 상담자가 대신 활동한다.

② 체계 옹호

내담자와 학생의 발달을 저해하는 환경적 요인을 확인하고 예방하기 위해 변화의 긴박성을 알리며, 변화를 실천한다. 비전과 계획을 수립하고, 실천과정을 이끈다. 체계 내에서의 정치적인 힘과 영향의 원천을 분석하여 활용한다.

③ 사회 · 정치적 옹호

사회 · 정치적 활동에 의해 잘 해결될 수 있는 문제들을 구별하며, 그 문제들을 다루기 위해 적절한 경로를 확인하고, 협력자들과 함께 입법가와 정책입안자들에게 접근하여 설득한다. 추진과정의 복잡성을 인식하고 예측하며, 목표를 분명히 하고 지역사회 및 내담자와 개방적으로 대화하며 진행한다.

2) 한국 상담자를 위한 사회정의 옹호역량 척도

한국 상담자를 위한 사회정의 옹호역량 척도(Social Justice Advocacy Competence Scale for Korean counselors: SJACS-K)는 임은미(2017)가 한국 상담자의 사회정의 옹호역량을 측정하기 위해 개발하였다. 연구 결과, 한국 상담자를 위한 사회정의 옹호역량으로 내담자 역량강화, 환경 변화의 필요 인식, 상담자 사회참여의 세 요인이 추출되었다. 세 요인의 의미와 내용은 다음과 같다. 검사지와 연구에서 얻은 요인별 평균 및 표준편차를 [부록 2]에 제시하였으므로, 관심 있는 독자는 검사를 실시하고, 평균치를 비교하며 자신의 사회정의 옹호역량 수준을 점검할 수 있다.

(1) 내담자 역량강화

내담자 역량강화는 내담자가 자신의 안녕과 잠재력 개발을 가로막는 환경적 장애물에 적극적으로 대응하도록 상담자가 격려하는 정도를 측정한다. 문항 내용은 다음과 같다.

- 종교적 소수자인 내담자가 자신의 안녕과 발달을 가로막는 환경적 장애물에 적극적으로 대응하도록 내담자를 격려한다.
- 사회경제적 취약계층의 내담자가 자신의 안녕과 발달을 가로막는 환경적 장애물에 적극적으로 대응하도록 내담자를 격려한다.
- 성차별을 받는 내담자가 자신의 안녕과 발달을 가로막는 환경적 장애물에 적극적으로 대응하도록 내담자를 격려한다.
- 인종·민족적 소수자인 내담자가 자신의 안녕과 발달을 가로막는 환경적 장애물에 대응하도록 내담자의 역량을 강화한다.
- 고령이나 청소년 등 연령적으로 취약한 내담자가 자신의 안녕과 발달을 가로막는 환경적 장애물에 적극적으로 대응하도록 내담자를 격려한다.
- 신체적 특징(장애, 외모 등)으로 인해 차별받는 내담자가 자신의 안녕과 발달을 가로막는 환경적 장애물에 적극적으로 대응하도록 내담자를 격려한다.
- 내담자가 학업, 진로 또는 개인·사회적 발달을 가로막는 제도적, 사회적 장벽에 도전하도록 돕는다.

(2) 환경 변화의 필요 인식

환경 변화의 필요 인식은 다양한 소수 집단 출신 내담자에 대한 차별과 억압을 해소하기 위해 환경이나 제도를 변화시키는 것의 중요성을 상담자가 얼마나 인식하는지를 측정한다. 내용은 다음과 같다.

- 종교적 차별로 인해 어려움을 겪고 있는 내담자를 돕기 위해 사회적 인식이나 제도의 변화가 필요하다고 생각한다.
- 사회 계층의 차별로 인해 어려움을 겪고 있는 내담자를 돕기 위해 사회적 인식이나 제도의 변화가 필요하다고 생각한다.
- 성차별로 인해 어려움을 겪고 있는 내담자를 돕기 위해 사회적 인식이나 제도의 변화가 필요하다고 생각한다.
- 인종, 민족 차별로 인해 어려움을 겪고 있는 내담자를 돕기 위해 사회적 인식이나 제도의 변화가 필요하다고 생각한다.
- 연령 차별로 인해 어려움을 겪고 있는 내담자를 돕기 위해 사회적 인식이나 제도의 변화가 필요하다고 생각한다.
- 신체적 특징(장애, 외모 등)에 대한 차별로 인해 어려움을 겪고 있는 내담자를 돕기 위해 사회적 인식이나 제도의 변화가 필요하다고 생각한다.
- 사회문화적 차별과 억압을 개선하기 위해 어떤 형태로든 전문적인 활동(예: 강의, 연구자료 발표, 전문가 모임 참여, 캠페인 참여 등)을 해야 한다고 생각한다.
- 사회 체계에 내재하는 불평등적 요소에 도전해야 한다고 생각한다.

- 내담자의 환경 속 편견, 편향, 차별에 주목하고 이를 개선하기 위해 노력해야 한다고 생각한다.

(3) 상담자 사회참여

상담자 사회참여는 종교, 사회경제, 성, 인종·민족, 연령, 장애와 외모 등에서 소수민의 위치에 있는 내담자를 위한 합법적 사회활동에 참여하는 정도를 측정한다. 내용은 다음과 같다.

- 종교적 소수자인 내담자의 문제해결과 자원 확보를 위해 합법적인 사회적·전문적 활동에 참여한다.
- 사회경제적 취약계층인 내담자의 문제해결과 자원 확보를 위해 합법적인 사회적·전문적 활동에 참여한다.
- 성차별을 받는 내담자의 문제해결과 자원 확보를 위해 합법적인 사회적·전문적 활동에 참여한다.
- 인종·민족적 소수자인 내담자의 문제해결과 자원 확보를 위해 합법적인 사회적·전문적 활동에 참여한다.
- 고령이나 청소년 등 연령적으로 취약한 내담자의 문제해결과 자원 확보를 위해 합법적인 사회적·전문적 활동에 참여한다.
- 신체적 특징(장애, 외모 등)으로 차별받는 내담자의 문제해결과 자원 확보를 위해 합법적인 사회적·전문적 활동에 참여한다.
- 성적 지향(레즈비언, 게이, 양성애, 트랜스젠더 등)으로 차별받는 내담자의 문제해결과 자원 확보를 위해 합법적인 사회적·전

문적 활동에 참여한다.

- 내담자의 문제가 타인의 인종 차별이나 편견에서 유래할 경우 내담자가 이를 개인화하지 않도록 내담자를 위한 제도적 개입활동에 참여한다.

3) 사회문제 옹호 척도

사회문제 옹호 척도(Social Issues Advocacy Scale: SIAS)는 Nilsson 등(Nilsson et al., 2011)이 조력전문가의 사회정의 옹호역량을 측정하기 위해 개발한 것이다. 이 검사는 조력전문가의 일반적인 사회문제 옹호에 대한 인식과 실천 정도를 측정하고 있다. 임은미(2016)는 한국 상담자 343명을 대상으로 이 검사를 타당화하였다. 검사지와 연구에서 얻은 요인별 평균 및 표준편차를 [부록 3]에 제시하였으므로, 관심 있는 독자는 검사를 실시하고, 평균치를 비교하며 자신의 사회문제 옹호 수준을 점검할 수 있다. 상담자의 사회정의 옹호역량을 이해하기 위해, 검사내용을 살펴보면 다음과 같다.

(1) 사회 · 정치적 활동 참여

사회 · 정치적 활동참여는 전문분야의 발전을 통해 옹호 활동의 기반을 마련하기 위한 상담실 밖의 활동에 얼마나 참여하는지를 의미한다. 문항 내용은 다음과 같다.

- 자신의 전문분야에서 추구하는 가치를 지지하는 정치적 명분

이나 후보자를 위해 자원봉사를 한다.

- 자신이 믿는 정치적 명분이나 후보자들을 위해 자원해서 일한다.
- 사회문제에 대하여 자신이 개인적으로 옳다고 생각하는 입장을 옹호하는 정책입안자들을 만난다.
- 자신에게 중요한 사회문제에 대한 집회나 시위에 참여한다.
- 자신의 전문분야에 영향을 미치는 문제들에 대한 의견을 표현하기 위해 정책입안자들에게 전화를 한다.
- 자신이 몸담은 전문분야의 가치를 지지하는 정치적 명분이나 후보자를 위해 재정적인 후원을 한다.
- 자신의 전문분야에 영향을 미칠 수 있는 사회문제와 관련하여 미디어를 통해 다른 사람에게 영향력을 미치기 위해 편지나 이메일을 활용한다.
- 자신의 전문분야에서 중요한 사회문제에 대한 집회나 시위에 참여한다.

(2) 개인에 대한 정책의 영향 인식

개인에 대한 정책의 영향 인식은 내담자의 문제, 문제의 해결, 발달 등의 현안이 정책과 깊이 관련되어 있음을 얼마나 인식하고 있는지를 측정한다. 문항 내용은 다음과 같다.

- 국회와 지방자치단체의 정책은 개인이 양질의 교육과 자원에 접근하는 것에 영향을 미친다는 것을 안다.
- 국회와 지방자치단체의 정책은 개인이 사회적 서비스에 접근

하는 것에 영향을 미친다는 것을 안다.

- 공공정책, 자원분배, 인권 등의 사회권력은 개인의 교육적 수행에 영향을 미친다는 것을 안다.
- 공공정책, 자원분배, 인권 등의 사회권력은 개인의 건강과 안녕감에 영향을 미친다는 것을 안다.

(3) 동료의 차별행동 직면

동료의 차별행동 직면은 동료가 소수민 출신 사람들에 대하여 차별행동을 할 때, 그것을 지적하고 중단시키는 행동을 하는 것에 대하여 얼마나 책임감을 느끼는지를 측정한다. 문항 내용은 다음과 같다.

- 장애인 차별의 징후를 보이는 동료들에게 맞설 전문적인 책임이 스스로에게 있음을 안다.
- 노인 차별의 징후를 보이는 동료들에게 맞설 전문적인 책임이 스스로에게 있음을 안다.
- 동료가 문화적·민족적으로 다른 사람들 혹은 집단을 차별하는 징후를 보인다고 생각될 때 지적하여 맞설 전문적인 책임이 스스로에게 있음을 안다.

(4) 관련분야 정책현안 주시

관련분야 정책현안 주시는 정치적 인식을 나타내는 요인으로서, 자신의 전문분야에 관련된 중요한 사안들이 정치적으로 논의되는 것을 얼마나 알고 있는지, 얼마나 관심을 가지는지, 정책현안들에 대하여 주변 사람들과 얼마나 논의하는지를 측정한다. 문항 내용은 다음과 같다.

- 자신의 전문분야에 영향을 미칠 수 있는 중요한 법안이나 입법 문제가 국회에서 논의되고 있을 때 그 과정을 지속적으로 주시한다.
- 자신에게 개인적으로 관심이 있는 중요한 법안이나 입법 문제가 국회에서 논의되는지를 주시한다.
- 자신의 전문분야에서 중요한 법안이나 입법 문제에 대해 친구 및 가족들과 토론한다.
- 자기 전문분야의 중요한 법안이나 정책들에 대해 동료 및 지인들과 토론한다.

4. 다문화 사회정의 상담역량

다문화 사회정의 상담역량(multicultural and social justice counseling competencies)은 다문화 상담역량과 사회정의 옹호 상담역량을 종합하여 만든 것이다. Ratts 등(2015)이 정리한 것을 ACA가 2015년 7월 20일에 인준하였다(www.counseling.org). 다문화 사회정의 상담역량은 상담과정과 개입에서 상담자와 내담자 모두의 문화적 성장배경을 고려해야 함을 강조한다. 다문화 상담역량과 사회정의 상담역량도 이와 유사하지만 비중을 내담자의 사회문화적 성장배경에 두었다면, 다문화 사회정의 상담역량

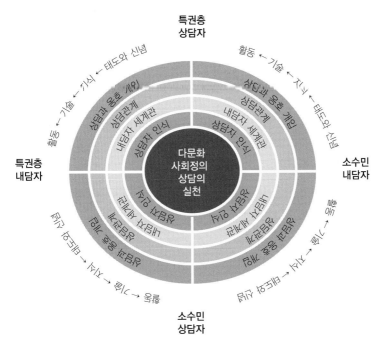

[그림 3-4] 다문화 사회정의 상담역량

출처: Ratts et al. (2015).

은 상담자의 사회문화적 배경도 동일하게 강조하고 있다. 이는 내담자의 사고, 행동, 정서 반응이 내담자의 사회문화적 출신 배경에 따라 달라지듯이, 상담자의 내담자 이해 및 상담과정과 개입기술 또한 상담자의 사회문화적 출신 배경에 따라 달라진다는 점을 보다 분명히 하는 데 도움을 준다. 다문화 사회정의 상담역량은 상담자와 내담자 각각을 표현할 때, '특권층의 그리고 주변화된(privileged and marginalized)'이라는 수식어를 붙인다. 상담자가 자신의 사회문화적 배경을 항상 인식하면서 상담에 임할 것을 강조하는 것이다.

다문화 사회정의 상담역량은 상담자의 자기인식, 내담자의 세계관, 상담관계, 상담과 옹호의 영역으로 구성되어 있다. 상담자의 자기인식 영역에서는 상담자가 자신의 사회적 정체성, 출신 집단의 사회적 지위, 권력, 특권, 억압, 강점, 한계, 선입견, 태도, 가치관, 신념 그리고 편향 등이 있음을 받아들이고, 그에 대한 지식을 쌓고, 그러한 인식과 지식을 더하기 위한 기술을 개발하기 위해 활동할 기회를 찾고 참여할 것을 강조한다.

내담자 세계관 영역에서는 내담자에게도 사회문화적 계층 배경에 따른 힘, 권력, 그리고 억압으로 인한 세계관, 가정, 가치, 신념 등이 있다는 것을 보여 준다. 상담자는 그것을 배우고자 하며, 그들과 대화를 나누고 이해하기 위한 기술을 발달시키고, 이러한 과정에서 상담자 자신의 강점과 약점을 이해하며, 발전하기 위한 기회를 찾아 사회활동에 참여하는 것이다. 이 과정에서 내담자의 협조를 받기도 한다.

상담관계 영역에서 상담자는 자신과 내담자의 사회문화적 계층 배경이 상담관계에 긍정적으로든 부정적으로든 영향을 미친다는 것을 받아들이다. 그러한 영향의 종류와 정도에 대한 지식을 발전시키며, 그에 대해 내담자와 의논하기 위한 분석 평가 및 의사소통 기술을 보유하고, 내담자와 협조적으로 그에 대한 대화를 나눈다.

상담과 옹호개입 영역은 개인내적 개입, 대인 간 개입, 제도적 개입, 지역사회 개입, 공공정책에 대한 개입, 그리고 국제적, 지구존적 사건들에 대한 개입으로 구성된다. 개인내적 개입은 상담자가 내담자에게 내면화된 사회 계층적 요소들로 인한 억압을 이해하고 다루는 것이다. 이때 이론은 역량강화 기반의 이론들을 적용할 필요가 있다. 대인 간 개입은 특정한 사회 계층적 배경을 가진 내담자가 자신의 내집단 및 다른 집단 사람들과 관계를 원만하게 형성할 수 있도록 돕는 것이다. 제도적 개입에서는 내담자에게 가해지는 제도적 불평등을 제거하기 위해 사회기관들과 협력하고 옹호한다. 이를 위해 개인 상담과 옹호개입의 균형을 맞춘다. 지역사회 개입은 지역사회에 내재하여 불평등을 유발하며 개인, 집단, 지역사회의 발전을 저하시키는 지역사회의 규준, 가치, 규정들을 다루는 것이다. 공공정책은 내담자의 발달을 저하시키는 공공정책 이슈들을 내담자와 함께 그리고 내담자를 대신하여 다루는 것이다. 국제적, 지구촌적 사건들에 대한 개입은 심리적 건강과 안녕에 영향을 미치는 국제적, 지구촌적 사건들을 알고 내담자와의 관련성을 이해하며 연구하는 것이다.

이 모형에서 제시하는 상담자와 내담자의 문화적 만남의 유형에는 다음의 네 가지가 있다.

- 특권을 누리는 상담자와 주변화된 내담자의 관계: 주변화된 집단 출신의 내담자가 특권을 누리는 집단 출신의 상담자에게 상담을 받는 경우에 발생한다. 상담자는 자신의 특권적 지위 덕분에 내담자 앞에서 권력과 특권을 갖는다. 백인 상담자와 유색인종 내담자, 남성 상담자와 여성 내담자, 이성애 상담자와 LGBT 내담자가 그 예이다. 이러한 상담자-내담자 조합에서 상담자는 자기도 모르는 사이에 자신이 소수민 내담자에게 억압을 행사하고 있지 않은지 유의해야 한다.

- 특권을 누리는 상담자와 특권을 누리는 내담자의 관계: 특권을 누리는 집단 출신의 내담자가 특권을 누리는 집단 출신의 상담자에게 상담을 받는다. 이 관계에서, 상담자와 내담자는 사회에서의 권력과 특권을 공유한다. 백인 내담자와 백인 상담자, 남성 상담자와 남성 내담자, 고학력 상담자와 고학력 내담자, 부유층 상담자와 부유층 내담자가 그 예이다.
- 주변화된 상담자와 특권을 누리는 내담자의 관계: 특권을 누리는 내담자와 주변화된 집단 출신의 상담자가 상담을 한다. 이 관계에서 내담자는 사회적 권력과 특권을 보유하고 있다. 이 관계는 유색인종 출신 상담자에게 상담 받는 백인 내담자, 장애인 상담자에게 상담 받는 비장애 내담자, 여성 상담자에게 상담 받는 남성 내담자 등이 그 예이다. 이러한 상담자-내담자 조합에서 상담자는 자신에게 무의식적으로 내사된 억압이 내담자를 대하는 자신의 행동에 어떤 영향을 미치는지 주시해야 한다. 억압받은 상담자가 그에 대한 순응이나 저항으로 내담자에게 반응한다면, 내담자에게 적절한 상담서비스를 제공하기 어렵기 때문이다.
- 주변화된 상담자와 주변화된 내담자의 관계: 주변화된 집단 출신의 상담자와 내담자가 상담을 한다. 그들은 주변화된 집단 정체성을 공유한다. 유색인종 내담자와 유색인종 상담자, 트랜스젠더 내담자와 트랜스젠더 상담자가 그 예이다. 이러한 상담자-내담자 조합에서 상담자는 상담시간에 상담자와 내담자 각각이 지닌 소수민 집단으로서의 피해의식이나 억압이 둘의 만남으로 인해 어떤 영향을 받는지 주시할 필요가 있다.

학습문제

1. 자신은 '다문화 사회정의 상담역량'을 무엇이라 정의하겠는지 서술해
   보자.

2. 사회정의 옹호역량 중 자신이 지닌 상담자로서의 정체성에 부합되는
   부분과 그렇지 않은 부분을 찾아내고, 동료들과 함께 토의해 보자.

3. 이 장에서 소개한 이론 이외에 어떤 이론들이 다문화 사회정의 상담
   의 발전에 영향을 미쳤을지 생각해 보자.

2부

다문화 사회정의
상담의 진행

Theories of Counseling
and Psychotherapy

"우리에게 생존은 모두가 잘 지낼 수 있는 세상이 어떤 세상일지를 상상하고 그런 세상을 만들기 위해 타자들, 즉 구조바깥에 존재하는 아웃사이더들과 공동전선을 구축하는 법을 배우는 일입니다. 우리에게 생존은 우리의 차이를 받아들이고 그것을 우리의 힘으로 벼리는* 법을 배우는 일입니다. 주인의 도구는 결코 주인의 집을 무너뜨릴 수 없습니다. 주인의 도구로 그가 만들어 놓은 게임 안에서 일시적인 승리를 거둘 수 있을지도 모르지만, 결코 진정한 변화를 일으킬 수 없습니다."

– Lorde, 2018, p. 178

* 벼리다: 마음이나 의지를 가다듬고 단련하여 강하게 만들다.

4장
다문화 사회정의 상담의 관계

전통적 상담이론이 대부분 유럽계 미국인 남자 중심의 가치관을 반영한다는 점에서 상담이론의 보편성에 의문이 제기된다. 다문화 사회정의 상담에서는 다양하고 복잡한 내담자의 문화적 맥락을 고려하여 상담해야 한다는 전제하에, 상담자가 어떠한 문화적 배경을 가지고 있는 내담자를 상담하는가에 따라 다양한 개입과 절차를 선택적으로 활용하며 응용하고 확장할 것을 제안한다. 내담자의 문화적 맥락에 따라 적절한 상담을 하기 위해서 다양한 상담이론과 기법들을 통합하려는 노력이 이루어져 왔다. 여러 문화권에서 다양한 가치에 기반하여 형성된 상담이론을 통합하는 것은 아주 어려운 작업이다. 다양한 가치가 충돌할 경우 상담자가 어떠한 가치를 우선시하는가는 매우 중요하며, 상담자가 상담에서 추구하는 가치에 따라 다양한 상담기법을 활용할 수 있다(Hays, 2008). 상담이론가 혹은 임상가들 중에는 다양한 상담이론을 통합하려는 시도들이 있으나 이론적 일관성을 유지하기 어렵다는 한계에 봉착하는 경우가 많다. Sue, Ivey와 Pedersen(1996)은 상담과 심리치료의 메타이론으로서 다문화 상담의 6개 명제와 하위추론들을 제시하였다. 6개의 명제와 하위추론을 간략히 요약하면 다음과 같다.

- 명제 1: 서구 사회에서 발달한 상담과 심리치료 이론들과 비서구 문화에서 발달한 특유의 상담모델들 모두 어느 이론이 근본적으로 옳다거나 그르다는 것이 아니고 좋거나 나쁘다는 것이 아니다. 각 이론은 각기 다른 세계관을 나타낸다는 것이다.

- 명제 2: 상담자와 내담자 모두의 정체감은 다양한 수준의 (개인적, 집단적, 보편적) 경험과 (개인적, 가족적, 문화적인 주위환경) 상황 속에서 형성된다. 경험과 상황의 상호관계 및 전체성이 상담의 초점이 되어야 한다.

- 명제 3: 문화정체성의 발달은 자기 자신, 같은 집단의 다른 사람들, 다른 집단의 다른 사람들, 그리고 주류 집단에 대한 상담자와 내담자의 태도를 결정하는 주요한 요인이다. 인종적, 문화적 정체성 수준 혹은 단계는 내담자와 상담자가 문제를 어떻게 정의 내리는지에 영향을 미칠 것이며 적절한 상담목표와 과정에 대한 확고한 믿음을 제공한다.

- 명제 4: 다문화 상담이론의 효과는 아마도 상담자가 내담자의 생활경험과 문화적 가치에 부응하는 양식을 사용하고 목표를 정의내릴 때 증대될 것이다. 모든 집단의 사람들과 생활 장면에 동등하게 효과적인 접근방법은 없다. 다문화적인 상

담자/치료자 훈련의 궁극목표는 이론적인 지향과 상관없이 모든 전문직이 이용할 수 있는 상담반응 목록을 확장시키는 것이다.

- 명제 5: 다문화 상담이론은 문화적으로 다른 다양한 집단과 사회에서 발전한 다양한 상담역할의 중요성을 강조한다. 개인을 교정하는 것(remediation)을 목적으로 하는 일대일 만남 이외에, 이들 역할은 종종 보다 큰 사회 단위, 시스템 중재 그리고 예방을 포함한다. 즉, 상담과 심리치료의 관습적 역할인 개인 대상 교정작업은 조력 전문가들이 이용할 수 있는 많은 역할들 중 하나일 뿐이다.

- 명제 6: 자아실현, 현재 속 과거 역할의 발견 혹은 행동변화가 서구식 심리치료 및 상담의 전통적인 목표였다면, 다문화 상담이론은 관계 속 자기, 관계 속 가족, 관계 속 조직의 입장에 대한 개인적, 가족적, 집단적 그리고 조직적 의식의 폭을 확장시키는 것을 중요하게 강조한다.

이 장에서는 Sue, Ivey와 Pedersen(1996)이 메타상담이론으로서 제안한 다문화 상담 명제에 근거하여 상담자의 역할과 태도, 상담관계의 형성에 대해 살펴보고자 한다. 이 내용은 고정된 원칙이 아니고 다문화 사회정의 상담의 정신에 따라 상담자가 내담자에 따라 문화적 배경, 심리정서 상태, 문제의 우선순위 등을 고려하여 조정되어야 할 것이다.

1. 상담자의 역할과 태도

다문화 사회정의 상담은 조력관계와 상담자의 역할과 활동이
'상담실'로만 국한되었던 것에서 '상담실 밖'으로까지 확장하였으
며, 개인적 자기지향에서 타인과 집단, 문화적 맥락과의 관계성에
서의 자기를 이해하도록 하며 환경에 대한 능동적 대처를 강조하
였다. 이로써 서구 유럽 중심의 가치에 기반한 상담의 한계를 극
복하고 상담의 균형을 맞추려고 한다. 다문화 사회정의 상담에서
상담자의 역할과 태도에 대해 살펴보면 다음과 같다.

1) 변화를 위한 촉진자이자 옹호자

상담자는 내담자와 가족이 공정한 대우를 받고 평등하게 삶의
질을 누리도록 돕기 위하여 내담자가 자신의 내적·외적 힘을 자
각하고 증진하도록 돕는 촉진자이며 문제를 지속적으로 발생시킬
수 있는 사회문화적 차별과 억압에 적극적으로 대처하기 위한 옹
호자의 역할을 한다. 상담자는 변화 촉진자이자 옹호자로서 역량
강화 접근을 취한다. 역량강화 접근은 빈민, 여성, 노인, 성소수자,
소수민족, 장애인 등과 같은 취약집단에 대한 개입 방안으로 주로
소개되어 왔다. 역량강화는 "내담자가 그들의 환경에 대한 더 큰
통제력과 포부를 가질 수 있도록 하는 개인적, 조직적, 지역사회적
자원을 획득하는 과정(Hasenfeld,1987)"으로 정의된다.

상담자가 내담자를 역량강화하기 위해서는 내담자의 강점과 자
원을 파악하는 것이 필요하다. 오랜 기간 억압과 차별 가운데 살았

던 사람들은 자신에게는 어떠한 힘도 없다고 여기며 수동적으로 타인과 환경의 통제 속에서 살아가게 된다. 상담자는 내담자와 함께 내담자의 개인적, 조직적, 지역사회적 자원을 찾고 내담자가 이를 분명히 인식하고 삶에서 활용할 수 있도록 조력하는 것이 필요하다. 특히 다름으로 인한 억압과 차별에 능동적으로 대항하며 변화와 성장을 경험했던 성공사례와 모델을 내담자에게 제시함으로써 변화에 대한 구체적 희망과 효능감을 가질 수 있도록 돕는다.

변화 촉진자이자 옹호자로서 상담자는 상담실로 찾아오는 내담자를 만나는 것으로만 자신의 역할을 한정하지 않고, 내담자의 환경적 조건을 개선하기 위한 다양한 예방, 교육, 자문, 정책제안 등 상담자로서의 역할을 넓게 인식한다. 종종 상담현장에 있는 상담자들이 '상담자답지 않은' 일을 하고 있다고 불평하는 것을 볼 수 있는데, 평소 '상담자답지 않다'고 생각했던 역할들을 다문화 사회정의 관점에서 검토하여 상담자의 역할로 수용하고 보다 전문성 있게 일해 나갈 수 있을지 고민해 볼 것을 제안한다.

상담자는 때때로 옹호활동의 결과로 정서적으로 지칠 수 있고, 트러블메이커라고 비칠 수 있으며, 직장에서 역풍을 받을 수 있고, 직장구성원으로부터 괴롭힘을 당할 수도 있다. 옹호상담활동을 하면서 경험한 시행착오를 토대로 Ponzo(1974)는 지나친 열심과 맹목적적인 이상주의를 피하기 위하여 다음과 같은 다섯 가지 전략을 제시하였다(Kiselica & Robinson, 2001 재인용).

상담자의 옹호활동 사례(Kiselica & Robinson, 2001)

Gerstein은 티베트인들의 고통에 대한 공감, 즉 착취되고 억압받는 환경에서 태어나 살아가는 사람들에 대한 공감으로 그들을 위한 옹호활동을 광범위하게 전개하였다. Gerstein은 자신의 이러한 공감의 기원을 다음과 같이 설명하였다.

"나는 착취당하는 사람들의 어려운 환경에 대해 항상 관심을 갖고 있는 가정에서 성장하였다. 나의 가족들은 뉴욕시티 근처에서 산업에 의하여 착취당하는 노동자들로 구성된 단체를 만들었으며, 나의 숙모는 여성의 권리를 향상시키기 위한 활동을 하였다. 가족이 모일 때마다 우리는 종종 아프리칸 미국인, 쿠반 미국인 등 고통받는 사람들에 대해 이야기를 나누었는데, 이러한 가족분위기가 나에게 사회정의 활동 그리고 다른 문화권 사람들에 대한 관심을 생겨나게 하였다. 내가 문화적으로 다양한 브루클린 지역에서, 1960년대의 불평등과 불공정에 대항하는 사회개혁적인 분위기에서 성장한 것도 다른 문화권 사람들에 대한 관심에 영향을 미쳤다. 이러한 다양한 요인들이 나에게 다른 사람을 돕고자 하는 강한 열망을 일으켰고 이것이 내가 상담자가 되고자 했던 이유이다. 이렇게 개인적으로 긴요한 도덕적 동기가 없었다면 진실된 사회적 활동에 동참하기가 쉽지 않았을 것이다. 상담자에게 진실된 동기가 없다면, 옹호상담활동은 피상적이 되기 쉬우며 기관에 지속적으로 여러 번 직면하려는 의지를 갖기 어려우며 결국 내담자나 옹호상담활동을 통하여 대면하게 될 권위자들이 옹호상담자의 피상성과 허세를 눈치 채게 될 것이다.

도덕적으로 긴요한 동기가 있다면 옹호상담자들은 즐거움과 보상을 맛볼 수 있을 것이다. 옹호상담자들에게 보상은 한 개인이 더욱 충만하고 행복한 삶을 사는 것을 보는 일일 수도 있고, 전체 국민을 더 자유롭게 하는 일에 도움을 주었다는 기쁨일 수 있다. 상담자가 어떤 사회적 문제에 대해서 옹호활동을 할 것인지와 자신이 어떤 스타일의 사회적 행동을 할 것인지는 각 상담자가 마음 깊이 생각하여 선택하는 것이 바람직하다. 상담자들은 옹호상담활동의 첫 단계로서 자신의 마음을 깊게 성찰하면서 인간이 경험하는 다양한 고통 중에서 일어나 저항하고 싶도록 마음을 움직이는 지점을 찾는 것이 중요하다."

첫째, 유연하고 타협하라. 다른 사람의 변화를 촉구하기 위해 상담자는 개방성과 유연성을 지녀야 하며 변화에 대한 자신의 의지를 보여 주되 타협하는 것이 필요하다.

둘째, 자기 자신을 이해하라. 상담자의 인성이 사회적 변화를 착수하는 데 강력한 도구가 될 수 있다. 상담자는 타인에게 자신의 인성이 미치는 영향을 인식하고 필요에 따라 자신의 인성 스타일을 적응시켜야 한다.

셋째, 체계에서 배우라. 확립된 체계가 어떻게 작용하는지를 배우고 이 지식을 지속적인 변화를 가져오는 데 활용하라.

넷째, 현실적인 목표를 정하라. 너무 열광적이거나 비현실적인 목표를 설정할 경우 집단의 변화를 이끌어 내기 어렵다. 성취 가능한 단기 · 장기 목표를 설정해야 한다.

다섯째, 흥분하여 과장하지 않도록 주의하라. 상담자는 문제의 심각성을 알리기 위해 문제를 과장하지 않고 사람이나 상황에 대하여 항상 정확한 정보를 제공하도록 주의해야 한다. 그리고 상담자는 옹호활동을 하는 과정에서 내담자에게 동기부여를 할 목적으로 혹은 내담자를 돕고자 하는 의욕이 넘쳐서 옹호활동의 성과에 대해 자신이 지키기 어려운 약속을 내담자에게 해서는 안 된다.

2) 다양한 문화적 가치존중과 자기문화 중심주의 지양

상담자는 내담자의 다양한 가치를 존중하며, 자기문화 중심주의를 지양하여야 한다. 주류 문화에 속한 사람들은 자신의 행동방식을 정상적인 것으로 지각하고, 자신과 다른 행동방식을 보이는 사람을 이상하거나 비정상적이거나, 혹은 치료가 필요한 것으로 지각한다. 상담자는 내담자의 문화적 관습에 대해 잘 모를수록 내담자와 그 가족의 행동을 부정적으로 판단하게 될 가능성이 높다. 내담자와 그 가족의 행동이 잘 이해되지 않을 때, 그 행동이 문화적인 관습인지에 대해 내담자와 그 가족에게 직접적으로 질문하거나, 비밀보장의 원칙을 깨지 않은 상태에서 그 문화에 익숙한 사람에게 자문을 구하는 것이 좋다. 예를 들어, 10대 후반의 자녀가 결혼하지 않은 상태에서 임신한 것에 대해 부모들이 별로 염려하지 않는 것을 상담자가 이상하게 여길 수 있다. 그러나 10대에 부모가 되는 것이 모든 시대에 걸쳐서 항상 모든 가족에게 문제가 되는 것은 아니다(Fontes, 2016). 사회에서 제기되는 논란이 많이 되는 주제(성역할, 낙태, 전쟁, 체벌, 종교, 마약, 술, 돈 그리고 정치문제)에 대해 상담자는 개인적 가치를 표출하기보다는 내담자가 자신의 가치를 표현하도록 도와야 한다.

Hofstede 모델(Hofstede's model)은 상담자가 문화적 가치 차이를 이해하고 이를 상담관계에서 활용하는 데 유용하다(MacCluskie, 2012). Hofstede(1995)는 50개국 이상을 대상으로 한 연구에서 경험적으로 찾아낸 4개의 문화 차원인 권력간격, 개인주의 대 집합주의, 남성성 대 여성성, 그리고 불확실성 회피성향을 설명하였다. Hofstede 모델은 거시체계와 외체계 수준에서 문화적 가치의 고려가 가능하고, 그러한 가치가 미시체계 수준에서는 어떻게 표현되는지에 대한 가치 축을 제시하고 가치 축에 따라 연속선상에서 고찰하는 것을 가능하게 해 준다(MacCluskie, 2012).

MacCluskie(2012)는 Hofstede 모델에서 권력간격, 불확실성 회피, 개인주의/집단주의, 남성성/여성성의 가치 축이 상담과정의 문화적 차이를 세심하게 살펴보는 데 유용하다고 보았다. 네 가지의 가치 축에 따라 상담관계가 어떻게 달라질 수 있을지에 대한 내용을 중심으로 살펴보면 다음과 같다(MacCluskie, 2012).

첫째, 권력간격(power distance)은 특정 문화가 인간 불평등과 권력 불균형을 어느 정도로 나타내는지 설명한다. 권력간격이 좁은 민주국가에서는 모든 국민이 정치적 권력 획득에 대해 동일한 가능성을 지니며 의사표현의 기회를 지니고, 법과 정책의 형태로 이루어지는 정치적 결정에 어느 정도 영향력을 발휘한다. 가족 상호작용에서는 부모가 아이들의 선호도를 고려하면서 민주적인 방식으로 가정을 꾸린다. 또한 자녀들이 부모를 부양하리라 기대되지 않고, 나이가 젊더라도 사회적 역량을 지닐 수 있다고 본다. 반면에, 권력간격이 넓은 독재 혹은 전체주의 사회에서는 권력을 지닌 개인이 구성원들이 선호하는 것에 무관하게 권력을 행사하므로, 지배계급으로 태어나지 않은 개인이 정치적 의사결정이나 행동에 영향을 미칠 수 있는 기회가 매우 희박하다. 가족관계에서도 부모가 절대적 권위체로 보이며, 자녀는 부모의 노년기에 부모를 부양할 책임이 있다고 기대된다. 사회와 가족관계에서 경험한 권력간격의 가치는 상담과정에서도 나타날 가능성이 많다. Draguns(2002)에 의하면, 권력간격이 넓은 문화적 배경을 가진 내담자는 지시적 상담 접근을 선호하며, 상담자를 권위체 및 전문가로 지각하고, 동조와 사회적 효과성에 대해 관심을 보이며, 상담자와 내담자 간 역할 구분이 분명한 것을 선호하며, 상담자의 자격을 강조하는 경향이 있다. 반면에, 권력간격이 좁은 문화적 배경을 가진 내담자는 인간중심상담접근을 선호하며 상담자를 관심 있고 민감한 개인으로 지각하며, 자기발견과 자기실현에 관심을 가지고 상담자와 내담자 간 역할구분을 최소화하고, 자기향상을 강조한다.

둘째, 불확실성에 대한 회피는 미래에 어떠한 일이 어떻게 일어날지 모르는 상황에서 심한 불안을 경험하게 될 때, 이러한 불안으로부터 자신을 보호하기 위해 발달시킨 기제이다. 인간은 불확실성을 회피하고자 하는 기제에 따라 과학기술과 중교 문화를 형성하였다. 과학기술을 통하여 자연에서 발생하는 사건들을 예측하고, 법으로 수용 가능한 사회적 행동을 규정하며 이에 따라 인간의 행동을 어느 정도 예측할 수 있고, 종교를 통하여 인간의 힘으로 알 수 없는 세상을 이해하고 불확실한 미래를 수용할 수 있게 되었다. Draguns(2002)에 의하면, 불확실성 회피성향이 높은 내담자는 정서적 증상을 의학적 측면에서 설명하는 것과 구조화된 행동적 기법을 선호하며, 특정 치료적 접근을 흑백론적 사고로 옳고 그른 것으로 보는 경향이 있으며, 매우 통제적이고 구조화된 치료적 분위기에 편안해한다. 반면에, 불확실성 회피성향이 낮은 내담자는 정서적 증상을 정서적 혹은 심리적 원인으로 설명하는 것과 비구조화되고 경험적인 치료기법을 선호하며, 여러 치료적 접근을 타당하게 보며, 이완되고 비구조화된 치료적 분위기에 대해 편안함을 느끼는 경향이 있다.

셋째, 핵가족, 대가족, 종족 및 지역사회 같은 집단에서 개인이 경험하는 결속력과 의무의 정도에 따라 개인주의와 집단주의로 구분된다. 개인주의는 개인이 소속 집단에서 자신을 어느 정도 분리된 존재로 지각하는 성향을 말한다. 개인주의 문화에서는 집단의 요구보다 개인의 관심과 욕구가 우선된다. 집단주의 문화에서는 개인을 분리된 존재가 아니라 집단과 연결된 존재로 인식하며 개인 자신보다는 자신이 소속된 집단의 욕구를 우선시하는 성향이다. Draguns(2002)는 개인주의 문화에서 자기(self)는 분리된 실체로 경험되지만, 집단주의 문화에서는 맥락적으로 경험된다고 보았다. 개인주의 성향이 높은 내담자는 통찰과 자기이해, 자신의 개별성 발달을 추구하며, 개인적 책임감이 발달하고, 상담자가 자신을 이끌어 주고 지도하는 부모와 비슷한 존재로 보며, 죄책감, 소외, 고립감과 관련된 정서적 호소를 하는 경향이 있다. 반면에, 개인주의 성향이 낮고 집단주의 성향이 높은 내담자는 고통의 제거나 경감을 추구하며, 수치심과 관련된 정서를 호소하고, 다른 사람에 의해 설정되고 유지되는 통제를 수용하며, 조화로운 관계를 중요시하며, 상담자를 양육하는 어머니로 보는 경향이 있다.

넷째, 남성성과 여성성(성역할)의 축은 성역할 기대감의 유연성 혹은 경직성을 말한다. 성역할이 엄격하게 고정되어 있는 사회에서는 남성은 거칠고 공격적이며 여성은 수동적이고 유순할 것으로 기대된다. 반면에 성역할 기대감이 경직되지 않은 사회에서는 성별에 따라 가치있는 행동이 구별되지 않고 중복된다. 남성성과 여성성의 정도에 따라 상담에서의 상호작용이 어떻게 달라지는지를 살펴보면(Draguns, 2002), 남성성이 높은 (혹은 여성성이 낮은) 내담자는 책임, 순응, 사회 규준에의 적응을 강조하며, 죄책감을 호소하는 경향이 있고, 언어적인 감정표현을 적게 하고, 타인들을 보호하려는 성향이 있으며, 생산성과 역량에 초점을 둔다. 반면에, 남성성이 낮은 (혹은 여성성이 높은) 내담자는 개인에 따른 최상의 적합성을 강조하며, 불안을 호소하는 경향이 있고, 정서적 표현, 창조성, 공감을 중시하고 돌봄에 초점을 둔다.

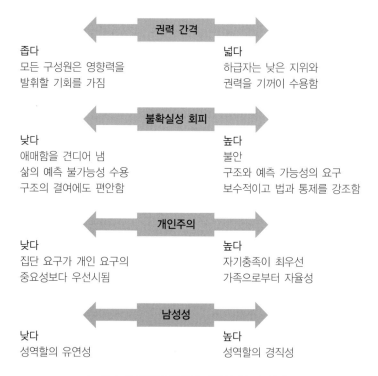

[그림 4-1] 문화적 가치에 대한 Hofstede의 축:
권력 간격, 불확실성 회피, 개인주의, 남성성

출처: MacCluskie (2012), p. 63에서 인용.

현대의 상담과 심리치료의 주요 이론으로서 정신분석, 인본주의 상담, 인지치료, 행동치료 등의 상담심리 이론들이 모두 유럽계의 미국인 남자들의 문화적 가치, 관습, 습관, 철학 등이 반영되어 있으므로, 자율성, 독립성, 개별적인 자아의 실현에 대한 가치를 우위에 두고 이 가치에 위배되는 행동을 보이는 사람들에 대해 미숙하며 돌봄이 필요하다고 본다. 다른 사회에서는 행위의 심리사회적 단위를 개인으로 두지 않고 집단으로 인식하고 있으나 이러한 집단주의적 가치는 미성숙하고, 의존적인 것이며, 책임 회피적 인 것으로 간주하였다. 따라서 집단주의 가치지향적인 내담자를 가족이나 집단에서 분리시키는 방향으로 상담을 진행하였다. 이러한 점 때문에 상담자가 '사회가치의 침투자'(Sue, 1981), '문화적 억압자'(Katz, 1985; Sue et al, 1982)라는 비판을 받고 있다. 인간의 다양한 가치 중에서 상담자의 세계관과 가치에 따라 어느 한 부분에만 집중하고 그 부분만을 우월한 가치로 인정하는 것은 상담이 내담자에게 주는 억압과 차별이 될 수 있다.

3) 인지적 편향의 극복

상담자가 내담자의 문화적 가치를 존중하고 상담자의 자기문화 중심주의를 탈피하기 위해서는 상담자가 인지적으로 편향되지 않기 위한 노력이 필요하다. 문화적으로 다양하고 환경적으로 자극과 스트레스가 많을 때 사람들의 뇌는 환경적 복잡성을 처리하기 위한 방안으로서 고정관념을 형성하고 고정관념에 부합하는 정보는 받아들이고 부합하지 않는 정보는 버리거나 고정관념에 부합하도록 정보를 왜곡하는 경향을 보인다. 이와 같은 인지적 편향은 지나치게 단순화된 정보처리전략 때문에 사고에 오류가 생기는 것으로서 기억이나 추정과 같은 사고과정에 영향을 미친다. 인지적 편향은 다음과 같이 다양한 방식으로 나타난다(Fontes, 2008).

- 확증편향: 자신의 기대에 부합하는 것은 알아차리지만 나머지는 무시하거나 가치 없는 것으로 치부하는 경향
- 근본적인 귀인오류: 다른 사람의 행동을 그 사람의 성격이나 지속적인 특성에서 기인하는 것이라고 보는 반면, 상황의 영향을 과소평가함
- 후광효과: 어떤 사람의 외모나 성격의 한 측면이 다른 측면까지 확대되어 그 사람에 대한 전체적인 평가에 영향을 미치는 경향
- 내집단 편향: 자신의 집단에 속해 있다고 여겨지는 사람에게 더 우호적인 태도를 보이는 것
- 자기충족적 예언: 자신이 가지고 있는 믿음을 확인시켜 주는 행동을 이끌어 내는 경향

이상과 같은 인지적 편향들은 자연스러운 것이고 인간적인 것이지만, 동시에 문제를 야기할 수 있으며 불공정한 결과를 이끌어 낼 수도 있는 것들이다. 이러한 인지적 편향들을 바로잡기 위한 방법은 다음과 같다(Fontes, 2008).

첫째, 상담자가 자기이해를 증진함으로써 상담자 자신의 편견을 극복하는 것이 필요하다. 내담자에게 확증편향을 갖지 않기 위

해서 상담자는 수시로 '나는 이 사람이 어떤 사람일 것이라고 기대하고 있는가? 내가 이 사람에게서 찾고 싶어하는 것은 무엇인가?'에 대해 솔직하게 살펴봄으로써 자신의 고정관념에 사로잡히지 않도록 해야 한다.

둘째, 내담자에 대한 귀인오류를 바로잡기 위해서는 내담자를 정서적으로 공감하고 지적으로 이해하고자 하는 마음이 필요하다. 상담자는 내담자를 다 이해하고 있다는 닫힌 태도에서 벗어나 늘 열린 자세로 내담자에 대해 새로운 정보를 받아들이고 다양한 관점에서 내담자에 대한 자료를 수집해야 한다. 그리고 최근 극심한 학대나 트라우마를 경험한 내담자의 부적응 반응이 내담자의 성격 때문이라고 섣불리 판단하여 확증편향과 귀인오류를 범하지 않도록 주의해야 한다. 내담자가 삶의 비정상적인 상황에 직면하면 누구든지 비정상적인 반응을 보일 수 있음을 기억하고, 극심한 학대나 트라우마 이전의 기능상태와 성격이 어땠는지를 확인하는 것이 도움된다.

셋째, 상담자는 부정적인 자기충족적 예언을 긍정적인 것으로 바꿀 수 있다. 상담을 시작하면서 모든 상담이 성공적일 것이며, 관계에 필요한 라포를 형성할 수 있을 것이라 가정하고 상담을 하면 상담결과가 긍정적이 될 가능성이 높아질 수 있다.

다문화 사회정의 상담에서 상담자가 내담자를 인종, 민족, 성별 등과 같은 문화적 차이를 존중하며 상담하는 것이 자칫 하나의 문화적 요인에 따라 사람들을 분류하여 고정 짓는 것이 되지 않도록 주의해야 한다. 예를 들어, A는 특정 지역 사람이라는 범주에 포함될 수 있지만 여자이기도 하고 나이가 50대이며, 농촌지역에 거주하는 것 등에 따라 다양한 정체성이 형성될 수 있기 때문이다. 따라서 다문화 상담에서 내담자를 문화적 요인에 따라 구분하고 이들 분류에 따른 상담전략을 제시하는 것은 심각한 고정관념과 편견을 유도할 수 있으므로 주의해야 하며 상담자가 자신의 어떤 기준에 따라 인지적 편향을 하고 있는지에 대한 자기점검을 지속적으로 해야 한다.

2. 상담관계의 형성

1) 상담자와 내담자 간의 매칭

상담자와 내담자를 같은 인종이나 민족 출신으로 맞추어 짝을 지어주는 것이 바람직한가에 대한 의견은 다양하다. 내담자와 같은 민족적 혹은 인종적 배경이 있는 상담자가 상담할 경우 내담자와 라포형성이 쉬우며 같은 공동체에 속한 사람들의 안녕에 더 큰 관심을 기울일 가능성이 있다. 따라서 결혼이주여성이나 외국인 근로자들, 북한이탈주민들을 상담하는 기관에서는 내담자가 자신의 민족이나, 인종, 거주배경 등을 잘 알고 있는 상담자를 선호할 수 있으므로 이에 맞게 배정할 수 있는 상담자들을 충분히 확보해 놓는 것이 필요하다. 그러나 내담자의 문제에 보다 적합한 상담자가 어떤 사람일까에 대한 충분한 고려 없이 내담자의 인종이나 민족만을 고려하여 유사한 상담자를 매칭하는 것이 상담의 효과를 보장하지는 않는다. 상담자와 내담자를 유사성을 기준으로 매칭

한다고 해도 성별, 나이, 교육수준, 사회적 지위, 성격, 정치 성향, 종교 등 라포에 영향을 미칠 수 있는 요소들이 많으므로 어떻게 매칭하는 것이 좋을지에 대한 결정이 쉽지 않다. 따라서 내담자의 문제를 다루기 위해서 적합한 매칭이 무엇인지에 대해 숙고해야 한다.

내담자가 같은 인종이나 민족 출신의 상담자와 상담할 경우 같은 문화 집단 안에 자신의 비밀에 대한 소문이 퍼질까 봐 걱정을 할 수도 있다. 또한 상담자가 자신이 속한 집단출신인 내담자와 적절한 경계를 유지하는 것이 어려울 수 있으므로 유의해야 한다. 상담자는 자신이 속한 집단 출신인 내담자가 문제를 갖고 있거나 뭔가를 잘못하고 있다는 사실을 인정하기 어려울 수도 있다. 또한 내담자의 어려움에 지나치게 공감한 나머지 개입이 필요한 문제들을 간과할 수 있다. 반대로, 빈곤이나 인종 차별, 그 외의 장애물을 스스로 극복해 낸 몇몇 전문가의 경우에는 비슷한 환경의 내담자가 가족에 대해 설명하는 것을 '나도 겪어본 이야기'이고 '나는 해냈는데 왜 당신은 못하나? 식의 태도로 내담자의 이야기를 다 알고 있다고 생각하여 내담자의 이야기를 피상적으로 듣고 상세히 탐색하지 않으며 자신의 경우와 같은 경험으로 일반화해 버릴 수 있다. 따라서 문화적으로 다양한 상담자를 확보하는 것이 한 기관의 문화적 역량을 높이는 데 중요한 요건이지만 유일한 해답은 아니다.

2) 특권과 억압의 역동

상담자는 내담자와 평등한 동반자 관계를 형성하고 내담자를 존중하지만 상담관계에서도 현실에서의 대인관계와 마찬가지로 권력이 작용한다. Ratts와 Pedersen(2014)은 상담자와 내담자가 특권 집단인가 억압된 주변인인가에 따라 상담관계를 나누어 설명하였다. 특권을 누리는 상담자와 주변화된 내담자가 만났을 경우, 상담자가 자신의 특권을 인식하지 못하고 내담자의 문화적 특징을 고려하지 않고 상담자의 가치관이나 관습에 부합하는 방식으로 상담을 진행하고 내담자는 상담자가 자신의 억압적 상황을 이해해 주기 어렵다고 생각해서 마음을 꺼내기 힘들 수 있다. 특권을 누리는 상담자와 특권을 누리는 내담자가 만났을 경우, 자신의 특권으로 인해 타인을 어떻게 지배하고 있는지를 인식하고 상담하기가 어렵다. 상담자가 전문적 지식과 타이틀을 가지고 있으므로 이에 대한 특권이 있지만 다른 영역에 대해서 상담자의 사회적 권력과 특권이 내담자에 비해 적을 때 상담자가 갖고 있는 전문가로서의 특권이 약화될 수 있다. 예를 들어, 상담자가 젊은 여성 파트타임 상담자일 때 중년의 남성 사업가를 만난다면 위축감을 경험하여 상담자로서의 역할에 어려움이 생길 수 있다. 또한 만일 상담자가 특정 지방 사투리를 사용한다면 특정 지방에 대해서 부정적 신념을 갖고 있는 내담자에게 신뢰를 얻기 어려울 것이다. 그리고 주변화된 상담자와 주변화된 내담자의 관계형태로 만났을 경우, 상담자가 자신의 억압상태를 어떻게 인식하고 대처하고 있는가에 따라 상담관계가 달라질 수 있다. 만일 상담자가 내적으로 열등감을 느끼며 억압된 상태로 살아가는 주변인이라면 내담자도 자신과 같은 열등한 존재로 지각할 가능성이 높다. 반면에, 상담자가 주변인이지만 자신이 억압당하는 요인이 무엇인지를 자각하고 그 영향을 알고 있다면 자신과 비슷한 내담자의 경험을 더 깊이 공감하며 주변화된 내담자가 지역사회에서 필요한 자원과 연결될 수 있도록 조력할 수 있다. 내담자는 자신과 비슷하게 억압당한 경험이 있는 상담자를 만났을 때 상담자가 자신의 경험을 잘 알고 있으므로 위안을 삼고, 자신의 마음을 털어놓기가 쉬워진다.

상담자는 상담관계에서 발생할 수 있는 특권과 억압의 역동을 이해하고 그것의 경계를 넘어 작업하기 위한 노력을 기울여야 한다. 그러나 억압과 특권은 미묘한 방식으로 다양한 문화적 요인이 교차하여 상호작용하므로 관계에서 일어나는 특권과 억압의 역동을 인식하기가 쉽지 않다. Hays(2008)는 상담자가 특권과 억압의 경계를 넘어 작업하도록 돕기 위해서는 먼저 스스로가 개인과 사회적 편견, 문화적 가치, 그리고 권력구조 사이의 관계에 대한 지식을 갖추어야 하며 인간적 자질로서 겸손과 비판적 사고기술과 연민의 마음이 필요하다고 하였다.

'겸손(humility)'은 다른 관점, 믿음, 행동, 전통이 자기 자신의 것처럼 가치가 있음을 인정하고 나아가 세상에 접근하는 대안적 방법들을 배우는 것이 유익하다는 점을 인정하는 것이다(Hays, 2008). 상담자가 겸손하기 위해서는 비판적 기술을 가져야 한다. '비판적'이라는 용어가 부정이나 직면과 동일시되기 때문에 비판적 사고가 겸손과 반대되는 개념으로 보일 수 있으나 겸손을 위해서 필요하다. 왜냐하면, 비판적 사고기술은 상담자가 내담자뿐만 아니라 상담자 자신의 가정을 확인하고 도전하며, 자신의 사고에 미치는 맥락적인 영향을 검토하고 대안을 생각하며 조사하는 능력을 포함하기 때문이다. 이렇게 겸손과 비판적 사고는 상호적이다. 겸손이 개인을 학습에 대한 새로운 형식과 지식에 대한 다양한 원천에 마음을 열게 하지만, 대체적인 가설에 대한 지속적인 검증과 같은 비판적 사고는 개인이 개방적인 태도를 유지하도록 돕는다(Hays, 2008).

상담자가 겸손한 태도로 자신의 신념과 가치관을 비판적으로 생각하고자 노력하는 것은 상담자가 내담자에 대해 더욱 개방적이 되며 내담자에게 연민의 마음을 가지는 데 도움이 될 것이다. 상담자가 내담자를 성급하게 판단하지 않고 비판적 사고를 유지하기 위해서 자신에게 다음과 같은 질문을 던지는 것이 필요하다(Hays, 2008).

- 나는 이 상황을 어떻게 이해했는가?
- 나는 내가 이해한 것이 진실임을 어떻게 알 수 있는가?
- 이 상황에 대해 의미 있는 대안적인 설명이나 의견이 있는가?
- 나의 상황(예를 들어, 나이, 세대적인 경험, 민족적 배경, 사회경제적 지위와 같은 상황 등)이 내담자의 상황을 보는 나의 견해에 어떻게 영향을 미칠 수 있는가?
- 내가 동의하지 않는 견해가 유효하다는 정보들이 있는가?
- 내가 역기능적이거나 건강하지 않다고 판단을 내린 행동, 신념 또는 감정에 긍정적이고 문화적인 동기가 있는가?

Jun(2010)은 다문화 상담을 실천하기 위해서 이분법적, 선형적, 위계적 사고를 초월하고 전체적 사고를 선택할 수 있어야 한다고 보았다. 이분법적 사고는 사람들을 '우리'와 '그들' 혹은 '동지'인가 '적'인가로 구분하고, 한쪽이 좋으면 다른 쪽은 나쁘다고 생각하는 방식이다. 선형적 사고는 순간을 기반으로 미래를 예측하려는 방식이다. 이는 과거를 기반으로 사회문화적 맥락의 변화, 시간의 변화, 발달단계의 변화와 상관없이 미래를 투사하고 과잉일반화하는 사고방식이다. 위계적 사고는 자기 자신이나 상대를 더 우월한가 혹은 열등한가로 판단하는 방식으로 경쟁과 성취를 강조하는 문화적 배경을 가진 사람들에게 잠재되어 있는 경향이 있다.

종종 이분법적 사고는 위계적 사고로 연결되어 지배 집단이 추구하는 가치가 비지배 집단에 비해 더 우월하다는 생각으로 연결되고, 자민족 중심주의(ethnocentrism), 내적 혹은 외적 억압, 특권, 주변화 현상을 일으키는 가치 체계를 형성하게 된다. 상담자는 내담자가 비지배 집단으로서 열등한 존재로 취급받아 왔음을 인식하고 지배 집단의 가치관에서 벗어나도록 도울 수 있다. 동시에 내담자는 모든 면에서 억압당하는 피해자, 특정인은 모든 면에서 내담자를 억압시키는 가해자라는 이분법적 지각과 과잉일반화를 하지 않고 한 개인과 집단 내에서의 억압과 특권의 상호작용을 복합적으로 이해하려는 노력이 필요하다.

반면에, 전체적 사고(holistic thinking)는 비판단적이며 다층적이고 다차원적 관점의 기반이 된다. 전체적 사고방식을 가진 사람들은 다른 사람들과 자신의 견해에 대해 동등한 가중치를 둘 수 있으며, 자신에게는 옳은 것이 다른 사람이 볼 때는 옳지 않을 수도 있음을 인정한다.

상담자가 전체적 사고를 할 수 있을 때, 다양한 가치관을 가진 내담자들의 이야기를 존중하며 경청하고 내담자에 대해 연민과 이해의 마음을 가질 수 있다. 전체적 사고를 할 수 있는 상담자가 상담을 유연하게 진행하고 내담자와 협력적 관계를 형성할 가능성이 높으며, 다양한 문화적 배경을 가진 내담자가 경험하는 억압과 차별 혹은 특권에 대해서 개입할 수 있는 역량을 갖추게 된다(Jun, 2010).

상담자는 자신이 소속된 집단을 기준으로 형성된 부적절한 이분법적, 위계적 사고방식을 해체하는 것이 어려울 수 있는데, 이는 자신의 소속된 집단에 대한 정서적 애착으로 인해 형성된 편견과 편애 때문이다. 상담자가 전체적 사고방식으로 전환하기 위해서는 자동적 사고를 자각하고 대안적 사고를 선택하기 위한 합리적 노력이 필요하다. 뿐만 아니라 일기쓰기, 타인의 감정 상상해 보기, 침묵을 통한 내면경청 등과 같은 정서적 노력을 포함시킬 때 정서적 체험을 수반한 학습이 일어남으로써 소속집단에 대한 정서적 애착에서 벗어나 타 집단에 대한 관심과 연민의 감정을 가질 수 있게 된다(Jun, 2010).

3) 작업동맹

작업동맹은 효과적인 상담을 위해 결정적으로 중요한 요소이며(Whol, 2000) 상담효과의 30%를 설명하는 것으로 밝혀졌다(Lambert & Bergin, 1994). 어떤 특정 집단의 사람들이 상담을 잘 받으려 하지 않고, 상담을 시작하더라도 종종 조기종결된다면 상담자의 문화적 감수성이 낮기 때문일 수 있다. 따라서 상담자는 내담자와의 상담 초기에 내담자의 문화에 대한 감수성을 높이고 내담자에 대한 고정관념과 편견을 내려놓음으로써 내담자와 신뢰할수 있는 관계를 형성해야 한다. 특히 인권이 위협당하고 억압당하는 사람들과 작업할 때 상담자는 문화적 감수성과 고정관념에 대한 자각을 증진하기 위해 노력해야 한다. 비서구의 내담자들에게는 내담자와 상담자의 역할을 규정하고 명료화하고 토론하는 데더 많은 시간이 필요할 수 있다(Chung & Bemak, 2012).

상담자와 내담자가 작업동맹을 잘 형성하기 위해서는 상담신청서에 내담자의 문화적 배경에 관한 정보가 포함될 수 있도록 하거나 접수면접 과정에서 문화적 배경에 관한 정보를 수집함으로써 상담자가 내담자의 문화적 배경에 대해 넘겨짚거나 간과하지않도록 해야 한다. 상담자는 내담자의 문화적 배경에 대한 이해에 따라 다양한 내담자의 문화적, 사회정치적 차원과 조화되도록 상담관계를 유연하게 변화시킬 수 있어야 한다.

상담구조화는 작업동맹 형성을 위해서 중요하다. 내담자의 문화적 배경과 호소문제의 특성을 고려하여 상담구조화를 잘 하여야 한다. 상담구조화는 상담자가 내담자에게 상담자 자신의 역할과 효과적인 상담을 위해 필요한 내담자의 역할을 설명하고, 상담절차와 심리검사의 필요성, 개인정보를 수집하는 이유, 상담회기가 어떻게 진행되는지, 시간약속이나 상담시간을 지키지 못할 때어떻게 할지 등에 대해 내담자가 충분히 알 수 있도록 하는 것이다. 다문화 사회정의 상담에서는 상담과정에서 내담자의 범위가 가족, 직장, 지역사회 기관 등으로 확장될 수 있다. 이때 상담자는 이미 상담에 참여하고 있는 내담자와 협의하여 누구를 추가로 상담에 포함시킬 것인지를 결정하고 그들 간의 상호작용이 어떻게 이루어지는지를 관찰함으로써 내담자의 문제에 영향을 미치는 환경적 맥락을 좀 더 생생하게 이해한 상태에서 상담개입을 할 수 있다. 상담자가 내담자의 범위를 확장하는 과정에서 내담자의 자율성과 비밀보장 등이 침해되지 않도록 주의할 필요가 있다.

상담구조화는 상담자와 내담자가 상담을 잘할 수 있는 안정적인 조건을 만들어 가는 과정이라고 볼 수 있다. 이는 상담시작 단계에서 내담자에게 명시적으로 자료를 만들어서 혹은 명확한 설명으로 전달하는 것이 필요하다. 상담구조화는 상담과정에서 내담자가 상담과제에서 벗어나는 내용의 이야기를 할 때, 상담자가 할 수 없는 무리한 요구를 할 때, 내담자가 상담시간 약속을 어기거나 갑자기 오지 않을 때 등 상담의 경계를 설정해야 하는 상황에서 상담자가 내담자에게 보이는 반응을 통하여 묵시적으로 형성되기도 한다. 상담자가 명시적으로 전달한 상담구조화 내용과 묵시적으로 전달한 것이 불일치할 경우 내담자가 혼란스러울 수 있으므로 일치하는 것이 중요하다. 내담자의 문화적 배경에 따라 상담자의 구조화 노력이 상담관계를 경직되게 하고 친근감의 발달을 방해한다면 상담자의 전문적 판단에 따라 융통성을 둘 수 있다.

작업동맹 형성에서 내담자가 상담자를 얼마나 신뢰하고 있는지가 중요하다. 상담자에 대한 신뢰감은 특히 비밀보장 이슈와 관련이 깊다. 상담자는 내담자와 상담한 내용에 대해서 관료나 타인에게 정보를 제공하지 않는다는 비밀보장의 원칙을 알려주되, 이 원칙이 적용되지 않는 예외적 상황에 대해서도 설명해 주어야 한다. 내담자가 억압당하거나 폭력에 시달렸거나 감금당한 경험이 있거나 경찰이나 법원관계자에게 심문을 받은 경험이 있으면 자신의 사적인 문제나 이슈에 대해 공개하는 것을 주저할 가능성이 많다. 그러므로 상담자는 상담회기 동안에 다루어진 내용을 타인과 공유하지 않음을 분명히 알려주어야 한다. 이때 상담자와 내담자가 생각하는 비밀보장의 의미가 각각 다를 수 있으므로 상담자는 내담자가 생각하는 비밀보장의 의미와 한계 등을 확인할 필요가 있다. 예를 들어, 사회적 통제와 감시를 심하게 당했던 내담자라면 상담자의 비밀보장을 신뢰하기 어려울 수 있으며, 집단주의적 가치관이 우세한 어떤 문화권에서는 비밀보장이 내담자의 개인적 정보가 가족이나 가까운 친구들에게는 공유될 수 있음을 의미할 수 있다. 법원에서 재판을 앞두고 있는 내담자라면 상담내용이 재판에 영향을 미치는지 여부에 대해 불안을 느끼거나 상담을 통하여 재판에서 유리한 판결이 나오기를 기대할 수 있으므로 비밀보장의 범위와 한계를 내담자가 분명히 알 수 있도록 하여야 한다. 상담자는 비밀보장에 대한 내담자의 정의를 존중하고, 내담자가 동의할 수 있고 편안하게 느낄 수 있도록 비밀보장에 대해 상담자와 내담자가 모두 동의하여 상담을 할 수 있는 새로운 정의를 만들어야 한다.

작업동맹을 형성하는 과정에서는 상담자가 내담자에게 상담관계의 전반적인 내용을 일방적으로 설명하지 않고 상담에 대한 내담자의 신념, 기대, 선호 등을 듣기 위해 주의를 기울여야 한다.

내담자의 문화적 배경에 따라 상담자가 수집하려는 정보에 대해서 불편하게 여길 수 있다는 점을 기억할 필요가 있다. 예를 들어, 상담자가 내담자에게 부부관계의 성행위 빈도나 만족 정도 또는 내담자의 월 수입액에 대해 구체적으로 질문하는 것을 매우 불편하게 받아들일 수 있다. 따라서 상담자는 내담자가 상담에서 보이는 불안, 분노, 두려움, 저항에 대해 세심하게 살피며 상담관계를 조율해 나가야 한다.

학습문제

1. 상담자의 역할을 상담실로만 국한 하지 않고 상담실 밖으로 확장하는 것에 대한 당신의 생각과 느낌은 어떠한가? 그러한 생각에 영향을 미친 요인은 무엇인가?

2. 상담자로서 내담자에 대한 고정관념으로 인하여 상담에 방해를 받은 경험이 있는가? 그러한 경험이 있다면 어떻게 방해를 받았는가? 내담자에 대한 고정관념이 상담과정 중에 해체되고 내담자를 새롭게 이해하게 된 경험이 있는가? 고정관념에서 벗어날 수 있었던 계기는 무엇인가?

3. Hofstede가 제시한 문화적 가치축을 참고하여 자신의 가치가 어느 방향으로 기울어져 있는지, 그러한 가치가 상담자로서 활동하는 데 어떠한 영향을 미치는지 생각해 보자.

5장
다문화 사회정의 상담의 개입

1. 다문화 사회정의 상담의 일반적 목표

다문화 사회정의 상담의 목표는 내담자의 문제가 발생하게 된 사회문화적 억압과 차별에 능동적으로 대응하도록 돕는 것이다. 사회문화적 억압과 차별로 인하여 고통받고 있는 내담자에게 만일 상담자가 내담자 개인의 정신병리나 부적응에만 초점을 두고 내담자가 '문제 있는' 환경에 적응하도록 돕는 것은 내담자에게 문제를 유발시키는 '문제 있는 환경'을 영속화시키는 데 기여할 우려가 있다. 따라서 다문화 사회정의 상담에서는 내담자가 자신이 처한 사회문화적 요소를 인식하고 능동적으로 개선해 나가도록 돕는다. 상담자가 내담자의 역량을 강화하고 자기 자신을 옹호하도록 조력하거나 대리옹호함으로써 내담자 개인의 성공과 만족, 행복감뿐만 아니라 내담자가 속한 사회문화 공동체의 발전에도 긍정적 영향을 미칠 수 있다. 내담자는 자기주도적 요청과 의사결정 참여와 능동적 대응을 통하여 자신을 억압하고 있는 사회문화적 구조를 개선하는 과정에 참여하게 되어 결국에는 내담자와 내담자가 속한 사회가 함께 성장해 나감으로써 정의로운 사회를 구현해 나갈 수 있게 된다. 정의로운 사회에서는 사회의 모든 구성원에게 필요한 자원에 대해 공평한 접근과 기회를 보장하며, 사회구성원들이 소수자라는 이유로 교육, 건강관리, 경제활동 등의 삶의 영역에서 차별받지 않게 됨으로써 내담자의 문제를 사전에 예방할 수 있다.

다문화 사회정의 상담이 추구하는 가치에 근거하여 다문화 사회정의 상담에서의 일반적 상담목표를 정리하면 다음과 같다.

첫째, 내담자가 사회문화 공동체의 일원으로서 인권을 존중받으며 내담자의 삶의 질이 향상되도록 돕는다.

둘째, 내담자가 자신의 힘을 인식하고 내담자가 속한 공동체의 사회문화적 억압에서 자유로워지도록 돕는다.

셋째, 내담자가 자기 삶에 대해 더욱 자기주도적으로 될 수 있고, 집단적 역사의식 혹은 공동체 의식을 발달시키며 능동적인 사회구성원이 되도록 돕는다.

넷째, 내담자의 문제에 영향을 미치는 사회문화적 환경개선을 위해서 내담자와 상담자가 협력하여 노력함으로써 궁극적으로 정의로운 사회문화를 위해 노력한다.

2. 진단에 따른 개입목표

개별 내담자와의 상담목표는 내담자의 호소문제와 내담자 및 내담자의 환경에 대한 진단을 중심으로 설정하되 상담기간에 성취할 수 있는 현실적이면서 긍정적인 목표여야 하며 상담종결 후 상담목표 달성 여부를 평가할 수 있도록 설정하는 것이 바람직하다. 그리고 상담목표는 상담자가 자신의 가치관에 근거한 '정의로운 기준'에 따라 일방적으로 설정하는 것이 아니라 내담자와 합의하에 결정되어야 하며, 상담 진행과정에서 새로운 정보를 갖게되고, 내담자의 문제인식의 내용과 수준이 변화함에 따라 상담목표가 변화될 수 있다.

1) 내담자의 자기진단과 외재화

내담자의 문제에 대한 진단과 사례개념화를 위하여 상담자가 갖고 있는 다문화 사회정의 관점의 개념적 틀에 따라 정보를 수집하고 평가하는 것이 필요하지만, 이보다 더 중요한 것은 내담자가 자신의 문제를 스스로 어떻게 진단하고 있는가이다. 상담자가 내담자의 문제에 대해서 일방적으로 진단을 내린다면 '내담자의 문제는 전문가인 내가 더 잘 알고 있다.'는 메시지를 내담자에게 전달하는 것이다. 이러한 상담자의 태도로 인해 내담자가 상담 장면에서 억압을 경험할 수 있다. 내담자가 자신의 문제에 대해서 이름 짓도록 하는 것은 내담자가 문제해결의 주체임을 인정하고 존중하는 행위이다. 내담자가 자신의 문제를 어떻게 이름 짓는가는 내담자가 자신의 문제를 어떻게 바라보고 있는지를 보여 준다. 상담자는 내담자와 함께 내담자가 경험하고 있는 문제에 대해 다양한 이름 짓기를 시도할 수 있다. 예를 들어, 성폭력 피해 경험이 있는 내담자에게 성폭력 생존자로 이름 붙이면 어떤 느낌이 들것 같은지를 질문할 수 있다. 사회구성주의 관점에 근거한 내러티브 치료에서는 내담자에게 자신의 문제를 스스로 명명해 보도록한다. 이러한 기법은 내담자가 자신의 문제를 어떻게 스스로 이해하고 있는지를 파악하고 내담자가 자신의 문제를 외재화함으로써자기 자신이 문제 있는 사람이 아니라 '문제가 문제'임을 깨닫도록 하는 데 도움을 준다. 이는 다문화 사회정의 상담에서 내담자가 내면화한 사회문화적 억압과 차별을 외재화하는 데 활용될 수있다.

2) 문화정체성의 확립

상담자는 내담자에 대한 정보를 갖게 되는 순간부터 잠정적으로 내담자의 상태와 문제의 원인을 진단하기 시작하고, 이러한 상담자의 진단은 상담자가 내담자와 상담사례를 개념화하는 것과상담개입 전략을 세우는 데 영향을 미친다. 상담에서 내담자를 진단할 때 중요하게 고려되어야 하는 점 중의 하나는 내담자의 문화적 정체성이다. 내담자의 정체성은 개인(individual), 집단(group), 보편성(universal) 차원에서 구분하여 살펴보는 것이 필요하다(Sue & Sue, 2013). 개인적 차원은 개인의 인성, 가치, 신념체계와 같은한 개인의 고유한 측면이며, 집단적 차원은 인종, 성, 성적 지향,

사회 계층, 종교, 장애 등과 같은 구분에 의해 형성되는 집단의 한 구성원으로서 경험한 내용이며, 보편적 차원은 문화적 배경과 관련 없이 생존을 위해 음식, 거주지, 물, 안전 등이 이 필요한 것들을 의미한다. 다문화 사회정의 상담은 인간의 정체성을 이해하는 데 있어서 집단적 차원이 지금까지 간과되었음에 주목하며 상담에서 집단적 차원을 중요하게 다룬다.

Ratts와 Pedersen(2014)은 집단 차원의 정체성을 내적 차원과 외적 차원으로 구분하였다. 내적 정체성 차원은 나이, 인종, 민족, 성, 성적 지향, 신체적 능력, 정신적 능력이며, 외적 정체성 차원은 사회 계층, 종교, 영성, 부모의 지위, 지리적 위치, 교육적 지위, 관계적 지위, 고용상태 등의 차원이다. 개인은 그의 정체성에 대하여 사회적 고정관념, 편향, 차별로 인하여 억압을 당할 수 있다. 사회의 주류민들은 주류민으로서의 특권에 따라 다양한 '~주의'를 형성하고, 비주류민을 억압한다. 즉, 인종은 인종주의로, 민족은 민족억압으로, 성은 성차별로, 성적 경향은 이성주의로, 능력은 신체장애에 대한 차별의 형태로, 사회 계층은 계급주의로, 종교 및 영성은 종교적 영적 억압으로, 부모의 지위는 부모만을 미성년자의 보호자의 지위로 인정하는 것으로, 지리적 위치는 지리적 억압으로, 교육적 지위는 교육주의로, 관계적 지위는 관계적 억압으로, 고용상태는 고용억압으로 나타날 수 있다.

이러한 '~ 주의'라고 하는 체계들은 특권을 가진 사람들과 특권을 가지지 못한 사람들의 경계를 예리하게 지각하도록 사회 구성원들을 사회화시킨다(Hays, 1996, 2008). 이러한 특권에 대한 인식은 특권을 가진 사람들이 아니라 특권을 가지지 못한 사람들에게서 훨씬 더 분명하다. 왜냐하면 특권을 가지지 못한 사람들이 그 특권으로 인한 부정적 영향을 많이 받기 때문이며 특권을 가진 사람들은 특권이 없는 사람들의 영향을 거의 받지 않으므로 특권층과 비특권층의 차이와 경계를 거의 인식할 기회가 없기 때문이다(Hays, 2008). 또한 특권층의 사람들이 특권체계의 존재를 인정하는 것은 '모든 사람이 열심히 노력하면 성공할 것이다.'와 '모든 규칙은 공정하다.'고 믿고 살아가는 사람들에게 고통스러운 경험이 되기 때문에 더 어렵다(Hays, 2008). 만일 상담자가 정체성의 다양한 차원과 억압이 내담자에게 어떠한 영향을 미치는지를 알지 못한다면, 내담자가 자신의 독소적 환경에 정상적이고도 건강한 반응을 한 것에 대해서 '정신질환'으로 진단하고 '정신질환'을 치료하기 위해 막대한 비용을 지불하게 하고, 내담자가 자신의 문제에 대해서 환경이 아닌 자기 자신을 책망하도록 이끌어 나가는 방식으로 상담을 진행할 수 있다.

상담자는 내담자가 자신이 누리고 있는 특권과 억압에 대해 자각하도록 돕기 위한 다양한 노력을 기울일 수 있다. 여성주의 상담에서는 내담자들이 자신의 문제와 관련된 환경적 맥락을 이해하도록 돕기 위해 성역할 분석과 권력분석 방법을 활용한다(Worell & Remer, 1996). 성역할 분석은 지배적이거나 종속적인 문화에서 성역할 사회화 경험과 그 규범이 내면화되는 방식을 평가하는 것이다. 발달과정에서 여자로서 혹은 남자로서 '해야 하는 것'과 '하지 말아야 하는 것'에 대해 어떠한 규칙이 있었는지, 이러한 규칙이 현재에도 있는지, 있다면 규칙이 어떻게 나타나는지, 그 성역할 규칙에 따라 생활할 때 이익과 손해가 무엇인지, 손익

분석에 따라 내면화한 성역할 규칙을 변화시키고 싶은지를 결정하고 변화하기로 결정하였다면 좀더 자기향상적인 규칙으로 어떻게 재구성할 것인지를 결정하고 새로운 규칙을 수행하기 위한 방법을 생각하도록 한다. 권력분석은 내담자가 어떠한 종류의 권력을 가지거나 접근할 수 있는지를 알아보도록 격려하고 권력이 발휘될 수 있는 다양한 방식을 이해하도록 조력하는 방법이다. 여기서 권력이란 개인적인 혹은 외적 변화에 영향을 주는 개인적·환경적 자원에 접근할 수 있는 능력을 의미한다.

다문화 사회정의 상담에서는 내담자의 환경적 맥락을 포괄적으로 이해할 것을 제안한다. 1부에서 소개한 리스펙트풀(RESPECTFUL) 모형과 어드레싱(ADDRESSING) 모형은 내담자의 사회적 정체성을 이해하고, 다양한 환경적 맥락에서 내담자가 어떠한 특권과 억압을 경험하였는지를 종합적으로 이해하도록 돕는 데 유용하다. 필자들이 리스펙트풀 모형을 통하여 상담자의 문화적 역량증진 프로그램을 구성하고 실행한 바 있다. 자세한 내용은 9장에서 소개될 것이다.

3) 세계관 이해와 개입

다문화 사회정의 상담에서는 다양한 문화적 요인이 어떻게 상호작용하여 사람들이 서로 다른 세계관을 만들어 가는지를 이해하는 것이 매우 중요하다. 세계관은 자신이 속한 세상을 이해하는 것과 관련된 신념의 모음으로서 사람들이 자신과 세계의 관계를 이해하고 살아가는 데 중요한 영향을 미친다. Sue와 Sue(2008)

는 세계관 형성에 통제소재와 책임소재라는 두 가지 심리적 경향성이 중요하게 작용한다고 하였다. 우리는 인간의 행동에 대한 통제권을 개인의 내부에 두는가 혹은 외부가 두는가에 관한 신념(통제소재), 문제가 생겼을 때 그에 대한 책임을 개인에 두는가 혹은 체제에 두는가에 대한 신념(책임 소재)에 따라 다음과 같이 다양한 세계관을 형성하게 된다(Sue & Sue, 2008).

첫째, 내적 통제소재와 내적 책임소재 수준이 높은 사람은 자신이 운명의 정복자이며 자신의 행동이 결과에 영향을 미친다고 믿으며 모든 일에 대해 개인이 책임을 진다. 사회적응에 실패하거나 문제가 발생하였을 때 자신의 운명을 자신이 만들어가겠다는 태도로 문제해결에 열정적으로 임할 가능성이 많으나 거듭된 실패 경험을 하게 되었을 때 우울, 죄책감, 자기 비난 등의 증상을 나타낼 수 있다. 자신의 문제해결에 계속 실패하고 만성적인 어려움을 호소하는 내담자에게 상담자가 문제의 원인과 해결에 대한 책임을 내담자 개인에게게만 돌리려고 한다면 내담자의 어려움이 가중되며 문제를 발생시키는 데 영향을 미치는 외적 요인에 대해서는 간과할 수 있다. 상담자는 내담자의 외적 환경이 문제해결을 어떻게 어렵게 하는지를 분석하고 이를 해결하기 위한 방법을 함께 찾는 것이 필요하다. 상담자가 이러한 자세를 보일 때 내담자는 자신의 문제에 대한 책임이 전적으로 자신에게 있다고 생각함으로써 생겨나는 과도한 자책에서 벗어날 수 있다.

둘째, 외적 통제소재와 내적 책임소재 수준이 높은 사람은 자신의 행동에 대한 통제권을 외부에 둠으로써 자신의 행동을 개선하기 위한 실질적인 노력을 하지 않으면서 문제의 책임을 자기 자신에게 돌리면서 자책하는 모습을 보인다. 다시 말하면, 문제의 원인은 자기 자신에게 있다고 생각하여 자책하고 자기혐오적 태도를 보이며, 그 문제를 개혁하는 주체는 자기 자신이 아닌 외부인이라고 생각하여 문제해결을 위한 행동을 자발적으로 하지 않는다. 이러한 내담자에게 상담자는 내담자가 자기혐오적 감정을 자각하고 발산하도록 도우며 동시에 내담자가 자신이 경험하고 있는 억압과 차별적 상황에서 스스로 벗어날 수 있는 존재임을 자각하고 행동하도록 조력하는 것이 바람직하다.

셋째, 외적 통제소재와 외적 책임소재 수준이 높은 사람은 자신의 행동에 대한 통제권을 외부에 두며 자신의 문제해결에 대한 책임도 외부에 있다고 믿는다. 이러한 태도를 보이는 사람은 환경의 사회적 차별과 억압이 너무 거대해서 자신이 할 수 있는 게 없다고 생각하고 무력감을 느끼며 지낼 수 있다. 상담자는 이러한 태도를 보이는 내담자가 답답하게 보여 내담자를 설득해서 변화시키려는 개입을 서둘러 시작하여 내담자가 공감받지 못한 느낌을 가질 수 있다. 상담자는 죄책감 없이 무력한 태도를 보이는 내담자가 이러한 전략을 취하는 것이 과도한 자기비난과 죄책감에서 벗어나기 위한 일종의 방어전략일 수 있음을 이해하고 내담자의 억압적 태도를 공감해 줄 수 있어야 한다. 그리고 내담자가 자신의 상황을 변화시키기 위한 노력을 할 때 조금씩 상황이 변화될 수 있다는 점을 내담자가 체험적으로 알아갈 수 있도록 내담자의 속도에 맞추어 조력할 수 있어야 한다.

넷째, 내적 통제와 외적 책임소재 수준이 높은 사람은 문제에 대한 책임은 외부로 돌리지만 그 문제를 해결하기 위해 자기 스스로 노력하는 것을 중요하게 여긴다. 이러한 태도를 보이는 내담자는 생활하면서 경험하는 편견과 차별의 책임은 상대방에게 있다고 생각함으로써 자기혐오와 자기비난에 빠지지 않을 수 있으며, 자신의 노력에 따라 외적 상황을 변경시킬 수 있다고 생각한다. 상담자는 내담자의 이러한 태도를 격려하고 지지함으로써 내담자가 자긍심을 가지도록 조력할 수 있다.

4) 문화적응 수준 고양

내담자에 대한 진단에서 내담자의 문화적응 수준에 대한 고려가 필요하다. 문화적응 수준에 따라 사회문화적 위치를 자각하는 정도와 주입된 문화에 적응하는 수준이 다를 수 있기 때문이다. 내담자는 자신의 사회문화적 위치에 대하여 순응하여 동화하는 태도를 보일 수도 있고, 갈등하며 저항하고 새롭게 자신의 사회문화적 정체성을 확립하기 위한 주체적 노력을 기울일 수 있기 때문에 문화에 대한 내담자의 적응수준과 적응방식을 고려하여 내담자와 함께 변화의 방향을 결정하고 협력해야 한다. Sue와 Sue(2007)가 미국의 이민자들이 새로운 문화에 적응하는 방식을 다섯 가지로 설명한 바 있다. 이는 사회의 소수자들이 주류 문화에 어떻게 대처하고 정체성을 형성하며 문화적 차이에 대처하고 변화해 나가는지 그 방식을 이해하는 데 유용하다(Fontes, 2008). 이러한 연구에 근거하여 사회의 소수자들이 주류 문화에 대응하는 유형을 네 가지로 나누고, 각각의 유형에 상담자가 어떠한 개입을 할 수 있는지 정리해 보면 다음과 같다.

첫째, 전통주의 고수하기이다. 변화나 새로운 문화적 요구에 적응하려 하지 않고 자신의 원래 문화를 소중히 여기며 그대로 유지하며 생활한다. 예컨대, 결혼이주여성이 자신의 본국 문화를 고수하며 한국 문화에 대해 적응하려는 노력을 하지 않는 경우, 혹은 도시에서 살며 자신의 사생활이 침해당하기를 싫어하던 사람이 경제적 이유로 농촌지역으로 이주하였으나 농촌지역 주민들의 집단주의적 생활에 적응하려는 노력을 기울이지 않으며 도시에서의 생활스타일을 고수하려는 경우가 여기에 해당된다. 이러한 경우 새로운 문화에 적응하지 못함으로써 고립되어 지역사회의 긍정적 자원을 활용하지 못하고 관계와 교류를 통한 즐거움을 누리지 못해 삶이 위축될 가능성이 높다. 상담자가 이러한 유형의 내담자를 만난다면 새로운 문화권의 사람들과 조금씩 접촉할 수 있는 용기와 기회를 갖도록 조력하는 것이 필요하다.

둘째, 주변인으로 살기이다. 이전의 문화와 새로운 문화 모두를 거부하지는 않지만, 그렇다고 어떤 문화도 편안하지 않게 여기며 의구심을 품는다. 정서적으로 '이곳도 아니고 저곳에도 속하지 않는다. 이전 문화와 새로운 문화 사이의 간격을 좁히지 못한 채 양쪽 문화로부터 고립된다. 이러한 유형의 내담자에 대해서는 양쪽 문화의 장단점을 이해하고 선택할 수 있는 주체적 태도를 습득하도록 조력하는 것이 필요하다.

셋째, 동화하기이다. 새로운 문화의 관습과 의례를 받아들이면서 기존의 전통을 거부하거나 평가절하하며, 이전의 정체성을 부인한다. 예컨대, 이민자 부모들이 모국의 언어나 전통은 고리타분하고 부적응적이라고 간주하면서 자녀들에게 모국어를 가르치지 않는 경우이다. 가족 구성원들 간에 언어 발달 및 기타 문화 적응 간의 간격이 서로 달라서 세대 간 갈등 및 오해가 가속화되어 주류 문화에 더 동화된 자녀가 덜 동화된 부모를 돌보게 되는 역할 뒤바꿈 현상이 발생하기도 한다. 이렇게 자기 내부에서 혹은 가족 간의 관계에서 문화적 단절로 인하여 스트레스를 경험하는 내담자에게는 상담자가 자기내적 대화 혹은 대인 간 대화를 할 수 있는 의사소통 능력을 습득하여 자신의 정체성을 잃지 않으면서 타인과 연대감을 가질 수 있도록 조력할 수 있다.

넷째, 이중문화이다. 이전 문화와 새로운 문화의 요소들을 바탕으로 별개의 정체감을 형성한다. 두 개의 문화와 정체성을 혼합하여 일관성 있게 행동하기도 하고, 두 개의 문화와 정체성을 필요에 따라 교대하면서 생활하기도 한다. 이러한 생활을 하는 내담자는 매우 유연한 성격일 가능성이 높지만 경우에 따라서는 다양한 정체성이 긍정적으로 통합되지 못함에 따른 어려움이 생길 수 있으므로 상담자가 양쪽 문화를 통합할 수 있는 창조력을 증진시키도록 돕는 것이 필요하다.

5) 억압과 차별에 대한 반응유형 이해 및 변화

Nagda(2001)는 집단 간 대화(Intergroup Dialogue) 프로그램[1]에서 문화적으로 특권을 누리는 다수에 속하는 구성원들이 다양한 문화적 갈등상황에 처하여 차별당하는 소수 집단 혹은 소수자에

---

1) 미국 워싱턴 대학에서 진행하고 있는 프로그램

게 어떻게 대처해야 하는지에 대한 반응유형을 제시하였다(구자경, 신은주, 2009). 내담자가 사회적 억압과 차별에 대해 취할 수 있는 행동은 수동적·회피적 대응에서부터 능동적·적극적 대응에 이르기까지 여덟 가지의 반응유형으로 나타나며 다음과 같이 나누어질 수 있다.

- 능동적으로 억압과 차별에 참여하기: 소수 집단에 대해 억압적인 농담을 하고, 소수 집단의 구성원들을 깎아내린다. 의도적으로 소수 집단의 사람들을 피한다. 소수 집단 구성원을 차별한다. 언어적으로나 신체적으로 소수 집단 사람들을 희롱한다.
- 부인하기/무시하기: 소수 집단 구성원들을 능동적으로 억압하지는 않지만 억압이 있음을 부인함으로써 억압에 공모한다.
- 인식하지만 행동하지 않기: 자신 혹은 타인에 대한 억압과 그것의 해로운 효과를 인식하지만 이 행동을 중단하기 위해 어떠한 행동도 하지 않는다. 행동하지 않는 것은 두려움, 정보의 부족, 무엇을 해야 할지에 대한 혼란의 결과이다. 인식과 행동 사이의 모순으로 불편감을 경험한다.
- 인식하고 행동하기: 억압을 인식하고, 자신과 타인의 억압적 행동을 인식하고 그것을 중단하기 위해 행동을 취한다.
- 자신을 교육하기: 억압된 소수 집단 구성원의 경험과 전통에 대하여 더 자세히 배우기 위해 책을 읽고, 워크숍, 세미나, 문화적 이벤트에 참석하며, 억압에 반대하는 조직에 가입하고

사회적 행동과 변화 이벤트에 주목한다.

- 타인을 교육하기: 단지 자신을 교육하는 것을 넘어서서 타인에게 의문을 제기하고 대화를 나눈다. 억압적 말 혹은 행동을 중단하는 것뿐만 아니라 어떤 말이나 행동에 왜 반대하는지를 이야기하기 위해 토론한다.
- 지지하기/격려하기: 억압에 반대하는 연설을 하거나 소수 집단 구성원과 함께 일하는 사람들을 지지하고 격려하는 집단에 참여한다.
- 주도적으로 행동하기/예방하기: 소수 집단 구성원을 차별하는 개인적, 제도적 행동과 정책을 변화시키기 위해 일하고, 소수 집단 구성원을 차별로부터 보호하는 법의 제정을 위해 일하며, 소수 집단 구성원들이 조직이나 집단에 완전하게 참여하는 것을 확신한다.

이상과 같이 특권 집단의 구성원이 사회적 억압과 차별에 대해 다양한 반응을 할 수 있음을 인식하고 소수자에 대한 관심과 지지를 강화하고 주도적으로 행동하고 예방하는 행동을 할 수 있도록 조력하는 것도 다문화 사회정의 상담자의 중요한 역할이다. 거시적 관점에서 타인의 행복이 결국 나의 행복으로 연결된다는 의식을 갖는 것은 사회적 억압과 차별을 예방하는 데 매우 중요하다.

3. 상담개입: 다중시스템 관점

다음에서는 상담자가 내담자와 조직의 역량을 강화하고 옹호활동을 전개하는 데 필요한 다중시스템 관점을 설명하고, 내담자 개인에 대한 개입, 조직적 차원의 개입, 사회문화적 차원의 개입에 대해서 살펴보겠다.

1) 다중시스템 관점

상담자가 다중시스템 관점을 유지하면서 내담자가 속한 다양한 시스템을 종합적으로 고려하여 개입하는 것을 강조한다. 예를 들어, 임신한 10대 청소년을 상담할 경우는 내담자의 인성(심리내적 체계), 가족체계, 내담자의 사회경제적 상태와 직업전망(경제체계), 내담자의 교육적 기회(교육체계) 등이 영향을 미친다. 따라서 이 내담자를 돕기 위해서 상담자는 이러한 체계들이 사춘기 청소년이 부모의 역할을 수행하는 데 어떠한 영향을 미치는지를 이해하고 진단한 후 상담자의 진단을 근거로 각각의 체계에 대한 개입 방안을 생각해야 한다.

Goodman 등(2004)은 Bronfenbrenner의 생태학적 모델(1979)을 반영하여 사회정의 활동을 세 가지 수준, 즉 개인과 가족을 포함한 미시수준과 지역사회 및 기관 등을 포함한 중간수준, 사회구조와 이데올로기, 정책 등을 포함한 거시수준으로 구분하고 각각의 수준에 맞는 사회정의 활동을 제시하였다. 뿐만 아니라 여성주의 상담과 다문화 상담을 바탕으로 사회정의 활동을 위한 여섯 가지 상담원리, 즉 지속적으로 자기성찰하기, 권한 공유하기, 목소리 내기, 인식개선 촉진하기, 강점에 기초하기, 내담자에게 도구 남겨두기를 제안하였다(이소연, 서영석, 김재훈, 2018).

'지속적으로 자기성찰하기'는 상담자가 자신의 가치와 편견을 성찰하고 이를 명시적으로 다루는 것이며, '권한 공유하기'는 상담자가 전문가로서 내담자를 대하기보다는 내담자와 함께 배우는 동료이거나 내담자에게 자원을 제공하는 후원자가 되는 것이며, '목소리 내기'는 상담자가 상담실에서뿐만 아니라 상담실 밖에서도 내담자의 목소리를 증폭시킴으로써 억압받는 내담자를 옹호하는 것이며 '인식개선 촉진하기'는 개인의 사적인 어려움이 역사적, 사회적, 정치적 권력 때문에 초래될 수 있다는 것을 이해하도록 돕는 것이며, '강점에 기초하기'는 개인적인 차원에서 내담자가 자신의 강점에 기초해서 행동해야 하는 것처럼 사회구조적 측면에서도 이미 지역사회에 존재하는 강점 및 자원을 인식하고 활용할 수 있는 것이며, '내담자에게 도구 남겨두기'는 내담자가 속한 문화에서 이용 가능한 지원체계를 파악하고 이러한 지원체계를 발전시키도록 도움으로써, 상담자의 초기개입이 종료된 이후에도 내담자가 지속적으로 지원을 받을 수 있도록 조력하는 것을 의미한다.

Toporek 등(2009)은 상담자의 옹호역량이 내담자의 참여 정도와 개입수준에 따라 여섯 가지 상담자 활동으로 구현될 수 있다고 주장하였다. 내담자의 참여 정도는 상담자가 내담자와 함께하는 경우와 상담자가 내담자를 대신해서 개입하는 두 가지 경우로 구분되고, 개입수준은 내담자 · 학생 수준, 공동체 · 기관 수준, 공공·사회전체 수준 세 가지로 구분되고, 결국 상담자는 총 여섯 가지 차원에서 개입할 수 있다. 이상에서 살펴본 바와 같이 다문화 사회정의 상담에서는 상담자의 개입 차원이 개인뿐만 아니라, 조직과 사회문화로 확장된다.

2) 내담자 개인에 대한 개입

다문화 사회정의 상담에서 내담자의 힘(power)을 강화하고 자기결정 및 통제, 자기 자신을 옹호하기 위한 상담자의 내담자 개인에 대한 개입은 다음과 같다.

첫째, 이해와 자각을 증진하도록 돕는다. 내담자가 자신의 문화적 정체성, 세계관 및 문화적응 수준을 생각해 봄으로써 자신의 삶과 문제가 사회문화 공동체 맥락에서 어떠한 위치에 있는지, 사회와 조직에서 당연시되는 가치관과 장벽(계층 차별, 학력 차별, 나이 차별, 인종 차별, 성차별, 이성애주의 등)이 어떻게 내담자에게 내면화되어 그것이 자신에게 어떠한 억압적, 차별적 메시지를 주고 있는지를 이해하도록 돕는다.

둘째, 억압과 차별에 대한 대처와 변화계획을 세운다. 내담자가 자신이 오랫동안 의식적, 무의식적으로 내면화한 사회적 메시지 중에서 변화시키고 싶은 것을 선택하고 그 메시지에 대처하기 위한 방안을 상담자와 함께 탐색한다. 이때 내담자는 변화에 대한 두려움과 익숙한 것에 안주하고자 하는 마음을 갖게 될 수 있다. 변화를 시도하는 것으로 인하여 자신이 이기적인 사람으로 보일 수도 있고, 주변사람들로부터 비난과 공격을 받을 수 있고, 심지

　남편과의 갈등으로 상담을 하게 된 30대 초반의 직장 여성이 상담 중에 매우 조심스러운 표정으로 새로운 이야기를 꺼냈다. 여고 때 친했던 동창생과 같이 2박 3일 여행을 가서는 서로 아주 잘 통해서 행복하고 좋았는데, 여행을 다녀온 이후 그 동창생이 자신의 전화를 잘 받지 않고 만나고 싶어하지 않는 이유를 알 수 없어서 답답하고 우울하다고 하였다. 상담자는 내담자가 여고 동창생과의 만남에 집착하는 것이 남편과의 갈등으로 지친 마음을 동창생에게 위로받고 싶은 것으로 이해하고 내담자의 마음을 공감하였다. 내담자는 상담자가 공감한 내용에 대해 부인하지는 않지만 흡족하게 이해받은 것으로 보이지는 않았다. 다음 회기에 내담자는 갑자기 상담을 그만두겠다는 의사를 전화로 이야기하였고 만나서 상담 마무리를 하자는 상담자의 제안에도 응하지 않았다. 상담자는 이 상담사례에서 뭐가 문제였는지를 슈퍼바이저와 함께 상담내용과 축어록을 살펴본 결과, 내담자와 여고 동창생이 서로에 대해 동성애 감정을 느꼈고, 동성애 감정을 두렵게 여긴 여고 동창생이 내담자와의 만남을 피하고 있는 상황일 수 있음을 알게 되었다. 상담자에게는 종교적 이유로 동성애는 '죄'라고 생각하는 신념체계가 있었다. 따라서 상담자는 동성애 이슈를 상담에서 다루는 것에 대해 불편하였고 무의식적으로 내담자가 여고 동창생에 대해 느끼는 솔직한 감정을 편안하게 드러내도록 돕지 못한 채 남편과의 관계 개선에만 초점을 두었음을 알게 되었다.

어 관계가 단절될 수도 있다는 생각을 할 수 있다. 상담자는 내담자의 변화에 대한 두려움을 공감하며 내담자가 스스로 감당할 수 있는 변화계획을 세우도록 도우며 상담자가 내담자에게 적절한 도전이나 제안을 하는 것이 필요하다. 단, 내담자에게 변화를 강요하지 않도록 주의해야 한다.

내담자가 억압과 차별에 대해 단호하게 대처하고 자신의 권리를 요구하기 위한 방법으로 자기주장 훈련이 필요하다. 많은 내담자들은 자신이 원하는 바를 수동적 혹은 공격적 방식으로 표현한다. 수동적 표현은 상대방의 입장만을 고려하고 자신의 감정을 무시하며, 자신이 하고 싶은 말을 표현하지 않는 경우인데, 가끔씩 참고 있던 감정을 억제하지 못하고 갑자기 표출하거나 은근하고 간접적인 방식으로 상대방에게 분노를 표출하게 된다. 결과적으로 '속을 알 수 없는 사람' '뒤통수치는 사람' 등으로 낙인찍히는 결과를 초래한다. 공격적 표현은 비판이나 비난조의 말투로 타인의 구체적 행동보다는 전체 인격을 비난하고 모든 잘못이 상대방에게 있다는 식의 태도로 말하여 상대방에게 상처를 줌으로써 관계가 단절되거나 악화되도록 하고 '다혈질' '욱하는 사람' '피해야 하는 사람' 등으로 인식된다. 이에 비하여 자기주장은 문제가 되는 상대방의 행동과 상황을 비난의 의미를 담지 않고, 상대방 행동이 자신에게 끼친 영향에 대해 구체적으로 말하며, 그런 영향 때문에 생긴 감정에 대해 솔직하게 말하는 것을 의미한다.

셋째, 자원과 장점을 긍정적으로 활용한다. 내담자의 자원은 심리적 자원(소질, 성격, 지식, 정서능력, 대인기술 등)뿐만 아니라 사회적 자원(지위, 대인관계, 소속한 집단 등), 경제적 자원(재산, 수입 등), 신체적 자원(외모, 언어구사, 체력 등)을 포함한다. 오랫동안 억압과 차별을 당하였던 내담자는 스스로에게 내적 힘이 있음을 자각하지 못하는 경우가 많다. 상담자가 내담자에게 자원이 있음을 설득하는 것보다는 내담자가 자신의 내적 힘을 스스로 인식해 나

사례

한국말이 서툰 24세 여성이 간염 진단을 받았고, 의사로부터 성적 활동이나 신체적 접촉을 하지 말라는 말을 들었다. 그녀는 의사의 이 말에 대해 큰 혼란과 스트레스를 느꼈다. 그녀가 얼마나 오랫동안 다른 사람과 신체적 접촉을 하지 않아야 하는지에 대해 의사로부터 정확한 설명을 듣지 못하였기 때문에 그녀는 의사가 말한 주의사항을 간염 때문에 결혼도 하지 말라는 권유로 이해하였다. 이러한 혼란을 이야기하는 내담자에게 상담자는 그녀의 질병을 삶 속에서 어떻게 관리해 나갈 것인가에 대해 토론하고, 상담을 하는 동안 의사에게 전화를 걸어서 의사가 말한 주의사항에 대한 정확한 설명을 다시 해달라는 요청을 하기 위해 역할연습을 하였다.

가도록 체험적 기회를 갖는 것이 필요하다. 이를 위해서는 내담자가 작은 성공경험을 해봄으로써 성취감을 갖고 자기효능감과 자존감을 증진하도록 한다. 또한 내담자가 주변에 내담자의 변화와 계획을 지지하는 사람들을 생각해 보도록 하고, 그들의 존재를 소중하게 인식하며 그들의 지지와 도움을 적극적으로 수용하도록 돕는다. 내담자의 사적인 관계뿐만 아니라 내담자가 거주하는 지역의 공적인 기관이나 단체 등의 지원을 적극 활용하도록 돕는다. 내담자가 자신의 문제를 해결하고 성장 발달을 위한 기회와 지원에 접근하기 어려운 경우, 상담자는 내담자의 의견을 반영해서 조력자와 협력기관을 파악하고 추후 내담자가 문제를 다루는 데 기회와 지원을 활용하기 용이하도록 사전에 계획하고 준비한다.

넷째, 타인 혹은 외부집단에 대한 존중과 공감을 습득하도록 돕는다. 내담자가 자신의 역량(힘)을 인식하는 것이 자칫 타인에 대한 증오심을 키우고 자신이 타인에게 당한 억압과 차별을 타인에게 그대로 복수하는 것으로 연결되지 않고, 자신이 억압당한 경험으로 인하여 특정 사람과 집단을 '적'으로 과잉일반화하지 않도록 주의할 필요가 있다. 상담자는 내담자가 자신을 억압하고 차별하는 가해 행위에 대하여 저항하고 대처하되 사람에 대한 기본적 존중의 태도를 갖도록 돕는 것이 필요하다. 때때로 상담자는 내담자가 자신이 당한 억압과 차별뿐만 아니라 자신이 그동안 타인에게 어떠한 억압과 차별을 행했는지에 대해서도 생각해 볼 수 있도록 돕는다. 상황을 타인의 관점에서도 생각하고 타인의 경험을 공감하도록 하며 자신의 권리와 마찬가지로 타인의 권리도 함께 존중하는 것을 배우도록 한다. 오랫동안 차별당하고 억압당했던 내담자에 대해서 자기 자신을 공감하고 억압에서 벗어나도록 돕는 것이 우선이지만 궁극적으로는 자기공감과 타인공감이 조화롭게 이루어지도록 돕는 것이 목표이다.

다섯째, 다양한 기법을 적절히 활용한다. 다문화 사회정의 상담의 관점과 목표에 따라 서구의 전통적인 치료기법들을 적절히 활용하는 것은 도움이 된다. 예를 들어, 인지행동치료 기법을 활용하여 사회문화적 요인이 내담자의 핵심신념과 자동적 사고에 어떠한 영향을 미치는지를 확인하고, 대안적 사고를 탐색하고 실천하도록 조력하면 도움이 된다. 인간중심상담에서 내담자에게 공감을 표현할 때 내담자의 문화권에서 공감을 전달하는 방식이나 습관을 활용하는 것은 도움이 될 것이다. 정신분석에서 활용하는 꿈분석 과정에서도 내담자의 꿈에 등장하는 다양한 사건들의 의

미해석에 내담자가 살아온 환경이나 삶의 습관, 내담자의 문화적 특수성을 고려하는 것이 중요하다. 내러티브 치료는 거대문화적 담론이 내담자에게 미치는 영향을 내담자가 자각하고 저항하도록 돕는 것을 중요한 치료적 요소로 하고 있어서 다문화 사회정의 상담의 방향과 일치하므로 그 기법을 적극적으로 활용하는 것이 도움이 된다. 이 밖에도 내담자의 고유한 전통문화에서의 치유방법을 상담에 활용함으로써 내담자의 상담에 대한 거부감을 극복하게 되고 상담의 진행이 자연스러울 수 있다. 예를 들어, 돌아가신 분의 영이 현실에서 살아있다고 믿는 내담자에게는 영의 현존을 상담에서 활용하여, 돌아가신 조상이 내담자의 문제를 어떻게 지각하고 충고할 것인가에 대해 토론할 수 있다.

3) 집단과 조직에 대한 개입

(1) 다양한 기관과의 연계활동

내담자를 조력하기 위해서 상담자가 다양한 기관과의 연계활동을 할 수 있다. 상담자는 사회적 네트워크의 특징, 문화적 맥락 내에서의 체계적 변화에 대한 분명한 지식이 있어야 한다(Chung & Bemak, 2012). 상담자는 내담자의 생물학적 가족뿐만 아니라 내담자가 가족의 일부처럼 느끼는 사람들(예를 들어, 종교지도자, 이웃, 친구, 친척 등)의 네트워크를 살펴보아야 한다. 상담자는 이 네트워크에서 위계와 커뮤니케이션 패턴 등을 이해하고 가족이나 공동체에서 리더를 담당하는 사람들을 인정하고 존경을 표현하는 것이 필요하다. 또한 상담자는 네트워크의 한 부분이 되어 지역사회의 기관, 예를 들어 아동보호서비스기관, 청소년기관, 주거, 교육, 고용, 건강 등과 관련되어 내담자가 현재 접하고 있거나 앞으로 접할 필요가 있는 기관들에 대하여 전반적으로 이해하고 있어야 하며, 이러한 기관들과 협력하여 내담자를 돕는 것이 효과적이다. 상담자가 아동이 신체적 혹은 성적으로 학대당한다는 사실을 알게 되었을 경우 아동을 보호해 줄 수 있는 관계 기관에 이 학대사실을 알려야 할 책임이 있다. 그리고 상담자는 아동에게 관계 당국이 사실을 확인하고 조사하는 기간에 아동이 놀라지 않고 가해자가 아동에게 어떤 식으로든 복수하지 않도록 아동이 보호받을 수 있게 도와야 한다.

Dinsmore, Chapman과 McCollum(2000)은 다음과 같은 상담자의 조직적 개입을 제안하였다. 첫째, 내담자가 기관이 제공하는 정보에 접근하도록 촉진할 수 있다. 내담자의 웰빙에 중요한 정보를 제공하는 기관의 활동이 미흡하다면 내담자에게 이러한 정보가 더 쉽게 전달될 수 있도록 상담자가 기관에 요구해야 한다. 상담자는 내담자와 기관 사이의 중재자 역할을 할 수 있다. 내담자가 어떤 이슈에 대해 어떤 기관과 막다른 상황에 부딪쳤다면 그 막다른 상황을 해결하도록 행동해야 한다. 내담자에게 더 좋은 서비스를 제공할 수 있도록 외부 기관들과 협상할 수 있다. 상담자는 내담자에게 필요한 서비스가 무엇인지에 대해 기관을 이해시켜 나가야 한다. 또한 정책 제정을 맡은 담당자에게 내담자의 삶에 변화를 줄 수 있는 정책을 만들도록 로비활동을 할 수 있다. 내담자에게 불충분하거나 억압적인 금융지원이 있을 경우 이를 금융기관에 알리고 항의할 수 있다.

지역사회의 기관과 협력했던 경우로서, Rita라는 상담자는 베트남 전쟁기간 동안 강간당한 경험이 있는 베트남 여성을 상담하면서 그녀가 불교신자라는 것에 착안하여 지역의 사찰을 방문하여 승려에게 많은 베트남 여성이 전쟁기간 동안 강간당하였음을 알리고 그들의 죄책감을 씻어주기 위한 치료의식을 개발해 줄 것을 요청하였다(Chung & Bemak, 2012). 이 사례는 내담자의 고유한 문화에 착안한 치료법의 한 예가 되기도 한다. 이처럼 상담자가 내담자의 문제해결을 위해 지역사회의 기관과 협력할 때도 내담자의 문화권에 있는 고유한 전통과 의식을 활용하여 서구의 치료방법과 잘 접목하는 것이 효과적이다. 내담자 문화권의 전통적 치료자와 상담자가 협력할 때는 상호 간의 존중과 신뢰, 이해를 기반으로 작업할 수 있어야 한다. 이를 위해서는 상담자가 타 문화의 전통음식이나 형식에 대한 거부감을 버리고 수용적 태도를 가지는 것이 필요하다.

둘째, 상담자가 내담자의 문제와 문제해결의 어려움을 내담자가 속한 공동체 및 기관에 알리고 이들과 협업하는 것은 내담자에게 좋은 모델링이 되어 내담자가 지역사회로부터 스스로 자원을 획득하고 활용할 수 있는 새로운 태도와 기술을 습득하도록 도울 수 있다. 상담자는 이 과정에서 내담자가 이렇게 능동적으로 자신의 문제를 해결해 나가는 데 방해가 되는 스트레스를 감소시키고 내담자의 역량을 강화함으로써 내담자가 스스로 자신의 삶과 주변 환경을 통제해 나갈 수 있다는 희망을 갖도록 도움을 준다. 이러한 희망은 내담자의 불안, 좌절, 우울과 같은 심리적 증상을 완화시키며 더 깊은 심리적 이슈를 드러내어 작업할 수 있는 심리적 힘을 갖도록 도와준다.

(2) 문화적으로 유능한 조직 개발

상담자는 다양한 기관과 연계활동을 하면서 개인과 마찬가지로 조직도 억압과 차별을 당하는 현상을 목격하게 될 수 있다. 기관이 억압과 차별 가운데 있다면 상담자는 개인 내담자에 대한 접근과 마찬가지로 비슷한 어려움을 가진 다른 기관들과 연계하여 억압과 차별을 개선하기 위해 노력할 수 있다. 기관의 역량을 강화하는 과정은 원칙적으로 개인의 역량강화와 같은 원리에서 진행될 수 있을 것이다. 예를 들어, 따돌림 당하는 한 학생을 상담자가 조력하기 위해서 한 학급의 교사와 학생들을 면담한 결과 학급 전체에 심리사회적 어려움이 있음을 알게 되었다면 학급단위의 상담적 개입을 통해 학급 전체의 어려움을 해소하도록 도울 수 있다. 경우에 따라서는 학생 개인이 아닌, 학급 혹은 학교 단위로 발생한 문제를 개선하기 위해 상담자에게 도움을 요청할 수 있으므로 조직단위의 상담개입에 대한 지식을 습득할 필요가 있다.

상담자들이 상담실에서 만나는 내담자가 지닌 대부분의 문제는 조직 차원의 체계적 차별에 의해서 발생한다. 따라서 조직으로 하여금 다양한 하위 집단에 혹은 하위 구성원에게 잘 반응하도록 돕는 것은 사회적 차별과 억압으로 인해 발생하는 다양한 정신건강 문제를 예방하는 효과가 있다. Cross 등(1989)은 정신건강기관의 문화적 유능성 발달수준을 6단계로 구분하여 문화적 파괴, 문화적 무능, 문화적 무지, 문화적 초보, 문화적 유능, 문화적 숙달의 단계를 다음과 같이 제시하였다(Sue & Sue, 2008 재인용).

문화와 인종에 따른 억압, 강요된 동화, 인종학살 등에 참여하는 프로그램으로서 매독에 걸린 흑인을 치료하지 않고 방치한 채 실험을 하거나, 나치의 후원하에 유대인, 집시, 동성애자, 장애인을 제거하기 위해 의학적 연구를 구실로 체계적인 고문과 살인을 저지른 실험실 등과 같이 소수 집단을 제거하거나 파괴시키려는 의도를 가진 조직을 문화 파괴적 조직이라고 한다. 문화적으로 무능한 조직은 의도적으로 문화 파괴적이지는 않지만 여전히 지배 집단의 문화적 우월성에 심하게 편향되어 있기 때문에 소수 집단 내담자나 공동체를 도와줄 능력이 없으므로 고용이나 조직관리에서 소수 집단을 다양한 방식으로 차별한다. 문화적으로 무지한 조직은 모든 사람이 동등하다는 철학을 내세우면서도 지배문화에서 사용하는 조력기술이 일반적으로 적용될 수 있다는 신념을 가지고 서비스를 제공하므로 문화적으로 소수인 집단의 문화적 강점을 무시하고 동화를 강요하며, 비난한다. 문화적 초보 조직에서는 자신이 다양한 문화적 집단에게 서비스를 제공하고 다문화적 관리자를 개발하는 데 취약하다는 것을 인식하여, 소수 집단 구성원들의 욕구를 조사하고, 집단 안에서 문화적 감수성 훈련을 실시하고, 소수 집단을 위한 새로운 프로그램을 실시하지만 시행착오를 경험한다. 문화적으로 유능한 조직에서는 문화와 관련한 지속적인 자기평가, 차이의 역동에 대한 신중한 고려, 문화적 지식과 자원의 지속적인 확장, 문화적으로 다양한 사람들의 필요를 더 잘 충족시키기 위하여 다양한 서비스 모델을 받아들인다. 이러한 조직에서는 구성원들이 다문화적으로 구성되며 구성원들이 높은 단계의 문화적 정체성 자각수준을 보인다. 문화적으로 숙달된 집단

가정폭력 피해 결혼이주여성을 위한 전문기관 연계의 예

다음은 다문화가족지원센터의 상담사업결과(중앙건강가정지원센터 2006~2008)에서 주요 호소내용 중 일부이다(보건복지부, 2008).

- 가정폭력, 이혼소송으로 인한 결혼이주여성을 위하여 쉼터 제공 또는 쉼터 연계
- 저소득 가정을 위한 의료시설 소개와 연계
- 체류기간 연장을 위한 출입국관리소 직원과의 협조
- 어린이집을 통한 아동양육 교육이나 상담 제공
- 원어민 보조교사를 희망하는 학교에 결혼이주자 추천
- 가정폭력 피해 자녀 학교 전학 후 24시간 돌봄 연계
- 가정폭력으로 인한 이혼소송에 도움을 줄 수 있는 정보제공과 기관 연계
- 결혼이주여성 자녀의 복지관 방과후 프로그램 이용 안내
- 공공기관과 함께 기초생활수급자 지정업무 지원
- 다문화 강사활동 연계

에서는 사회적 차별과 억압에 대항하고 문화적 다양성을 옹호하는 사회적 책임을 수행하기 위해 다양한 연구를 수행하고 새로운 기법을 개발하며 시범적인 프로그램을 사회에 보급하는 일을 하며, 모든 관계자가 기관의 다문화적 실천과 환경을 정기적으로 평가하며 문화적 다양성에 대한 가치와 전략을 표명한다.

(3) 지지집단 운영

상담에서는 사회적 억압과 차별을 당하는 사람들이 비슷한 어

려움을 가진 다른 사람과 연대감을 향상하고 서로 협력하고 지지하기 위한 목적으로 상담자가 집단을 구성하여 구조화 혹은 비구조화 집단 프로그램을 운영할 것을 제안한다. 일회성이나 단기성으로 운영할 수도 있고 장기적으로 운영할 수도 있다. 사회적 억압과 차별이 단기간에 극복되기 어려운 경우가 대부분이므로 장기간에 걸친 정기적인 만남을 통하여 억압과 차별을 당하는 사람들이 서로의 힘듦을 이야기하고 격려하고 정보를 공유하도록 조력하는 것이 필요하다. 세계인구의 약 2/3 정도가 집단주의 가치관을 가지고 있는 것으로 알려져 있다. 집단주의적 가치관을 가진 사람들은 상호의존을 중요한 덕목으로 간주하며, 개인의 욕구나 목표보다는 가족이나 지역 공동체의 이익을 위해서 기여해야 한다는 신념을 내면화하고 있다. 예를 들어, 개인이 직장을 선택하는 과정에서 가족과 함께 거주할 수 있는지의 여부, 대가족을 지원할 수 있는 수입 등을 고려한다. 집단주의적 가치관을 가진 사람들의 상담에서는 집단상담, 가족치료, 그리고 지역사회에 대한 개입 등이 자연스럽게 받아들여질 수 있다.

(4) 집단 간 대화 프로그램 운영

집단 간 대화(intergroup dialogue) 프로그램은 다양한 문화적 정체성을 지닌 개인 혹은 집단이 모여서 타 집단에 대한 지식과 인식을 증진하도록 돕기 위한 것이다(구자경, 2014; 최가희, 2018; Zúñiga, Nagda, Chesler, & Cytron-Walker, 2007). 집단 간 대화 프로그램에서는 집단원들이 서로에 대한 차이와 옳고 그름에 대해 논쟁하고 자신의 입장을 설득하려고 하기보다는, 타인의 경험을 경청하고 공감하는 과정을 통해 자신과 다른 집단의 구성원들과 친밀한 접촉을 형성하여 상대의 문화에 대한 이해를 확장해 나갈 수 있다. 구자경(2014)은 상담자 훈련과정의 일환으로 Rosenberg의 비폭력 대화 모델을 기반으로 한 다문화 의사소통 프로그램에 내국인과 함께 참여했던 결혼이주여성들의 경험을 질적으로 분석하였다. 참여자들은 다양한 출신국가의 구성원들과 의사소통훈련 프로그램에 참여하면서 자신의 문화적 배경에 대한 자기인식과 타 집단의 문화적 다양성을 인식하였다. 또한 성장한 국가와 문화가 다를지라도 기쁨과 슬픔을 느끼고, 심리적 약점을 소유하며, 갈등과 혼란을 경험한다는 측면에서 동질감을 경험하였으며, 가족에 대한 부정적 감정과 불만을 표현하였고 마음이 정화되었다. 참여자들은 다문화 가정의 부부문제를 상담할 기회가 있을 때 어느 한쪽 편만을 지지하는 방식으로 상담을 하였음을 반성하였다. 그리고 참여자들은 만일 같은 결혼이주여성들과 집단 프로그램을 하였다면, 한국 사람에게서 경험한 문화적 이질감에 대해서만 이야기를 나누었을 텐데 내국인들과 함께 프로그램에 참여하면서 동질감을 경험할 수 있었다고 하였다.

Zúñiga 등(2007)은 학부생들을 대상으로 8주간의 집단 간 대화 프로그램을 실시한 결과, ① 신뢰할 수 있는 관계형성, ② 사회적 정체성에 대한 논의를 통한 공통점과 차이점 발견, ③ 사회체계에서 발생하는 복잡한 문제들, 예를 들면 동성혼 허용 등에 대한 개방적인 대화, ④ 종결 전, 협력과 행동적 실천에 대한 논의 등의 4단계를 거친다고 하였다(최가희, 2018). 집단 간 대화 프로그램에서는 소외와 단절을 불러일으키는 대화방식에서 벗어나 편견과 고

Rosenberg(2003)의 비폭력 대화(NVC) 프로그램

문화적으로 다양한 이질 집단 구성원들이 고정관념과 편견을 내려놓고 서로의 마음을 공감하며 대화하도록 돕는 데에는 비폭력 대화 프로그램이 유용하다. 비폭력 대화의 네 가지 요소를 차례로 살펴보면, 첫째, 어떤 상황에서 있는 그대로, 실제로 무엇이 일어나고 있는가를 관찰하는 것이 중요하다고 보고 있다. 상대방의 말과 행동을 내가 좋아하느냐 싫어하느냐 여부를 떠나, 판단이나 평가를 내리지 않으면서 명확하게 관찰하는 것이 필요하다는 것이다. 둘째, 상대방과 자신의 행동에 대해서 자신이 어떻게 느끼는가를 민감하게 인식하고 그 느낌을 표현할 수 있어야 한다는 것이다. 셋째, 자신이 포착한 느낌이 내면의 어떠한 욕구와 연결되어 있는지를 명확하게 알고 이를 표현할 수 있어야 한다고 보았다. 넷째, 자신의 욕구를 실현하기 위해 타인이 해 주길 바라는 것을 구체적이면서도 부드럽게 표현할 수 있어야 한다고 보았다. 타인과 관계가 단절되는 비폭력 대화가 아닌, 타인과 연결이 이루어지는 공감적 대화를 위해서는 위의 네 가지 요소를 동시에 인식하는 것이 중요함을 강조하였다.

정관념을 내려놓고 대화할 수 있는 집단 분위기를 형성하는 것이 중요하다. 집단 간 대화 프로그램은 집단 구성원들이 친밀한 접촉을 통하여 서로에 대한 피상적 이해에서 벗어나며 서로의 삶과 관계에 영향을 미치는 사회제도나 구조, 문화적 다양성을 인식함으로써 더 넓은 차원에서 연대감을 느낄 수 있고 협력할 수 있도록 도울 수 있을 것으로 보인다.

4) 사회문화적 개입

상담자는 상담실에 찾아오는 내담자들이 종종 경험하는 사회문화적 제도나 '~주의'로 형성된 사회분위기의 불공평과 억압 및 차별을 개선하기 위해 상담자라는 직업 및 전문성을 활용하여 다방면으로 노력을 기울일 필요가 있다. 상담자는 내담자의 문제를 초래하고 악화시키는 사회적, 환경적 원인들을 파악하고 중요한 사회적 이슈를 세상에 널리 알리기 위해 미디어, 테크놀로지, 인터넷 등을 효과적으로 사용할 수 있다. 또한 상담자가 관련 정책이나 제도의 변화를 촉구하기 위해 공청회에 참석하여 발표하거나 학회 차원에서 국회의원이나 행정관료 등을 만나는 일, 관련 논문을 투고하거나 관련 책을 집필하는 등의 다양한 방식으로 활동을 할 수 있다.

내담자를 억압하고 차별하는 사회문화적 분위기는 상담자와 내담자의 노력으로 단기간에 개선되기 어렵다. 아주 오랜 시간 많은 사람이 다양한 방식으로 사회의 차별적 규칙과 메시지에 맞서서 저항하며 새로운 사회적 규칙과 메시지를 형성할 수 있을 것이다. 사회의 차별과 억압에 미치는 정치경제적 요인을 상담자들의 노력으로 변화시킨다는 것은 현실적으로 매우 힘든 일이라고 생각된다. 그러나 이러한 이유로 상담자들이 내담자들에게 내담자 문제의 원인을 자기 내부에서만 찾고 내담자 개인의 내적 변화만을 위해 노력하는 것으로 상담의 역할을 제한한다면, 내담자들을 고질적으로 힘들게 하는 사회적 문제들은 개선되지 않을 것이다. 내담자들은 자신의 불행의 원인이 전적으로 자신에게 있다고 생각하면서 자기비하와 우울에 빠지거나 주변의 약자들을 화풀이 대상으로 공격하게 될 수 있다. 내담자가 자기 문제에 영향을 미친 사회문화적 요인을 인식하고 사회분위기 개선을 위해서 내담자 나름의 노력을 시작한다면 그것 자체로도 내담자에게는 희망을 주고 자신이 사회변화를 위해 노력하는 주체적인 사람이라는 긍정적 인식을 갖게 된다. 상담자 또한 자신이 주로 만나는 대상의 사회적 억압과 차별을 개선하기 위해 다양한 활동을 전개하는 등 보다 정의로운 사회를 위해 활동함으로써 사회적 차별과 억압으로 인하여 발생하는 많은 심리적 문제를 사전에 예방하는 능동적 사회인이라는 자부심을 갖게 될 것이다.

5) 다중단계 모델

Chung과 Bemak(2012)은 심리치료, 상담, 인권과 사회정의를 위한 다중단계 모델(Multi-Phase Model; [그림 5-1])을 제시하였다. 다중단계 모델은 정신건강 분야의 전문가들이 주류에서 벗어난 인종, 민족 등의 문화적 배경을 가진 개인과 집단을 효과적으로 조력하기 위한 체계적 절차로서 다음과 같이 5단계를 제시하였다 (Chung & Bemak, 2012).

첫째, 정신건강 서비스에 대해 교육한다. 내담자에게 치료적 만남에 대해 교육함으로써 내담자와의 치료적 동맹을 형성한다. 일반적으로 내담자는 정신건강 서비스에 대해 익숙하지 않고 상담에서 어떠한 일이 일어나는지에 대해 잘 알지 못한다. 특히 가족문제를 가족이 아닌 사람들과 공유하지 않는 비서구의 내담자들

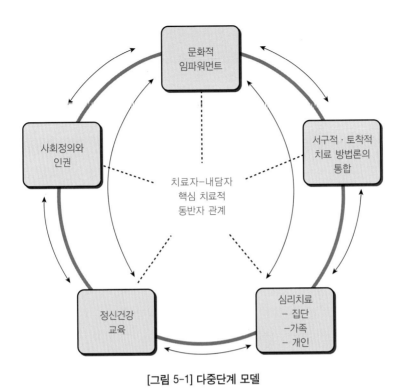

[그림 5-1] 다중단계 모델

출처: Chung & Bemak (2012).

에게는 상담이 익숙하지 않다. 비서구의 정신건강 전문가들은 과
제를 주거나 치료를 진행하는 데 있어서 내담자에게 보다 지시적
이고, 적극적이며, 처방적으로 개입하는 경향이 있다.

둘째, 문화적으로 민감한 방식으로 그리고 사회정의와 인권의
이슈를 잘 포함시켜 전통적인 서구의 개인, 집단, 가족상담을 적
용한다. 문화적으로 민감한 진단도구를 활용하여 내담자의 문제
와 욕구를 잘 평가하고 이에 따라 상담의 이론적 근거를 찾고 내
담자의 상황에 따라 순간순간 적합한 상담개입을 결정한다.

셋째, 내담자의 문화적 역량을 강화하여 세상에 주도적으로 참

여하기 위한 기술과 능력을 습득하도록 돕는다. 내담자가 직장이나 집을 구하는 것, 대중교통 수단을 이용하는 방법에 대해 아는 것, 아플 때 어디를 가야 하는지, 기본적 복지혜택을 받는 방법 등과 같은 기본 생존과 관련된 호소를 하거나, 불공정한 대우와 불공평한 일을 당하거나 부당하게 해고를 당하는 일을 겪고 상담자를 찾아올 수 있다. 이때 상담자는 내담자의 불안, 우울, 분노 좌절과 같은 심리내적인 반응에 대해서 주로 작업하기보다는 그들의 환경을 통제하고 환경적 문제를 해결할 수 있는 적절한 대처방식을 발달시키도록 돕는 것이 효과적이다. 이러한 내담자들에게 상담자는 지지와 안내 정보 주기 등의 개입을 적극적으로 하는 것이 필요하며, 다양한 기관과 협력하여 내담자를 도우며, 상담과 옹호활동을 병행할 필요가 있다.

넷째, 서구적인 치료와 토착문화적인 치료의 방법들을 통합하는 것이 필요하다. 일반적으로 서구에서는 정신건강 문제를 다룰 때 심리내적 작업을 강조하며 사회적, 문화적 요인의 중요성과 심리적 웰빙에 영향을 미치는 영적, 초자연적 요인을 무시하는 경향이 있다. 따라서 비서구 문화권의 치료방법, 예컨대 요가, 약초요법, 아로마 치료, 기도, 종교예식 등을 보완적으로 혹은 대안적으로 활용할 필요가 있다.

다섯째, 사회정의와 인권을 상담개입의 기본 전제로 삼는다. 상담자는 모험을 감수하고 능동적으로 리더십을 발휘하면서 사회적 옹호자의 역할을 취한다. 상담자는 내담자를 불공평한 환경에 순응하도록 돕지 않는다. 상담자는 내담자를 생태체계에 속한 부분으로 이해하고 내담자 개인뿐만 아니라 내담자가 속한 사회, 가족, 지역사회, 제도의 변화를 위해서 작업한다.

　다중단계 모델에서 각 단계는 서로 관련이 있으며 상담단계의 순서는 고정되어 있지 않으며 상담자가 내담자과 상황에 대한 진단을 기초로 각 단계를 동시에 혹은 독립적으로 진행할 수 있다. 상담을 진행하다가 다문화 사회정의 관점에서 상담과 정신건강에 대한 교육이 필요하다고 판단되면, 다시 첫 번째 단계를 진행하면서 상담을 할 수 있다. 상담의 전체 단계에서 상담자가 사회정의와 인권에 대한 의식을 가지고 있어야 하고 이러한 의식을 내담자와 공유하는 것이 중요하다.

1. 다음의 사례를 읽고 사례의 내담자를 다문화 사회정의 상담의 관점에서 조력하기 위한 방안을 생각해 보자.

〈초등학교 여학생 사례〉
초등학교 6학년 여학생이 경험한 이야기이다. 여학생은 학급 소시오그램 검사에서 '가장 무섭고 피하고 싶은 친구'인 것으로 나타났다. 여학생의 부모는 경제적 이유로 지방에 거주하고, 동생과 단둘이서 서울 집에서 지내며 학교를 다닌다. 두 달에 한 번 정도 엄마나 아빠가 오셔서 쌀, 김치를 담아 놓으시고, 얼마 간의 용돈을 주신다. 친구들에게 거친 말을 하고 집안이 부자라고 속인 것을 시작으로 거짓말은 점점 더 커졌다. 부모에게 용돈 받은 며칠 동안은 평소 먹고 싶었던 군것질을 실컷 하느라 돈을 펑펑 쓴다. 돈을 다 쓰고, 김치가 떨어질 즈음에는 밥만 먹는다. 한 친구가 '너희 부모님 없지? 가난하지? 너 거짓말쟁이지?'라고 하자 끝까지 달려가서 욕설을 하고, 분에 못 이겨 친구를 가볍게 때리기도 하였다. 친구가 울면서 자기 엄마에게 가고, 그 어머니는 이 두 아이들을 데리고 담임에게 가서 '얘가 날마다 우리 아이를 때린다.'고 이야기한다. 담임 선생님은 한숨을 쉬고 여학생을 위아래로 훑어보며, '한심하다' '이런 애 한 명 있으면 학급 이끌기 너무 힘들다.'고 말하였다. 내담자와 다툼이 생긴 상대 학생은 평소 모범생이며 그 학생의 어머니는 평소 학부모 활동을 적극적으로 하는 편이라 담임 선생님과도 친하다. 이러한 상황에서 주눅 들은 내담자는 아무 말도 하지 않고, 무표정한 얼굴로 집에 왔다.

- 내담자가 당면한 어려움 혹은 문제는 무엇인가? 내담자의 문제에 내포된 사회문화적 이슈는 무엇인가?
- 이 상담사례에 대한 당신의 내적 경험은 무엇인가? 당신의 내적 경험에 영향을 미친 문화적 요인은 무엇인가?
- 내담자의 문제와 관련된 내담자의 생각, 감정은 무엇인가? 상담자는 내담자의 심리적 역량을 강화하기 위해 내담자의 생각과 감정에 대해 어떠한 개입을 할 수 있을까?
- 내담자와의 상담에서 활용할 수 있는 자원은 무엇인가? 그 자원을 어떻게 활용할 수 있을까?
- 내담자를 조력하기 위해 학교 내외의 다양한 집단의 네트워크를 활용할 수 있는 방안은 무엇인가?
- 다문화 사회정의 관점에서 내담자를 조력할 수 있는 다른 방법은 무엇이 있을까?

〈핑크색 옷을 입은 남학생 사례〉
한 남학생이 핑크색 티를 입고 등교한 일로 인해 몇몇 친구들이 그 남학생이 게이라는 소문을 퍼뜨리고 다녔다. 그 남학생은 울면서 A 선생님을 찾아갔다. A선생님은 '친구들이 웃자고 그런 걸 가지고 심각하게 반응할 거 없어, 신경 쓰지 말아라.'라고 했지만, 학생은 마음이 풀리지 않았다. 친구들의 수군거림에 아무런 대응도 하지 못한 채 자퇴나 전학 이외에는 해결방법이 없다고 생각하니 자신의 앞날이 구렁텅이에 빠진 듯한 느낌이 들어 울면서 교실에 홀로 앉아 있었다. 이 사실을 알게 된 B선생님은 그 학생을 불러서 자초지종 이야기를 듣고, 놀림 당하여 속상한 마음을 공감해 준다. 그리고 앞으로 또 친구들이 게이라고 놀리면 울면서 피하지 말고 "잘못이 없는 사람을 놀리는 것은 좋지 않아."라고 표현하기를 연습시켰다. 남성인 B선생님은 다음날 핑크색 티셔츠를 입고 출근하였다. 그리고 학생회 간부들이 몇 주 후에 주최하는 행사의 단체복을 핑크색으로 하는 게 어떻겠냐고 제안하였다. 이 남학생이 핑크색 티를 입었다는 사실이 이제는 이상한 일로 여겨지지 않게 되었다. 남학생들 중에서 핑크색 티를 입는 학생들도 드물지 않게 눈에 띄었다.

- 성역할 고정관념의 측면에서 사례의 남학생이 당한 미묘한 억압과 차별은 무엇인가?
- 당신은 A교사와 B교사가 취한 개입을 다문화 사회정의 관점에서 어떻게 이해하는가?
- '이 사례의 초점은 학생이 게이인가 아닌가에 있는 것이 아니다. 그 보다는 문화적 고정관념과 다른 모습이나 행동에 대하여 주류가 행사하는 미묘한 차별을 인식하고 변화시키는 것이다.'라는 주장에 대한 당신의 견해는 무엇인가?

〈결혼이주여성 사례〉
내담자는 베트남에서 온 결혼이주여성이며 10년 전에 한국에 와서 결혼하였고 6세 아들이 있다. 한국어를 구사하는 데 어려움이 거의 없으며 한국 사회에도 어느 정도 적응이 되었다. 다문화센터에서 상담교육을 받으러 다니고 있다. 요즘 내담자의 고민은 남편이 자신과 대화를 하려 하지 않는다는 것이다. 남편은 TV로 축구경기를 보거나 PC로 게임을 즐기고, 그것에 대해서 내가 관심을 보이고 말을 걸 때만 이야기를 어느 정도 이어갈 수 있을 뿐이다. 집안일이나 자녀 양육에 대해 의논하기 위해서 말을 걸 때마다, 나한테 그런 이야기를 하지 말라며 단호히 거절한다. 내담자는 남편과 대화하기 위하여 아들의 도움을 받는다. 아들이 아빠에게 말을 걸도록 하고 아빠가 아들에게 대답을 할 때 끼어서 간신히 남편과 집안 문제에 대해서 몇 마디 대화를 할 수 있다. 남편은 집안일에 관심을 보이지 않는 대신 집안일에 대해서 잔소리도 거의 하지 않는다. 시댁과는 시어머니와의 갈등으로 인하여 몇 년 전부터 거의 단절상태이다.

- 내담자의 어려움 혹은 문제는 무엇인가?
- 내담자의 입장이 되어 내담자가 경험한 감정, 생각에 대해서 상상해 보자. 내담자의 감정은 무엇일까? 내담자의 감정과 연관된 생각은 무엇일까?
- 내담자와의 상담에서 활용할 수 있는 긍정적 자원은 무엇인가?
- 다문화 사회정의 상담의 관점에서 상담자로서 내담자의 문제에 대해 어떠한 개입을 할 수 있을까?

〈중년부부 상담사례〉
50대 중반의 부부가 상담을 신청하였다. 아내가 눈물을 글썽이며 이야기한다. 시어머니께서 몇 년 전부터 치매 증세를 보이셨는데 최근 증세가 악화되어 자신을 때리고 욕설을 퍼붓는 등 더 이상 시어머니와 한 집에서 같이 살기 어려운 지경에 이르렀다고 한다. 그동안 착한 며느리라는 칭찬을 받으며 살아 왔지만 이제는 시어머니를 요양원에 보내드려야 한다고 생각하고 남편에게 이야기를 하였다. 남편은 어떻게 어머니를 요양원에 보낼 생각을 하냐며 노발대발하였다. 남편의 이러한 분노를 접한 아내는 자신의 어려움을 이해하지 못하고 시어머니의 봉양을 자신에게 떠넘기는 남편과는 더 이상 함께 사는 것이 의미 없다고 생각하고 이혼을 결심한 상태이다. 평생 전업주부로 살아온 아내로서는 이혼 후 어떻게 살아갈 수 있을지 두렵지만 치매에 걸린 시어머니와 함께 살 수는 없다고 생각한다.

- 이 부부의 어려움 혹은 문제는 무엇인가? 부부의 문제에 내포된

사회문화적 이슈는 무엇인가?

- 부부의 문제를 접하였을 때 상담자로서 당신은 어떠한 내적 경험을 하였는가? 내적 경험에 영향을 미친 사회문화적 요인은 무엇인가?
- 다문화 사회정의 상담 관점에서 부부갈등을 해결하기 위한 상담자의 개입은 무엇인가?
- 노인인구의 급격한 증가로 인한 사회문제는 무엇이라고 생각되는가? 이 문제를 해결하기 위해 우리 사회는 어떠한 노력을 기울여야 할까? 상담자들의 역할은 무엇일까?

2. 상담자로서 자기옹호에 대해 다음의 질문에 대답하며 토론해 보자.
- 당신이 경험한 억압과 차별은 무엇인가?
- 억압과 차별에 대한 당신의 정서적, 인지적, 행동적 대응은 어떠하였는가?
- 당신이 경험한 억압과 차별이 내담자의 억압과 차별을 이해하는 데 어떠한 영향을 미쳤는가?
- 당신의 삶에서 억압과 차별에 대해 모범적으로 대처한 사람을 만난 적이 있는가? 있다면 그 사람에게서 배울 점은 무엇인가?

6장

다문화 사회정의 상담의
대화기술 및 유의점

다문화 사회정의 상담자는 내담자의 역량강화와 옹호활동을 하는 과정에서 내담자뿐만 아니라 내담자에게 도움을 줄 수 있는 집단의 다양한 사람들과 대화를 하게 된다. 이때 상담자에게 대화 상대들과 의도적이고 효과적으로 상호작용할 수 있는 미시적 기술이 필요하다. 상담자가 미시적 대화기술을 사용할 때 고려해야 할 것은 내담자가 바로 직전에 무슨 말을 하였는지, 내담자가 경험한 이야기에서 사실이나 감정, 생각, 욕구, 행동 등이 무엇인지, 그리고 각각의 경험단위들이 어떻게 연결되는지, 그리고 내담자의 전체 이야기의 주제와 흐름이 무엇인지, 내담자에게 필요한 대안적 이야기가 무엇인지 등이다. 상담자는 미시적 대화기술을 사용할 때 문화적 차이로 인하여 내담자가 상담관계에서 차별과 억압을 당하지 않도록 문화적 감수성을 유지하고, 내담자의 대화내용 및 스타일을 존중하려는 자세를 잊지 말아야 한다.

1. 대화기술

1) 반영

반영은 내담자가 표현하는 언어적, 비언어적 메시지를 상담자가 거울처럼 비추어 주는 기술이다. 상담자의 반영에는 감정반영과 의미반영이 있다.

(1) 감정반영

감정반영은 내담자가 언어적, 비언어적으로 표현한 감정을 상담자가 거울처럼 되돌려서 보여 주는 것이다. 예를 들어, 다음 학기에 낼 학자금 마련을 고민하는 내담자에게 상담자가 "학비 납부기간이 얼마 안 남았는데 학비가 마련되지 못했으니 얼마나 마음이 답답할까요?"라고 반영해 줄 수 있다. 상담자는 내담자의 감정을 섬세하게 관찰하여 반영함으로써 내담자가 자신의 감정을 자각하고 상담자가 자신의 마음을 공감하고 있음을 알 수 있도록 한다. 내담자는 상담자의 반영을 통하여 자신이 현재 경험하고 있는 감정을 알게 되고 감정을 통하여 자신의 어떠한 욕구가 충족되었는지 혹은 좌절되었는지를 알 수 있다. 내담자의 욕구가 충족되었을 때 내담자는 기쁨, 즐거움, 행복, 반가움 등과 같은 긍정적 감정을 경험하고 욕구가 충족되지 않았을 때 분노, 우울, 슬픔, 외로움 등과 같은 부정적 감정을 경험하게 된다. 따라서 상담자는 상담이 진행됨에 따라 내담자의 감정 이면에 담긴 내담자의 욕구를 감정과 함께 반영함으로써 내담자가 자신의 욕구가 어떻게 억압되었는지와 욕구의 억압에 영향을 미치는 사회문화적 요인이 무엇인지를 이해하고, 욕구를 긍정적으로 충족하기 위한 다양한 방법을 모색하도록 도울 수 있다.

(2) 의미반영

의미반영은 내담자의 이야기에 담긴 내담자의 가치를 상담자가 내담자에게 되돌려 보여 주는 것이다. 의미반영은 다문화 사회정의 상담에서 내담자가 자신과 타인의 문화적 가치와 세계관을 이해하도록 돕기 위해 필요한 기술이다. 상담자가 의미반영을 적절하게 하기 위해서는 내담자의 행동에 담긴 문화적 의미에 민감하여야 한다.

반영의 적용 예시

(1)

내담자: 내가 신체장애가 있다는 것 때문에 친구들이 내가 할 수 있는 일인데도 도와주려고 하면 기분이 나빠져요.

상담자: ○○씨는 장애가 있더라도 가능한 한 독립적으로 살아가는 것이 중요하군요.

(2)

내담자 1: 카페에서 아르바이트를 한 지 6주가 지났는데 아직까지 급료를 못 받았어요.

상담자 1: 사장님에게 언제 줄 수 있냐고 물어 봤니?

내담자 2: 사장님이 급료이야기를 꺼내면 아주 불쾌해한다는 이야기를 들었어요. 사장님이 나름대로 생각이 있으실 텐데 우리는 그저

묵묵히 우리의 일을 하면서 기다려야 할 것 같아요. 묵묵히 열심히 일하다 보면 사장님도 뭔가 감동을 받지 않을까요?

상담자 2: ○○는 지금 급료를 제때 받는 것보다도 사장님을 불쾌하게 만들지 않는 것이 더 중요하다고 여기는구나. 〈의미반영〉

상담자의 의미반영을 감정반영과 비교해서 예를 들면 다음과 같다. 감정반영과 의미반영은 내담자의 이야기 맥락을 고려해서 상담자가 적절하게 선택하여 반영할 수 있다. 내담자의 감정이 강렬하여 정화가 필요할 때는 의미반영보다는 감정반영을 우선적으로 하는 것이 바람직하다.

(3)

내담자: 아빠가 일자리를 잃게 되면서 엄마가 직장을 다니게 되었어요. 이제 아빠가 장을 보고 청소를 해요. 엄마가 하던 일을 아빠가 하는 거예요. 아빠는 아무렇지 않은 듯 생활하지만 그런 모습을 보고 있으면 너무 마음이 답답해져요. 아빠가 다시 직장을 나갔으면 좋겠어요. 어제 학부모 참관수업에도 아빠가 왔는데 정말 창피해 죽겠어요. 다른 애들은 다 엄마가 왔는데….

상담자 1: 다른 친구들과 달리 참관수업에 아빠가 왔다는 사실이 많이 창피했구나. 〈감정반영〉

상담자 2: ○○는 장을 보고 청소를 하고 참관수업에 오는 것이 여자들이 할 일인데 남자가 하는 것은 뭔가 잘못된 일이라고 생각하는구나. 〈의미반영〉

2) 질문

상담과정에서 내담자의 이야기 내용에 대한 상담자의 질문은 내담자의 이야기를 경청하고, 내담자의 모호하고 불확실한 이야기를 명료화하며, 내담자의 이야기를 좀 더 확장하기 위해서 필요하다. 뿐만 아니라 상담자가 내담자와의 상담을 위해서 필요한 정보를 수집하고 확인하기 위해서도 질문은 중요한 상담기술이다. 상담자는 내담자에게 질문할 때 어떠한 내용에 대해서 질문할 것인가, 어떻게 질문할 것인가에 대해 생각해 보아야 한다.

상담자가 어떠한 내용을 질문하는가에 따라 내담자는 자신의 문제를 이해하는 방식에 영향을 받는다. 상담자가 만일 내담자의 어린 시절에 대한 기억과 에피소드를 중심으로 질문한다면 내담자는 자신이 경험하는 문제의 원인이 과거의 어린 시절에 있다고 생각하게 될 가능성이 많다. 다문화 사회정의 상담에서는 내담자가 경험한 문화적 차별과 억압이 무엇인지에 대하여 상담자가 관심이 있으므로 상담자의 질문은 내담자의 감정, 생각, 행동, 욕구 등에 미친 사회문화적 요소를 이해하고 그들이 삶에서 경험한 차별과 억압에 대한 내담자의 경험을 이해하고 차별과 억압을 극복하기 위한 다양한 방법들을 탐색해 볼 수 있도록 적절한 맥락에서 질문하는 것이 필요하다.

(1) 개방형 질문과 폐쇄형 질문

질문의 방법은 질문의 형태에 따라 개방형과 폐쇄형으로 나누어진다. 개방형 질문은 내담자가 계속 말을 하거나 상담자에게 더 적극적으로 정보를 제공할 수 있도록 돕는다. 그러나 모호하고 불확실한 질문에 불편을 느끼는 내담자에게는 대답할 수 있는 범위가 넓은 개방형 질문에 비해서 내담자의 반응이 좁게 한정된 폐쇄형 질문이 더 유용할 수 있다. 예컨대, "지난주에 무슨 일이 있었나요?" "당신의 어머니는 어떤 분이신가요?"와 같은 질문은 개방형이고, "그 영화에서 네가 처한 현실을 보게 되었단 말이니?"는 폐쇄형 질문이다. 만일 상담자가 자신의 문제를 여유롭게 이해하고 스스로 자신의 문제를 이해하려는 욕구가 강한 내담자라면 상담자의 폐쇄형 질문은 답답하고 구속당한다는 느낌이 들 수 있다.

(2) 희망과 변화를 위한 질문

해결중심상담에서 제안한 기적질문, 예외질문, 척도질문, 대처질문은 사회적 억압과 차별당하는 내담자들에게 희망과 변화 동기를 줄 수 있으므로 유용하다.

기적질문은 내담자로 하여금 자신의 변화목표를 구체화시킬 수 있도록 도와준다. 내담자에게 기적이 일어나서 자신이 원하는 모습이 이루어졌다고 가정할 때의 모습을 질문함으로써 내담자가 사회적 억압과 차별에서 벗어나 새롭게 살아가는 자신의 모습을 생각해 보도록 도울 수 있다.

예외질문은 내담자에게 문제가 발생하지 않는 생활 속의 사례를 생각해 보도록 하는 질문이다. 예외질문도 기적질문과 마찬가지로 내담자가 자신의 삶에서 경험하지만 간과하였던 긍정적 부분을 보도록 한다.

척도질문은 자신의 상황이나 변화를 숫자로 등급을 매겨 평가해 보도록 하는 것이다. 예컨대, "당신이 제일 행복할 때 10점, 당신이 제일 불행할 때 0점이라면 그때 당신의 행복 정도는 몇 점이었나요?"라고 질문함으로써 내담자가 자신의 행복감을 세밀하게 관찰하고 행복감 점수에 영향을 미친 요인들에 대해 생각해 볼 수 있다.

대처질문은 스트레스 상황에서 지금까지 어떻게 대처하였는지를 질문하는 것으로서, 자신이 스트레스 상황에 대해서 대처할 수 있는 힘이 전혀 없다고 생각하는 내담자들에게 미약하더라도 자신에게 스트레스에 대처할 수 있는 힘이 있음을 자각하도록 도울 수 있다.

이상과 같이 상담자가 내담자에게 적절한 때에 적절한 질문을 던짐으로써 빈곤한 내적 경험과 지각 양상에 변화를 가져올 수 있다. 내담자는 상담자의 질문에 대답을 생각하면서 자신의 삶에서 생략된 생각이나 느낌, 욕구를 지각하게 된다. 내담자는 상담이 끝난 후에도 문제가 생겼을 때 자기 스스로에게 질문하는 태도를 발전시킴으로써 스스로 성장해 나갈 수 있다.

질문의 적용 예시

내담자는 지체장애인 여성이다. 임용고시 필기시험을 우수한 성적으로 합격하고 몇 개의 사립학교에 지원하였으나 면접시험에서 탈락하였다. 이후 정부에서 교육계 장애인 고용을 정책적으로 지원하여 각 학교에서 특수교사 1명을 장애인으로 고용함으로써 그 첫 번째 수혜자가 되었다. 이렇게 내담자는 당당한 국공립 특수학교 교사가 되었으나 학부모의 따가운 시선과 거부를 경험하게 되었다. 내담자는 학부모들에게 '우리 애 맡지 말라'는 명시적, 묵시적 메시지를 받았고, 학생들의 말전달 실수로 학부모와 갈등도 유발하였다. 특수학교 아동들을 돌보기에는 부자유한 지체라는 이유로 담임교사나 보직교사 등의 업무를 맡을 기회에 접근하지 못하였다. 내담자가 생각할 때 특수교사로서 맡은 업무는 지체장애인이라 일하는 모습이 부자연스러울 뿐 자신이 해낼 수 있는 일들이다. 내담자는 소임을 다하는 교사가 되고 싶은데 무엇이 어떻게 바뀌어야 할까 고민하지만 아무런 답을 찾지 못한 채 상담자를 찾아왔다.

이 사례에 대한 간략한 정보를 상담자가 받게 되었을 때 다문화 사회정의 관점에서 상담자가 내담자에 해볼 수 있는 질문은 다음과 같다.

- 학부모의 따가운 시선과 거부 경험은 구체적으로 어떤 것이었나요? 〈개방질문〉
- 학생들의 말 전달 실수로 어떻게 학부모와 갈등이 유발되었나요? 〈개방질문〉
- 지체장애인이라는 이유로 교사의 소임을 다하게 되지 못할까 봐 걱정되시나요? 〈폐쇄질문〉
- 기적이 일어나서 학부모의 불신이 해결된다면 당신은 어떻게 교사의 업무를 수행하게 될까요? 〈기적질문〉
- 당신이 다른 일반 교사들과 똑같이 교사의 소임을 잘 담당하고 있다고 느낄 때는 언제인가요? 〈예외질문〉
- 당신의 교사생활에 대해 가장 만족할 때가 10점, 가장 만족하지 않을 때가 0점이라면, 최근 학부모와의 갈등이 생긴 이후 당신의 교사생활 만족 점수는 몇 점인가요? 〈척도질문〉
- 지체장애인이기 때문에 부자연스러워 보이긴 하지만 특수교사로서 맡은 업무를 잘 수행한다는 것을 보여 주기 위해 지금까지 어떤 노력을 기울였나요? 〈대처질문〉

3) 직면 및 해석

(1) 직면

직면은 내담자에게 있는 불일치를 내담자가 알 수 있도록 돕기 위한 반응이다. 직면 반응은 내담자에게 불일치가 있을 때 가치중립적인 표현방식으로 내담자가 불일치를 자각하여 내담자의 혼란, 방어, 주저함 등을 인식하도록 돕는다. 예를 들어, "당신은 아무런 문제가 없다고 하지만, 얼굴 표정은 화난 사람 같아요." "당신을 때리는 남편이 무섭다고 말하면서도 그러한 남편을 그리워하는 것 같아요." "당신은 혼자 힘으로 아무것도 못하겠다고 말하면서 정작 주변 사람들에게 도움을 요청하지는 않고 있네요."의 반응들이 직면 반응이다.

직면 반응은 내담자와 충분히 관계가 형성된 상태에서 하는 것이 효과적이다. 그렇지 않을 경우 내담자는 상담자의 직면 반응을 자신에 대한 공격으로 받아들이고 상담이 위축되거나 상담을 거부할 수 있으므로 주의해야 한다. 상담자가 직면 반응을 한 후에는 내담자의 후속 반응을 잘 관찰하고 그것에 대해 공감하려는 자세를 취해야 한다.

(2) 해석

해석은 내담자가 자신의 문제를 새로운 각도에서 이해하도록 그의 생활경험과 행동의 의미를 설명하는 것이다. 다문화 사회정의 상담에서는 내담자가 자신의 문제에 대한 원인을 환경적 맥락에서 찾도록 도움으로써 내담자가 자신의 문제에 영향을 미치는 사회적 억압과 차별을 극복하도록 돕는 것을 강조한다. 따라서 상담자는 내담자의 이야기를 해석함으로써 내담자의 어려움이 사회적 억압이나 차별과 어떠한 관련이 있는지를 이해하도록 돕는 것이 중요하다.

예를 들어, 대학 4년 동안 취업 준비를 열심히 하였음에도 불구하고 자신이 취업에 실패하는 것이 두렵다고 하는 대학생 내담자에게 상담자가 "최근 경제적 불황으로 인하여 신입사원을 채용하지 않는 사회분위기가 ○○씨의 대기업 취업을 어렵게 하고 있네요. 그리고 ○○씨가 대기업 취업만이 성공의 길이라고 믿고 ○○이 적성을 잘 살려나갈 수 있는 중소기업에는 지원을 하지 않겠다고 결심한 것이 ○○씨의 취업을 많이 힘들게 하는 것은 아닐까 생각해요."라고 해석할 수 있다. 해석을 할 때는 내담자가 준비되어 있는 정도에 따라서 내담자가 받아들일 수 있는 시점에서 하고 상담자가 잠정적으로 가설 형태로 제시하여 내담자가 상담자의 해석을 통하여 자신의 문제에 대해 성찰할 기회를 주어야 한다. 상담자의 해석에 대해 내담자가 부정한다면 내담자의 이야기를 좀 더 경청하려는 자세를 취해야 할 것이다.

4) 정보제공과 조언

전통 심리상담에서는 내담자의 내적 경험을 자발적으로 탐색하는 데 방해가 된다는 점에서 상담자가 조언과 정보제공의 부정적 영향을 언급하는 경우가 많다. 그러나 차별과 억압이 있는 환경에 있거나, 이방인으로서 낯선 세상에 있는 내담자들에게는 필요한 정보를 얻을 수 있는 방법과 기회가 적어서 내담자가 갖고 있는 정보의 양이 주류민들에 비하여 현저히 적거나 갖고 있는 정보를 어떻게 활용할 수 있는지에 대해서도 모르는 경우가 많다. 이러한 내담자에게 상담자는 정보를 제공할 수도 있고, 정보를 얻을 수 있는 구체적 방법을 내담자에게 알려줄 수 있다. 정보제공이나 조언이 상담에 방해가 되는 경우는 내담자가 스스로 자신의 내면과 자신의 대인관계, 집단의 요구에 담긴 의미 등에 대해 탐색하는 것이 필요할 때이다. 이러한 경우 상담자는 내담자에게 어느 것이 가장 좋은 선택이라고 충고하거나 특별한 행동을 조언하지 않도록 유의해야 한다.

2. 유의점

1) 상담동기 부여

많은 내담자는 사회문화적 차별과 억압을 당하고 있음에도 불구하고 이를 인지하지 못한 채 상담자를 만난다. 자신에게는 사회문화적 차별과 억압에 대처할 수 있는 힘이 매우 부족하거나 없다고 단정 짓기도 하며 변화에 대한 긍정적 기대를 하지 않은 상태로 상담을 시작한다. 내담자들은 사회문화적 차별과 억압을 인식하지 못한 채 자기 자신을 책망하거나 반대로 주변의 누군가에게 분노와 적대감을 느끼는 상태에서 다양한 어려움을 호소한다. 이러한 내담자에게 상담자는 자기 자신과 주변의 타인에 대한 이해뿐만 아니라 사회문화적 요인에 대한 이해가 필요함을 말하며, 내담자가 자기 문제에 대한 인식의 범위를 확장하도록 조력할 필요가 있다.

이를 위해서 상담자는 내담자가 상담자와 협력하여 내담자 자신과 공동체의 변화를 위해 노력하겠다는 동기를 갖도록 돕는 것이 가장 중요하다. 내담자가 변화 동기를 갖기 위해서는 상담자가 내담자의 말을 주의 깊게 경청하며 내담자의 말에 담겨 있는 변화에 대한 모호하거나 양가적 생각과 감정, 욕구 등을 충분히 이해해야 한다. 그리고 상담자는 내담자의 생각, 감정, 욕구 등을 이해하고 있음을 내담자에게 표현하여 궁극적으로 내담자에게 상담자의 마음이 전달될 수 있어야 한다. 내담자는 상담에 대한 자신의 양가적 태도를 상담자가 판단하거나 비난하지 않고 공감하고 있음을 느낄 때, 상담자를 신뢰하게 되고, 변화에 대한 동기가 촉진될 수 있다.

2) 내담자의 언어역량에 대한 고려

상담자가 내담자의 모국어가 아닌 언어로 상담을 해야 할 때 내담자가 한국어를 잘 모른다는 것 때문에 수치심을 느끼거나 자존감이 낮아지지 않도록 주의해야 한다. 한국어 능력 부족으로 인하여 내담자가 차별받는다는 느낌을 갖지 않도록 한국어가 서툰 내담자의 이야기를 인내심을 가지고 경청하고, 한국어를 비교적 잘 구사하는 내담자라 할지라도 모국어가 아닌 언어로 자신의 세밀한 경험을 이야기하는 것이 어렵다는 점을 이해할 필요가 있다.

한국어 구사가 어려운 내담자들을 상담하는 기관에서는 통역자의 도움을 받을 수 있도록 준비해야 한다. 통역자와 함께 상담할 때 통역자가 상담자와 내담자 양측의 진술을 편집하고, 삭제하고, 과장하고, 축소하고, 윤색하지 않도록 부탁해야 한다. 상담에서는 상담자와 내담자가 말한 미묘한 표현이 상담과정에 영향을 미치므로 내담자가 혼란스럽게 혹은 모순되게 이야기하는 부분이 있고, 적절하지 않은 단어를 사용하더라도 가능한 한 있는 그대로 번역해 달라고 미리 통역자에게 알려주는 것이 필요하다. 가족 구성원을 통역자로 활용하는 것은 가능하면 하지 않는 것이 좋다. 왜냐하면 내담자의 가족이 가족의 관심사를 위해 혹은 가족을 보호하기 위해 고의적으로 내담자의 말이나 상담자의 말을 왜곡할 수도 있기 때문이다. 특히 어린 자녀가 한국어를 잘한다는 이유로 통역자로 활용할 경우에는 어린 자녀가 접하지 않아야 할 가족 이야기에 노출됨으로써 심리적으로 어려움이 초래될 수 있다. 통역자도 상담에 참여하므로 내담자의 정보와 상담내용이 외부에 노출되지 않도록 해야 할 의무와 책임이 있음을 알아야 한다. 비밀유지 문제에 대해서는 통역자도 상담자와 함께 문서로 서명함으로써 내담자가 상담장면을 신뢰할 수 있도록 해야 한다.

3) 상담실 환경

상담실의 물리적 환경이 상담에 영향을 미칠 수 있다. 상담자의 사무실에 놓여 있거나 걸려 있는 장식품에서 내담자가 어떠한 영향을 받을지에 대해 상담자는 고려해야 한다. 상담자가 다양한 문화권의 내담자를 상담한다면 상담자의 사무실에 특정 문화권을 나타내는 비품(종교서적, 가족사진, 특정 문화의 장신구 등)을 두는 것이 상담관계에 미치는 영향이 복합적이므로 주의해야 하고, 어떤 특정 문화권의 내담자들을 상담한다면 그 문화권의 내담자들이 친밀감을 느낄 수 있는 장식품을 두는 것은 상담에 도움이 될 것이다.

가끔 상담자의 자기노출이 상담자를 보다 더 인간적으로 보이게 만들 수 있다. 그러나 상담자의 자기노출이 내담자가 상담자를 전문가로 신뢰하는 데 방해가 되지 않아야 하며 내담자의 관심의 초점을 분산시켜서 내담자가 말하려고 했던 화제를 전환시키지 않도록 유의해야 한다. 상담자가 자기 자신을 잘 드러내지 않음으로써 중립성을 유지하는 것이 상담에 도움이 될 수 있으므로 상담자가 의상이나 상담실 장식물에 상담자의 문화 집단을 드러내는 것에 대해 매우 신중해야 한다.

4) 침묵 다루기

때때로 상담자는 내담자가 상담실에 찾아와 자신의 이야기를 잘 하지 않고 중간중간 침묵하는 것으로 당황스러울 때가 있다. 이때 상담자는 직업의 문화적 특징상 타인에게 자신의 부정적 이야기를 하는 것이 별로 어렵지 않을 수 있으나 내담자가 살아온 문화적 배경에 따라 타인에게 자신의 이야기를 하는 것을 별로 선호하지 않을 수 있음을 알아야 한다.

초보상담자들은 상담과정에서 침묵이 흐르는 것을 매우 어색해하고 내담자가 상담을 호의적으로 느끼지 않기 때문이라고 생각하는 경향이 있다. 내담자가 침묵할 때 그의 비언어적 행동을 편안한 시선으로 관찰하거나 어느 정도의 침묵이 흐른 후 내담자에게 직접 질문함으로써 침묵의 의미를 이해하는 것이 좋다.

신속한 언어표현을 가치 있는 것으로 여기는 문화권의 사람들은 다른 사람들이 말하고 있을 때 끼어들거나 빨리 대답하는 반면에, 침묵이 습관적이고 문화적인 집단에서는 말을 멈춰야 할지를 아는 것이 성숙하며 말하는 중간에 침묵을 함으로써 말로 인한 실수를 줄일 수 있다고 여긴다. 이러한 문화 집단 출신 내담자와 상담을 할 경우에 상담자가 지나치게 수다스럽다면 내담자는 상담자에게 신뢰감과 친밀감을 느끼기 어려울 것이다.

상담과정에서 내담자가 상담자가 한 말의 내용을 이해하지 못해서 어리둥절한 상태에서 침묵하는 것일 수 있다. 어떤 문화권에서 권위자의 말을 이해하지 못해도 그것에 대해서 질문하는 것은 예의 없는 것이라 생각하여 질문하기를 주저하는 경우가 있다. 그리고 질문을 함으로써 자신의 어리석음 혹은 무지가 드러나는 것을 수치스럽게 여기기도 한다. 어떤 경우에는 상담자가 다루는 주제가 내담자가 대답하기 곤란할 경우 침묵으로 반응할 수 있다. 예를 들어, 가족의 문제를 가족 밖의 타인에게 이야기하는 것은 가족을 배신하는 것으로 여겨서 가족관계에서 경험하는 갈등 혹은 학대를 상담자에게 털어놓지 못하고 침묵할 수도 있다. 이런 경우 상담자는 내담자의 자기공개에 대한 망설임을 충분히 공감해 주면서 상담자에 대한 신뢰감이 증진되기 위하여 노력해야 한다. 가족에 대한 부정적 감정을 내담자가 상담자에게 털어놓는다고 해서 상담자가 내담자의 가족을 인격적으로 비난하거나 낙인찍지 않을 것이며, 모든 사람들은 정도의 차이만 있을 뿐 사랑하는 가족과 갈등을 경험한다고 이야기함으로써 내담자의 부담을 덜어 줄 수 있다.

5) 상담관계에서 경계선 설정

상담자가 내담자와의 관계에서 어떠한 경계선을 만드는가는 내담자의 문화를 고려하여 융통성 있게 설정하되 상담자가 상담의 경계를 확장할 때 상담자가 전문영역의 범위와 윤리적 원칙을 위배할 가능성을 생각해야 한다. 상담자가 상담과정에서 전문적 경계선을 잃어버렸는지를 확인하기 위해 상담자는 내담자와의 관계에서 형성한 경계설정에 대해 스스로 다음과 같은 질문을 던지며 상담과정과 상담자 자신의 내면을 성찰할 필요가 있다(Fontes, 2008).

- 이것이 정말 내담자에게 최선의 도움이 될 것인가?
- 왜 나는 다른 사람에 비해 특히 이 사람에게 경계선을 긋는 것에 덜 단호한 것일까?
- 내가 경계를 느슨하게 둔다면, 나 자신, 내담자, 내담자의 가족 그리고 공동체의 다른 일원들에게 어떤 영향을 끼칠 것인가?
- 나는 경계를 느슨하게 만듦으로써 윤리적인 규정을 어기고 있지는 않은가, 아니면 별도의 도움이 필요한 사람에게 내 방

식대로 단순히 방어적으로 도와주고 있지는 않은가?

- 나는 동료들이나 슈퍼바이저에게 내 행동을 비밀로 하려는 마음이 들지는 않는가?

다문화 사회정의 상담에서는 내담자의 문화적 배경을 고려하여 경계선 설정을 융통성 있게 할 것을 제안하지만, 경계선이 느슨해질 경우 상담자가 윤리에서 벗어날 위험성이 커짐에 주의해야 한다. 내담자와의 관계에서 경계선 설정에 변화를 줄 때는 반드시 신뢰할 만한 동료나 감독자와 의논하여 결정하는 것이 바람직하다.

6) 감정표현

상담자는 감정표현의 강도에 대한 문화적 영향을 알고 있어야 한다. 내담자가 소속된 공동체가 억압적인 정치적 상황에서 오랫동안 살았다면 자신의 감정을 잘 드러내지 않으려 할 것이다. 언어적으로나 비언어적으로 강한 감정표현을 자제하고 간접적으로 넌지시 표현하는 것을 선호하는 문화권의 사람들의 마음을 상담자가 이해하지 못하고 내담자의 기분이 좋지 않거나 무심한 것으로 오해할 수 있다. 성역할이 감정표현에 영향을 미치기도 한다.

우리나라의 전통사회에서 남성이 분노를 표현하는 것에 대해서는 '남성적인' 것으로 생각하여 우호적인 반면에, 여성이 분노를 표현하는 것은 '여성적이지 않은' 것으로 생각하여 부정적으로 여기는 경향이 있고, 한편으로 남성들은 슬픈 감정을 눈물로 표현하면 남자답지 못하다는 비난을 듣고, 여성들이 눈물을 흘리는 것은 여성적인 것으로서 자연스럽게 받아들인다.

7) 비언어적 메시지 이해하기

상담자가 자각하지 못한 상담자와 내담자의 사소한 비언어적 세부사항이 상담과정에 영향을 미칠 수 있다. 상담자와 내담자가 각기 다른 문화권 출신일 때, 상담자가 내담자에게 비언어적 메시지를 전달하는 것과 전달받는 것 모두에 대해 문화적 인식을 하지 않는다면 이러한 단서는 양쪽에서 잘못 이해될 수 있다. 상담자의 자세는 상담자의 권위, 사람을 얼마나 좋아하는지, 얼마나 이완되어 있는지, 그리고 위협적인지 등에 대해 많은 것을 내담자에게 전달한다.

상담자는 자신의 문화권에서는 전혀 성적인 의미가 없는 행동이나 자세가 다른 나라에서는 성적으로 유혹하는 것으로 보일 우려가 있다는 점에 주의해야 한다. 눈을 마주치는 것이 친밀감의 표현인지 아니면 무례함인지 혹은 위협적인지는 문화권에 따라 다르므로 대인관계에서의 시선처리에 대한 내담자의 문화적 배경을 이해하는 것이 필요하다. 대체로 상담자는 내담자에게 친근하고 자연스럽게 접근해야 하지만 적극적으로 눈을 마주치려고 하거나 눈 마주치길 피하거나 내담자의 눈을 뚫어지게 바라보지 않는 것이 좋다. 상담자와 마주앉지 않고 옆으로 비껴앉는 것을 선호하는 내담자는 상담자와 직접적으로 눈 마주치는 것이 불편할 가능성이 많다. 상담자는 자신의 가정에서 시선응시에 관해 어떠한 경험이 있었는지 생각해 보고 그것이 누군가를 바라보는 데 어떠한 영향을 미쳤는지를 생각해 볼 필요가 있다.

8) 약물사용에 대한 태도

특정한 문화적 맥락 속에서 사람들은 약물을 어떻게 사용하고 남용하는지에 대한 태도를 습득한다. 문화적 맥락에 따라 어떤 약물은 받아들이는 반면, 어떤 약물은 금기시하도록 배웠을 수 있다. 어떤 집단에서는 알코올 섭취로 인하여 부정적인 낙인이 찍히지만, 다른 집단에서는 허용적이고 남자다운 것으로 받아들여지기도 한다. 약물복용에 대한 태도뿐만 아니라 약물복용 시 부작용이 발생할 경우 내담자가 성급히 판단하여 약물을 중단하지 않도록 하며 의사와 상담을 받도록 하고, 가족 구성원 중에 증상이 비슷하다는 이유로 약물을 함께 섭취하지 않도록 하고, 전통적인 문화권에서 사용하던 천연 약물과 의사에게 처방받은 약물을 함께 복용하지 않도록 하는 것이 필요하다. 내담자들이 약물사용을 거부하는 이유 중의 하나는 자신이 약물을 복용하기로 결정하는 순간, 그동안 내담자가 어려움을 겪었던 문제들이 모두 내담자가 '아픈 환자'이기 때문인 것으로 인식될 우려 때문이다. 상담자는 내담자의 이러한 불안을 공감하고 약물복용으로 인하여 문제의 원인에 대해 잘못된 귀인을 하지 않도록 내담자나 내담자의 주변인들에게 분명히 설명해 주는 것이 필요하다.

1. 다음의 내담자 이야기를 듣고 상담자로서 어떠한 반응 혹은 개입을 할 수 있을지 생각해 보자.

〈사례 1〉
건강가정지원센터에서 진행된 30대 중반 가정주부 내담자의 상담 사례 중 일부이다.

내담자: 남편이 이혼을 요구하고 있어요. 저도 남편과 더 이상 같이 살고 싶지 않아요. 지긋지긋해요. 그렇지만 저는 이혼은 절대 안 할 거예요. 아이에게 평범한 가정을 물려주고 싶어요. 내 아이가 이혼가정의 아이라는 말을 듣게 하고 싶지 않아요. 친정어머니도 이혼은 절대 안 된다고 하세요. 친정부모님도 제가 초등학교 다닐 때 이혼하셨거든요. 제가 돈을 못 벌어서 남편의 봉급이 없으면 제 힘으로 살아갈 수 없다는 사실이 너무 비참해요. 결혼 전에 간호사로 일을 했었기 때문에 세 살짜리 아들만 없다면 취직해서 돈을 벌 수 있을 텐데….

• 내담자의 역량강화를 위해서 자신이 상담자라면 어떠한 반응을 할 수 있을까? 각각의 반응유형에 따라 적절한 상담자의 반응을 생각하고 적어 보자.
(1) 감정반영:
(2) 의미반영:
(3) 질문:
(4) 해석:
(5) 정보제공:
(6) 조언:

• 내담자를 위해 상담자는 어떠한 옹호활동을 할 수 있을까 생각해 보자.

<사례 2>
대학교의 학생상담센터에서 진행된 대학교 2학년 남학생 사례이다.

내담자: 저는 큰 충격에 빠졌어요. 지난번 중간고사 성적표를 교수 님이 강의실 뒤편에 성적순으로 나열해서 붙여놓으셨어요. 어떻게 이런 일이 있을 수 있죠? (웃음) 저는 고등학교까 지 미국에서 학교생활을 했지만 이런 일은 처음이에요. 개 인의 성적을 어떻게 일방적으로 공개할 수 있죠? 상상조차 할 수 없었던 일이에요. 저는 시험을 못 봐서 그 과목 성적 은 나쁘지만 제 나름대로 친구들과도 잘 지내고 있고, 저는 성적을 그리 중요하다고 생각하지 않았어요. 그렇지만 나름 전공 공부에 재미를 붙이기 위해서 노력 중인데 어떻게 이 렇게 망신을 줄 수가 있는 거죠?

• 내담자의 역량강화를 위해서 자신이 상담자라면 어떠한 반응을 할 수 있을까? 각각의 반응유형에 따라 적절한 상담자의 반응을 생각 하고 적어 보자.
  (1) 감정반영:
  (2) 의미반영:
  (3) 질문:
  (4) 해석:
  (5) 정보제공:
  (6) 조언:

• 내담자를 위해 상담자는 어떠한 옹호활동을 할 수 있을까 생각해 보자.

3부

다문화 사회정의
상담의 사례

Theories of Counseling
and Psychotherapy

나무

윤동주

나무가 춤을 추면

바람이 불고

나무가 잠잠하면

바람도 자오

7장

애니메이션을 활용한
대학생 다문화 인식 증진 경험

이 장은 두 명의 여자 대학생이 '다문화 심리와 상담' 과목 수업시간에 애니메이션 〈마당을 나온 암탉〉을 감상하면서 어떠한 다문화 인식경험을 하였는지를 내러티브 탐구방법으로 연구한 논문(구자경, 장은정, 장정은, 2017)의 내용을 요약하고 일부 수정한 것이다. 내러티브 탐구방법은 시간성, 상호성, 장소의 삼차원적 내러티브 탐구 공간에서 참여자들의 경험 이야기를 구성하고 재구성하면서 그 이야기의 의미를 탐색하는 방법이다 (Clandinin & Connelly, 2007).

1. 작품 소개

애니메이션 〈마당을 나온 암탉〉은 2000년 출간된 황선미의 창작동화 『마당을 나온 암탉』을 원작으로 하고 있다. 이 책은 국내

외적으로 널리 알려진 베스트셀러로서, 애니메이션 〈마당을 나온 암탉〉이 2011년에 개봉된 것을 포함해 연극, 그림책, 만화책 등 더욱 다양한 매체로 확산되며 접근이 쉬워졌고, 이제는 아동·청소년뿐만 아니라 어른들에게까지 감동과 교육을 주는 훌륭한 매체 교육 자료로서 활용되고 있다. 동화책『마당을 나온 암탉』의 경우 작품 분석과 관련해서 많은 연구들이 이루어졌는데, 그중 김미혜(2013)와 김명석(2014)은 동화의 내용이 종(種)이 다른 등장인물 간의 갈등과 협력으로 구성됨으로써 종을 초월하여 함께 살아가는 것에 대한 이야기를 포함하고 있다고 하였다. 특히 이들은 『마당을 나온 암탉』을 다문화적으로 읽고 학습자들이 자기대화하고 상호 소통하는 다문화적 교육 방식의 유용성을 말하였다. 구자경(2012)은 청소년상담자의 문화적 역량 향상을 목적으로 구안한 프로그램 중의 한 회기에서『마당을 나온 암탉』동화를 부분 발췌하여 등장인물과 자신을 대입시켜 생각해 보도록 하였다.

동화책『마당을 나온 암탉』을 각색한 애니메이션 〈마당을 나온 암탉〉은 총 93분 분량으로(시나리오는 총 62장), 전반부 25분(시나리오 1-15장)까지는 '잎싹'이 병아리의 탄생을 보고 싶다는 소망을 갖는 것부터 찔레덤불에서 어미 없는 알을 발견하기까지의 서사이며, 26분부터 74분(시나리오 16-54장)까지는 '초록'이 탄생하고 성장하는 과정에서 정체성의 혼란으로 '잎싹'과 갈등하며 '파수꾼'이 되기까지의 서사, 후반 75분부터 93분(시나리오 57-62장)까지는 '잎싹'이 '초록'과 이별하고 죽는 서사로 이어진다.

애니메이션은 원작보다 다층적인 서사구조로 캐릭터들이 입체적인 성격을 가진다. 〈마당을 나온 암탉〉은 '마당의 식구들'로 대변되는 다수자들이 집단의 정체성을 보호하려고 하는 과정에서 '청둥오리 나그네와 난용종(알을 낳게 하기 위해서 기르는 닭의 품종) 암탉 잎싹, 그리고 아기오리 초록이'와 같은 소수자들이 부딪히게 되는 편견과 차별의 문제를 잘 보여 주고 있으며(김미혜, 2013; 이승연, 2011), 내 세계에 편입돼 있지 않은 대상에 대한 철저한 외면과 무시에 대한 폭력의 문제를 정면으로 문제화하고 있다(박혜숙, 2012). 이는 인종과 민족성을 강조하는 한국 사회가 다문화 사회로 변화하며 나타나는 문제와 일치되는 모습이다. 따라서 자기대화와 상호 소통을 활용한 다문화 상담 교육은 대학생들이 서로 다른 인종과 문화에 대한 인식을 함양하는 데 적합한 접근이라고 할 수 있다.

애니메이션은 알 낳는 일을 하는 암탉 잎싹이가 자유로운 마당에서 살면서 알을 부화시켜 엄마가 되고 싶다는 꿈을 가지게 되는 것에서 이야기가 시작된다. 양계장에서 사육당하며 살고 있던 잎싹이는 마당에서의 자유로운 삶을 꿈꾸며 목숨을 걸고 탈출을 시도하여 성공하였다. 그러나 잎싹이는 마당에 살고 있던 동물들에게 배척을 당하였고 다시 마당을 나와 많은 위험이 도사리고 있는 숲으로 들어간다. 잎싹은 우연히 둥지에서 청둥오리 나그네의 알이 홀로 남겨져 있는 것을 발견하고 정성껏 알을 품는다. 마침내 알에서 청둥오리 새끼가 태어났고, 잎싹이는 이 새끼를 자신의 자식으로 받아들이면서 초록이라는 이름을 지어 준다. 초록이가 점점 자랄수록 청둥오리와 닭의 차이가 드러나게 되자 주위에서 이상하게 보거나 놀리는 경우가 생겼고, 이로 인해 초록이는 자신의 존재와 상황에 대해 혼란스러워 하게 된다. 초록이의 반항에 모자는 위기의 상황을 맞게 되지만 잎싹이의 수용과 사랑으로 초록이는 위기에서 벗어나고 이웃의 도움으로 청둥오리로 살아가기 위한 성장을 하게 된다. 드디어 어려움을 극복하고 나는 법을 익힌 초록이가 청둥오리 무리의 파수꾼이 되어 엄마 잎싹이를 떠나가고, 병들고 힘이 없어진 잎싹이는 초록이를 배웅한 후 오랫동안 자신을 괴롭혔던 족제비가 자신과 마찬가지로 새끼들을 먹여 살리고자 하는 모성을 가진 존재임을 알게 된다. 잎싹이는 같은 어미로서 족제비에게 깊은 연민을 느끼며 족제비의 먹이가 되도록 자신의 몸을 내어준다.

『마당을 나온 암탉』 이야기는 가족과 모성애를 중심 주제로 삼으면서 갈등과 협력 속에서 함께 살아가는 우리 사회의 모습을 잘 반영한 상황으로 구성되었다. 따라서 애니메이션 〈마당을 나온 암탉〉 속 등장인물들이 살아낸 갈등과 협력의 이야기는 학습자들이 자신의 삶에 있었던 문화적 갈등과 억압 및 차별 이야기와 접촉하도록 하여 자기 내적 대화를 하게 함으로써, 통합되지 못했던 삶의 이야기를 발견하고 다른 문화적 배경을 가진 학습자들과 상호 소통하여 더욱 풍성한 삶의 이야기를 만들어 갈 수 있도록 도울 수 있을 것이라고 보았다. 이는 『마당을 나온 암탉』 이야기를 활용하여 다문화 관련 교육활동을 제안하고 실행한 선행연구(구자경, 2012; 김미혜, 2013; 김명석, 2014)에서도 어느 정도 확인되었다. 또한 〈마당을 나온 암탉〉 애니메이션은 동화 이야기에 비하여 애니메이션 특유의 생생함과 즐거움이 증진되어 학습자들의 학습동기를 촉진하는 데 도움을 줄 것으로 기대되며, 학습자들이 동시에 한 공간에서 감상하고, 감상 직후에 다른 학습자들과 감상한 내용에 대해 이야기할 수 있다는 점에서 유용하다.

2명의 대학생이 〈마당을 나온 암탉〉 애니메이션을 감상하고 감상경험을 소집단에서 동료들과 나누며 경험한 이야기를 재구성한 내용은 다음과 같다.

2. 연구참여자의 다문화 인식 경험

이 연구에 참여한 2명의 여자 대학생 이정아(가명)와 박은영(가명)은 연구자들이 강의한 '다문화 심리와 상담' 강좌를 수강한 학생들이다. 이들은 8주간 다문화에 관한 주제발표와 소집단 토론을 한 후, 9주차 수업에서 애니메이션 〈마당을 나온 암탉〉을 감상하였다. 강사(연구자)는 수강학생들에게 이 애니메이션을 다문화 관점에서 감상해 보라는 짧은 지시를 하였으며, 애니메이션 감상 후 바로 소집단에서 자신의 감상을 발표하고 서로 자신의 생각을 토론하도록 하였다. 토론 후에는 소집단 토론 내용을 소집단 대표가 발표하도록 하였고, 이 과정에서 경험한 내용과 추가적인 성찰에 관해 경험보고서 형식으로 작성하여 제출하도록 하였으며, 연구에 동의한 학생들에 한하여 경험보고서가 연구자료로 활용될 수 있음을 공지하였다. 총 20명의 수강생 중 14명의 학생들이 연구참여에 동의하였고, 이 중에서 다문화 인식 경험에 대한 이야기를 풍부하게 이야기해 줄 것으로 보이고 자기표현이 적극적이었던 이정아와 박은영 두 학생을 선발하였다. 연구자들이 이정아와 박은영을 각각 일대일로 회당 30분에서 2시간까지의 시간으로 2~

3회에 걸쳐 이들의 다문화 인식경험에 대하여 내러티브 탐구절차를 통하여 심층면접하였다. 이정아와 박은영 두 학생이 애니메이션 〈마당을 나온 암탉〉을 감상하고 소집단 토론을 하는 과정에서 경험한 다문화 인식 경험은 다음과 같다.

1) 편견과 무관심에서 벗어나 세상을 보다

정아는 영화를 보면서 양계장에 갇힌 채 알을 낳아야 하는 처지의 암탉 잎싹이가 이를 받아들이기를 거부해 농장에서 내버려진 후 족제비에게 잡아먹혀 죽을 뻔하는 등의 위기를 겪고 헛간으로 갔으나, 헛간에 살던 마당식구들에게서 자신들과 다르다며 밀쳐내지는 장면을 보면서 점점 마음이 불편해짐을 느꼈다. 그리고 숲으로 간 잎싹이가 둥지에 홀로 남겨진 알을 발견하고 그 알을 정성껏 품어주고 그 알에서 태어난 청둥오리 새끼를 초록이라 이름 붙여 주며 자기 새끼로 대하는 모습을 보면서 자신과 다르다는 이유로 타인을 밀어내려 했던 사람들 혹은 자신을 떠올렸다. 초록이가 성장하였을 때 엄마는 닭이고 아들은 청둥오리라고 놀림 받고 밀쳐지는 모습을 보면서 우리 사회의 다문화 가정을 떠올렸다.

"주변에서 '재는 엄마와 달라. 재는 왜 저렇게 생겼어?' 그게 우리 현실하고 맞는 거예요. 저도 그랬었으니까. 나와 다르다고, 흑인들 오면 시커매 이러고. 조금만 색깔이 어둡거나 이러면. 평상시도 뚱뚱한 사람, 날씬한 사람 사귀면 재 왜 저래? 저도 모르게 이렇게. 정작 본인들은 괜찮을 텐데 저는 어느 순간 그러고 있

는 거예요. 이런 순간들이 생각나는 거예요." (2015. 12. 29. 정아와의 면담)

암탉 잎싹이 청둥오리 초록이를 자기 새끼로 대하는 장면에서 정아는 자연스레 잎싹이의 상황을 자신에게 대입하여 상상하게 되었다. 정아가 사는 지역은 외국인들이 많이 모여 사는 곳과 가깝다. 그래서 정아는 길에서나 버스, 지하철 등에서 외국인을 볼 수 있는 기회가 많다. 정아가 마주치는 외국인들은 주로 동남아시아인들이었고 자신도 모르게 그들에 대한 거부감을 느꼈다. 정아의 이러한 거부감은 동남아시아인에 대한 우리 사회 일부 사람들의 부정적 편견과 비슷하다. 또한 정아는 초록이가 엄마 잎싹이와 다르게 생겼다고 초록이를 놀리고 배척하던 캐릭터에서 평소 자신과 다른 모습의 사람들을 무조건 밀어내던 정아 자신의 모습을 겹쳐서 보게 되면서 스스로가 가진 편견을 인식하게 되었다.

"우리라고 한다면 한국 사람들, 정말 나와 같은 인종, 나와 서로 알고 지내는, 처음 보는 사람들한테는 우리라는 말은 하기가 쉽지 않은데, 뭔가 잎싹이 입장에서는 편견 그런 게 전혀 없이 딱 우리로 받아들이는 게, 한국에 사는 외국인에게 우리라는 단어를 붙이기는 힘들다고 생각했는데, 잎싹이를 보면서 나랑 다른 인종이라 하더라도 우리가 될 수 있겠구나 하는 생각이 들었어요." (2015. 12. 29. 은영이와의 면담)

은영이도 정아처럼 잎싹이가 우연히 발견한 청둥오리에 알을 품고 그 알에서 깨어난 새끼를 "오, 우리 아가"라고 부르는 장면에서 잎싹이의 수용적 태도에 놀라움을 느꼈다. 은영이에게 '우리'라는 말은 가족이 아닌 '알지 못하는 낯선 대상'에게는 하기 힘든 것이기 때문이다. 그러자 은영이는 '우리'가 아닌 '우리 밖'의 사람들에 대해 자신이 어떻게 대하는지를 떠올렸으며, 자신이 길에서 만나는 외국인에 대해서 철저히 무관심하였음을 알게 되었다.

> "편견 없이 보는 것. 이 수업 듣기 전에는 약간 뭔가 지나가는 외국인을 보면 그냥 나랑은 전혀 상관없고 외국에서 온 외국 사람~ 이렇게만 봤는데, 영화 보면서 '아~ 진짜 편견 없는 게 중요하다.'라는 것도 느끼고, 내가 그래도 다문화에 관심이 있다고 이렇게 수업도 듣는데 내가 먼저 외국 사람들에게 선 긋고 생각하는 것은 아니지 않나 생각을 하게 되었어요." (2015. 12. 29. 은영이와의 면담)

이처럼 정아와 은영이는 잎싹이가 알에서 깨어난 초록이를 닭과 청둥오리라는 종의 차이를 넘어서서 무조건적으로 수용하는 모습에서 자신의 편견과 무관심을 자각하였다. 암탉인 잎싹이가 알에서 깨어난 청둥오리 새끼 초록을 무조건적으로 맞이하며 누리는 행복한 감정은 '혈연주의'라는 편견과 무관심에 갇힌 사람들은 경험하기 어려울 것이다. 앞으로 다문화 사회를 살아가게 될 정아와 은영이에게 잎싹이가 다양한 인종의 이웃과 행복한 삶을 살아가는 좋은 모델의 역할을 해 주었던 것으로 보인다.

2) 다름을 거부하지 않고 수용하는 마음으로

정아는 잎싹이가 양계장을 나와 새로운 세상인 마당의 헛간으로 갔다 쫓겨나자 다시 숲으로 간 장면을 인상깊게 보았다. 정아 자신이라면 새로운 세상으로 나아가거나 어려운 상황을 헤쳐 나가기가 두려웠을 것이라고 여겼다. 새로운 사람을 만나고 그들에게 다가가는 것이 정아에게는 막막한 일처럼 느껴졌다. 그리고 초록이가 농부에게 잡혀 위험에 빠지자 잎싹이가 농장으로 구하러 갔던 장면에서는 정아 자신이 잎싹이처럼 엄마라면 그렇게 할 수 없었을 것이라고 생각하였다. 잎싹이처럼 강인하게 대처하지 못한 채 혼란스러워만 하며 자신과 다른 모습의 아이를 키우는 것을 두려워했을 것이라고 생각하였다. 그리고 정아는 잎싹이가 어려움에도 포기하지 않는 끈기와 엄마가 된 잎싹이의 자식을 향한 사랑이 참 대단하다고 느꼈다.

"나와 다른 아이가 있다면 문화적 충돌을 어떻게 해야 할지 고민 같은 게 많았을 것 같아요. 그냥 수용하는 게 아니라 이걸 어떻게 해야 하지? 내가 과연 얘를 키움으로써 얘가 커서 어떻게 변화했을 때, 물어봤을 때 어떻게 대답을 해줘야 하지? 이런 것들이 되게 많았을 것 같아요. 현실적으로 대응을 했으면 그랬을 것 같아요." (2015. 12. 29. 정아와의 면담)

정아는 또한 초록이가 청둥오리인 자기 모습과 다른 종인 엄마의 모습에 혼란스러워하고 수위의 돌봄 때문에 엄마 잎싹이와 사이가 멀어지는 장면들을 보면서 자신이 초록이라면 엄마와 다르다고 쉽게 인정하지 못했을 것이라고 생각했다. 초록이가 잎싹이에게 미안함과 고마움을 느끼며 엄마와 자신이 각각 다른 종임을 인정하고 청둥오리로서 살아가기 위해 노력하는 장면에서 정아는 한국인 아버지와 외국인 어머니 사이에서 태어난 다문화 아이들이 이 사회에서 받는 차별과 고통, 그리고 그들이 이러한 부정적 환경을 극복하고 살아가는 모습을 떠올렸다. 정아는 초록이가 이렇게 자기의 삶을 개척하며 살아갈 수 있는 것은 엄마인 잎싹이의 영향, 즉 잎싹이가 먼저 인정하고 수용하는 모습을 보였기 때문이라고 생각한다. 정아는 엄마 잎싹이가 아들 초록이에게 아낌없이 주는 사랑은 어머니로서 자식에 대한 사랑 이상의 사랑이며 이는 자신과 타인을 수용하고 인정하려는 용기가 있기에 가능하다고 보았다.

> "저는 다른 걸 수용하는 것 자체가 용기라고 보거든요…. 초록이라는 존재를 만나기 전부터 잎싹이는 달랐잖아요. 인정을 했잖아요. 만약 제가 잎싹이라면 나와 다른 사람을 사랑하는 마음이 있어야 그 사람을 인정하고 수용할 수 있다고 생각하거든요. 그 사람에게 다가갈 수도 있고. 그 사람을 사랑하는 마음이 없으면 그걸 수용할 수 없다고 봐요." (2015. 12. 29. 정아와의 면담)

수업을 통해 다문화는 멀리 있는 것이 아니라 가까이 있는 것이라는 교육을 받았기 때문에 그러한 관점에서 영화를 보게 되자,

정아는 한국인이 아니라서, 피부색이 달라서, 살았던 지역이 다르다는 이유로 사람들을 싫어했던 자신의 편견을 발견하였고 이런 편견에서 벗어나 잎싹이처럼 용기 있게 수용하려는 노력을 해야겠다고 결심하였다. 정아는 자신이 싫어했던 사람들이 얼굴만 다른 똑같은 사람이라는 생각을 하게 되었다. 이것은 타인을 향한 인류애적 사랑이며 다름을 있는 그대로 수용하려는 다문화 인식의 시작이라 할 수 있다.

3) 함께 나눔으로써 넓고 깊어지는 마음

애니메이션 감상 후 정아와 은영이는 각자의 소집단에서 동료들과 함께 애니메이션 속 다문화에 대한 이야기를 나누었다. 7~8명으로 이루어진 소집단은 집단상담 형태로 진행되었는데, 각각의 소집단에서 다양하고 재미있는 이야기가 많이 나왔다. 은영이네 소집단의 한 동료는 애니메이션 속에서는 청둥오리 무리에게 놀림을 받던 초록이가 가장 날쌔고 용감한 청둥오리를 뽑는 파수꾼 대회에서 일등을 차지하자 다른 청둥오리들의 축하와 인정을 받았지만, 만약 현실이라면 시기와 질투의 대상이 되었을 것이라고 말해 은영이에게 공감의 감탄을 불러일으켰다. 다른 동료는 애꾸눈 족제비의 경우 잎싹이와 초록이를 잡아먹으려고 호시탐탐 노리는 나쁜 인물이지만 그러한 행동의 이유에는 자신의 새끼들을 돌보려는 모성애가 있으므로 나쁘게만 이해되어서는 안 된다는 말을 하였다. 은영이는 자신은 미처 생각하지 못한 이런 점까지 다문화와 연결시켜 생각하는 동료들에게 신기함을 느꼈다. 그리고 나쁘게만 생각했던 애꾸눈 족제비까지 이해가 되면서 각 개인의 배경이나 상황이 다름을 이해하여 그대로 인정하고 수용하는 허용적 태도가 필요하다는 생각을 하게 되었다.

"족제비가 나쁘다고만 생각했었다. 하지만 사냥을 한 이유가 자신의 새끼들을 지키기 위해서였다는 것을 알게 된 후는 사냥을 해야 했던 족제비의 심정을 이해하게 되었다. (…중략…) 이 장면은 어느 한쪽의 입장에서만 생각하고 바라보는 태도를 지양하고, 서로의 입장을 헤아리고 여러 입장에서 생각하는 것이 중요하다는 의미를 지니고 있다. 다른 사람의 행동에 대한 이유나 상황을 알지 못한 채 내 생각으로만 그 행동을 판단한다면 큰 오해를 할 수도 있겠다. 삶을 살아가면서 다른 사람의 입장에서 생각하려는 태도를 잊지 말아야겠다." (2015. 11. 09. 은영이의 경험보고서에서)

"똑같은 장면을 보고도 누구는 이 등장인물의 긍정적인 부분을 받아들이고, 또 어떤 집단원은 그것을 정반대로 부정적으로 바라본다고 이야기했을 때, 아~ 내 생각만 맞는 것이 아니라 그 입장에서 봤으면 그렇게 생각할 수도 있겠구나, 내가 그 생각은 미처 못했구나라는 생각이 많이 들었어요. 그리고 내가 제대로 못 봤던 장면에 대해서도 다른 사람은 다문화 관점에서 의미를 찾고 느꼈다는 것을 보면서 사람마다 정말 다르다는 것을 느꼈어요." (2015. 12. 29. 은영이와의 면담)

정아네 소집단에서는 애꾸눈 족제비와 청둥오리 나그네가 신체적 결함을 가진 장애인으로 보였다고 말하는 동료도 있었고, 같은 모습이더라도 속한 무리가 어디인지—즉 헛간인지 양계장인지, 종이 무엇인지—즉 닭인지 청둥오리인지에 따라 낙인을 찍는 모습이 우리 사회에서의 차별과 비슷하게 느껴졌다고 말하는 동료도 있었다. 또 초록이가 다양한 동물들에게서 편견 없이 배우는 모습에서 다문화적인 모습을 보았다고 말하는 동료도 있었다. 어떤 동료는 영화 속 헛간과 양계장을 도시와 농촌으로 비유하며 도시는 다양성과 자율이 있는 곳, 농촌은 획일적인 삶의 형태가 있는 곳으로 설명하기도 하였다. 정아는 동료의 의견에 의아한 마음도 들었지만 바로 '그럴 수도 있다.'라는 생각을 하였고, 자신의 이러한 변화에 놀라움을 느꼈다. 예전의 정아는 자신의 생각과 다른 의견이라면 귀 기울이지 않고 무심히 넘기거나 이상하게 생각했었다. 정아는 집단활동을 하면서 자신이 잎싹이의 수용적 태도를 닮아가고 있음을 느꼈다.

> "민수(가명)는 정말 우리랑 다르게 생각하지만. 걔가 정말 다른 쪽으로 보잖아요. 우리 조원들이 그걸 다 받아들이고 인정을 하더라고요. 그 부분을 보면서 저도 처음에는 어? 저렇게 말할 수도 있나? 약간 반반으로 생각할 수 있었는데 그냥 백프로 인정해 주고 의견도 집중해 주고 이렇게 되더라고요…. 나와 다르지만 그 사람이 가지고 있는 가치관이라든지 배웠던 것들을 나도 배우지 않을까. 수용하는 것은 깊게 들어가면 그런 것들, 나와 다른 가치관, 생각, 마음, 문화나 배경, 이런 것들을 경청하는 자세로 배우지 않은까 그런 쪽으로두 생각이 들더라고요." (2015. 12. 29. 정아와의 면담)

은영이와 정아가 경험한 소집단 활동은 수업이 시작된 학기 초부터 계속되어 온 것으로, 매 수업시간마다 조금씩 제시되는 주제는 달랐지만 집단원들끼리 서로의 생각을 나누고 소통하는 장이되어 주었다. 은영이와 정아는 애니메이션을 감상한 후의 소집단나눔을 통하여 자신과 다른 생각을 가진 동료들의 이야기를 듣고수용하는 경험을 하게 됨으로써 다문화 인식과 수용이 애니메이션 속 이야기에서 그치지 않고 그들의 삶 속에서 구체적으로 실천되는 기회를 가질 수 있었던 것으로 보인다.

4) 세상 속의 다문화와 가까워지다

정아는 이 수업 종강 이후의 두 학기 동안에도 계속 다문화 관련 강의를 수강하고 있는데 수업에 임하는 자세가 많이 바뀌었다. 이전에는 수업 내용에 대해 '뭐 저렇게 어려운 걸 배워.'라고만 생각했으나 이제는 재미와 호기심을 가지고 수업에 참여하고 흥미를 가지고 공부하고 있다. 정아는 막연하기만 했던 '다문화'가애니메이션 감상을 통하여 실제적, 현실적인 일들로 받아들여지게 되었다.

> "영화를 통해서 다문화에 대해서 간접적으로 경험을 한 거잖아요…. 제 감정이 몰입이 되어가지고 현재의 위치랑 생각이 다몰입이 되어서 재밌게, 그 전에 와 닿지 않던 다문화가, 그냥 다문화 시대라고 해도 무시하고 와 닿지 않았었는데 생활에 변화가 생긴 것 같아요." (2016. 11. 28. 정아와의 면담)

정아는 청둥오리 무리의 대장이 초록이에게도 공정하게 기회를 주어 경기에 참가하게 하고, 파수꾼 경쟁자들이 경기에서 지자 깨끗하게 패배를 인정하며 초록이를 축하해 주는 모습에서 배척당하고 따돌림당하기만 하는 현실 속 다문화 아이들을 떠올렸다. 다문화 아이들에게도 청둥오리 무리의 대장과 경쟁자들처럼 그들을 인정하고 집단의 일원으로서 공정하게 함께 살아갈 수 있게 환경을 제공해 주는 사람들이 있다면 얼마나 좋을까 하는 생각을 해 본 것이다. 이러한 다문화 인식은 정아의 행동에도 변화를 일으키기 시작하였다. 정아는 평소 가족이나 친구들을 대할 때 그들의 생각이 자신과 다르면 상대를 이해하지 못한 채 자기 주장만을 내세우던 편이었으나, 지금은 다른 사람을 이해하기 위해 노력하고 나와 다르기 때문에 의견이 다를 수 있으므로 의견을 듣고 타협하는 것을 생각하게 되었다. 더 나아가 정아는 다른 사람들이 누군가를 비난하는 데 동조하기보다 "그럴 수도 있지. 그 사람 자체에 뭐가 있겠지."라고 말하게 되었다.

"친구고, 동생이고, 엄마고 나와 다르구나. 나와 똑같지 않기 때문에 가치관도 다르구나. 생각도 다르고 성격도 다른 건 알고 있었지만 내가 그걸 받아들이고 수용을 해야겠구나 하는 걸 느꼈어요. 친구랑 가끔 트러블이 있잖아요. 저는 이해가 안 됐었어요. 왜 그러지 그랬는데, 아~ 그래서 네가 그렇게 얘기를 했구나 하는 게 보이는 거예요. 나와 다르지만, 생각을 다르게 했지만 그런 생각을 할 수도 있고 저런 생각을 할 수도 있고 저런 말을 할 수도 있는 거구나 이렇게 달라지더라고요." (2015. 12. 29. 정아

와의 면담)

정아는 지금 대학생으로서 다양한 것들을 적극적으로 배우고 있다. 어렵게 하늘을 나는 법을 배우던 초록이처럼 정아도 어렵지만 다양한 나라의 사람을 만나고 그 문화를 배우려고 한다. 아직 정아의 미래에 대한 계획은 불확실하지만 자신이 관심을 가지게 된 국제교류 분야나 다문화 분야에 대해 조금이라도 더 많은 것을 배우고 경험하려고 노력 중이다.

은영이는 말로만 가르치는 다문화 교육보다는 애니메이션이라는 매체를 활용한 체험적 다문화 교육이 학습효과가 훨씬 크다는 것을 자신이 경험했던 만큼, 자신이 보육교사가 되면 아이들에게 다문화 이해와 인식 향상을 위해 〈마당을 나온 암탉〉과 같은 영화를 보여 주면서 가르치면 좋겠다는 생각을 하고 있다.

"보육교사 직업을 갖는다고 한다면 다문화라는 부분을 지나칠 수 있는 부분이 아니니까, 어떻게 하면 그 아이들을 더 이해할 수 있도록 노력할 수 있을까 하는 생각이나, 어떻게 하면 일반아이들에게 다문화를 이해시킬까 그런 생각들을 하게 되는 것 같아요. 이론적인 교육을 들으면 금방 다 까먹는데 이론교육이랑 애니메이션으로 함께 교육하면 교육효과가 더 큰 것 같아요."
(2016. 11. 22. 은영이와의 면담)

3. 다문화 인식 경험의 요인과 의미

두 대학생이 〈마당을 나온 암탉〉 애니메이션 감상을 통하여 어떠한 다문화 인식 경험을 하였으며, 그 경험의 의미가 무엇인지를 살펴보면 다음과 같다.

첫째, 연구참여자들은 영화를 감상하면서 영화 속 인물과 현실 속 자기를 비교하여 자신의 선입견이나 편견을 인식하였다. 정아의 경우 암탉인 잎싹이가 청둥오리인 초록이를 아들로 받아들이고 키우는 모습에서 감동을 받았다. 그리고 피부색이 다른 외국인에 대한 자신의 부정적 시선, 어머니와의 문화적 차이로 인한 갈등, 자신과 다른 친구에 대해 선입견을 갖고 그 친구의 의견에 대해 부정적으로 반응했던 모습을 떠올리고 반성하였다. 정아의 이러한 반성은 소집단 활동에서 다른 동료들의 이야기에 대한 수용적 태도로 나타났다. 정아의 이러한 변화는 다문화 인식의 증진을 통하여 다문화 수용성이 높아진 것으로 이해된다.

박은영의 경우에는 영화를 보며 이제까지 스스로가 다문화에 대해 무관심했고 자신과 상관없다고 여겼음을 알게 되었는데, 암탉 잎싹이가 알에서 나온 새끼가 자신과 다른 종인 청둥오리임에도 불구하고 "우리 아가"라고 거리낌 없이 대하는 모습을 보고 '우리'라는 경계를 통해 다름을 거부하고 있었던 자기를 인식하였다. 박은영에게 그동안 '우리'라는 개념은 처음 보는 사람이나 인종이 다른 사람에게 사용할 수 있는 말이 아니었다. 이러한 태도는 다문화에 대한 접촉 기회를 갖지 못했기 때문일 수 있다. 다문화에 대해 인식할 기회의 부재가 다름에 대한 편견으로 이어진 것이다. 박은영은 자신의 무관심으로부터 지니게 되었던 다문화에 대한 편견이 결국 다른 문화를 받아들이는 데 있어서 비수용적인 태도를 지니게 했음을 자각하고, 자신과 다른 사람의 이야기에 귀 기울이고 그들이 자신의 주변에서 함께 살아가는 것에 더욱 주의 깊은 관심을 기울이게 되었다. 즉, 다문화에 대한 관심과 수용적 인 태도로 변화된 것이다. 이러한 연구참여자들의 내러티브는 다 문화 인식을 문화적 수용성에 영향을 미치는 중요한 측면으로 바라본 Sue와 Sue(2011)의 이론을 뒷받침하면서, 다문화 교육이 대 학생들의 다문화 인식 수준을 향상시킨다는 연구 결과들(강운선, 2015; 박순희, 이주희, 김은진, 2011; 서재복 2014; 염미경, 2012)과 맥 을 같이하는 모습이다.

둘째, 연구참여자들은 애니메이션을 감상한 후 동료들과 소집 단 활동을 하면서 감상 중 자각했던 영화 속의 다문화 이슈를 더 욱 다양하고 풍성하게 깨닫게 되었고, 자신의 다문화 인식의 편협 함을 알아차림으로써 다문화 인식이 확장되고 촉진되었다. 연구 참여자들이 경험한 소집단 활동은 수업의 일환으로서 강사의 지 도 아래 집단상담 형태로 구성되어 진행되었다. 정아와 은영이는 소집단 동료들의 의견을 들으면서 자신은 미처 발견하지 못했던 다양한 다문화적 측면들을 동료들이 발견하는 것에 놀라고 동료 들의 이야기를 편견 없이 듣고 있는 자신을 발견하면서 예전과 다 른 수용적인 자기를 인식하였다. 정아와 은영이는 애니메이션 감 상 후의 집단상담 활동을 통하여 각자가 처한 상황에 따라 다른 시각과 행동을 할 수 있음을 자각하게 되었고 자신과 다른 사람 을 이해하고 수용하는 다문화 인식의 확장을 경험하게 하였다. 연구참여자들의 이러한 모습은 집단상담이 집단 내에서의 좋은 관계형성, 자기통찰과 이해, 직면, 타인과의 상호작용을 통한 학습 등을 통해 집단원들에게 치료적 경험을 제공한다는 주장(Corey, Corey, & Corey, 2016)과 맥을 같이하는 모습이다. 또한 집단상담이 대학생들이 자신의 경험을 탐색하고 새롭게 재구성할 수 있도록 돕는 안전한 환경이라는 선행연구(구자경, 장은정, 2016)와도 일치한다.

셋째, 연구참여자들은 암탉인 잎싹이 종이 다른 청둥오리 아기를 기꺼이 받아들이고 헌신적으로 키우는 모습에서 감동을 받았으며 이것은 애니메이션에서 본 가장 다문화적인 모습이라고 하였다. 〈마당을 나온 암탉〉은 그 스토리의 중심이 기계처럼 알을 낳기만 할 뿐 새끼를 키울 수 없었던 양계장 닭 잎싹이의 삶에 있다. 강신영과 김은주(2012)는 모성성이 모든 시대에 동일하게 나타나지 않으며 사회문화적 이데올로기의 장 안에서 다르게 나타난다고 하였다. 그들은 잎싹이의 '종이 다른 자식'을 향한 모성성을 통해 현대 사회에서의 모성성이 혈연적이고 생물학적인 사랑을 넘어 타 생명에 대한 사랑과 돌봄으로 확장된다고 설명하였다. 김은주(2011)는 〈마당을 나온 암탉〉의 내용이 모성애에 관한 한국적 정서를 잘 살리면서도 생명에 대한 사랑, 다양한 생명에 대한 이해 등을 포함하고 있어 우리 사회를 이루기 위해서는 서로 달라도 함께 살아야 하고 서로 배려하며 살아야 함을 깨닫게 한다고 하였다. 연구참여자들은 이 애니메이션에서 제시하는 잎싹의 모성을 통하여 혈연중심의 모성에 치우친 우리 사회의 좁은 인식을 자각하였다. 그리고 애니메이션 전체 이야기 속에서 잎싹과 초록이의 목숨을 위협하는 존재로 등장하였던 족제비의 행동이 사실은 자신의 새끼를 먹여 살리기 위한 어미의 행동이었음을 잎싹이 이해하고 수용하는 것을 통하여 모성이 더 큰 인식, 즉 생명존중과 인류애로 확장되는 경험을 할 수 있었던 것으로 보인다.

넷째, 연구참여자들은 같은 청둥오리들 간의 차별과 편견에 주목하면서 청둥오리 무리들의 파수꾼 선발을 위한 경기에 그동안 소외되었던 초록이 당당히 참여하고, 초록의 승리가 공정하게 인정받은 점에 감동받았다고 하였다. 그리고 차별당하고 있다고 느끼는 다문화인들을 포용하고 공정하게 대할 필요가 있다고 하였다. Jun(2010)은 다문화 문제는 조직적 불평등과 부당함이 몇 세대를 걸쳐 지속되어 온 것이며 특권을 행했던 사람과 억압을 당했던 사람 양쪽 모두에게서 부정적인 격한 감정을 일으키는 위계적이고 이분법적이고 선형적인 사고를 해체할 필요가 있다고 하였다. 허영식(2015)도 차별과 편견은 밀접한 연관성을 지니며 여러 가지 역기능적 사회문제를 일으키므로 편견해소를 통한 차별철폐를 강조하였다. 〈마당을 나온 암탉〉에서도 청둥오리들 간의 차별과 편견은 무리의 갈등을 야기시켰으나 인정과 지지는 무리의 단합과 응집을 가져왔다.

다섯째, 연구참여자들은 미래의 리더이자 다문화 사회인으로서 자신을 포함한 우리 사회의 과제와 역할에 대해 생각하였다. 이정아는 이전까지는 수업시간에 다문화인들에 대해 접하는 기회가 생겨도 별다른 관심이 없었지만 이제는 다문화인들의 삶과 다문화 사회에 대해 관심을 나타내고 있으며 나아가 다문화 분야에서의 경험을 더 많이 체험하려 시도하고 있다. 이러한 이정아의 태도는 다문화 사회를 맞이하는 사회인으로서의 긍정적 태도로, 다문화교육이 다문화에 대해 이해하고 긍정적인 태도를 가지게 한다는 전미순 외(2013)의 연구결과와 일치하는 모습일 뿐만 아니라 태도 변화 과정에서의 경험을 드러내고 있다.

박은영도 자신이 사회에서 직업인으로 살아갈 때 사회적인 역할을 수행해야 할 부분에 대해서까지 생각하였다. 향후 보육교사가 되어 교사로서 다문화 인식 개선을 위해 자신이 무엇을 할 수 있을지 구체적으로 이야기하였다. 이처럼 은영이와 정아의 내러티브를 통해 다문화에 대한 무관심과 편견을 해소하기 위해서는 다문화를 접하고 인식할 환경을 제공하는 것임을 알 수 있었다. 다문화에 대한 무관심과 편견이 다문화를 접하고 인식할 환경 및 교육의 부재와 연관된 것으로 다문화 교육 기회가 다문화 인식 향상에 중요한 역할을 담당함을 알 수 있다. 다문화 인식을 지닌 사람은 자신과 다른 배경의 가치를 지니고 행동하는 사람을 이해하여 다문화 사회에 필요한 행동을 할 수 있다(서기주, 2015).

본 연구참여자들의 내러티브는 영화 속 등장인물들의 말과 행동이 만들어 내는 이야기가 연령 및 성별에 구분 없이 스토리에 대한 몰입 및 공감과 이해를 촉진하고, 이야기가 가진 의미를 전달하는 데 탁월한 매체임(김상렬, 2009)을 보여 주고 있다. 〈마당을 나온 암탉〉이라는 동화를 영화화한 이 애니메이션은 널리 알려진 영화였고, 연구참여자들은 이 애니메이션을 이미 알고 있거나 감상까지 한 경험이 있었다. 애니메이션은 가족이라는 주제하에 동물들을 의인화하며 우리나라의 시대적, 사회적 배경을 잘 드러내고 있었기에 한국의 가족 가치관에 대한 논의를 유발시킬 수 있는 좋은 매체였다. 이러한 애니메이션을 연구참여자가 새로운 관점에서 바라보게 돕고 그 의미를 새로이 구성할 수 있었던 것은 애니메이션을 다문화 관점에서 이해하려는 교육적 목적을 분명히 하였기 때문이다(박종수, 2016). 또한 애니메이션을 활용하는 교육 방식에 있어 김미혜(2013)와 김명석(2014), 구자경(2012)이 제시한 바와 같이 다문화적으로 읽기를 하고 자기 및 타인과의 대화를 통해 다문화적 의미를 구성하도록 격려하였기 때문으로도 볼 수 있다.

본 연구는 개인의 경험을 탐구하는 질적 연구방법론 중에서도 내러티브 탐구방법을 적용함으로써 두 연구참여자가 구성하는 수업 중 영화감상을 통한 다문화 인식 경험 이야기와 그 의미에 주목하였다. 내러티브 탐구는 개인의 삶에 참여하여 개인의 경험을 이해하는 방식으로서 연구참여자가 구성하는 이야기를 통해 연구참여자의 경험을 이해한다. 따라서 연구참여자들은 연구자에게 수업 중 활동을 통해 나타난 스스로의 다문화 인식 경험과 경험의 의미를 말하고 탐구하는 과정에서 다문화 인식에 관해 새로운 의미를 부여하기도 하였다. 연구참여자들은 연구자의 질문에 따라 다문화 수업과정 중에 〈마당을 나온 암탉〉 애니메이션을 감상하고 소그룹 활동을 한 경험을 성찰하고 음미하게 되면서 다문화에 대한 인식이 좀 더 깊어졌다고 말하였다.

본 연구에서는 2명의 여자 대학생의 이야기를 통해 〈마당을 나온 암탉〉 애니메이션을 감상한 경험이 시간적으로 어떻게 변화하였는지, 그리고 자기내적 대화와 동료들 간의 대화, 이후의 삶과 계획으로 어떻게 이어졌는지를 살펴봄으로써 개인의 다문화 인식의 변화 과정을 생생하게 이해할 수 있었다.

1. '마당을 나온 암탉'을 동화나 애니메이션으로 보고 자신의 소감을 이야기해 보자. 당신이 애니메이션을 감상하면서 경험한 소감은 다문화 사회정의 이슈와 어떠한 관련이 있는가?

2. 다음의 〈글 1〉과 〈글 2〉는 『마당을 나온 암탉』 동화책의 내용을 일부 발췌한 것이다. 이를 읽고 질문에 대답해 보자. 그런 후 〈글 1〉과 〈글 2〉에서 등장하는 대상(잎싹, 초록머리, 수탉, 암탉) 중의 하나를 선택하여 그에게 마음을 전하는 편지를 써 보자. 필요하다면 그림을 그려도 좋다.

> 〈글 1〉
> 수탉이 회의를 열었다. '꼴불견 암탉과 아기오리 처리 문제'에 대해서였다. 잎싹과 새끼 오리를 당장 내쫓고 싶은 게 수탉의 마음이었다.
> (…중략…)
> "모두 알다시피 문제가 복잡해. 암탉이 오리알을 깠어. 그리고 마당에 살려고 찾아왔어. 나는 헛간의 우두머리로서 결정을 내릴 수 있지만 그 전에 오리 의견도 들을 생각이야. 닭과 오리에 대한 문제니까. 꼴불견 암탉을 어떻게 하지? 저 조무래기는 또 어떻게 하지?"
> 수탉이 경멸하는 눈초리로 잎싹을 노려보았다.

"헛간에 암탉은 나 하나로 충분해. 게다가 아기가 여섯이나 태어나서 헛간이 비좁단 말야. 아기들을 가르칠 일도 걱정이야. '어째서 쟤는 암탉한테 꽥꽥거리며 엄마라고 하지?' '어째서 쟤는 우리와 달라?' 하고 쉬지 않고 물을 게 뻔해. 어떤 아기는 삐악거리지 않고 꽥꽥 소리를 흉내 낼지도 몰라. 나는 무질서한 상태에서 아기를 키울 수가 없어. 그러니 꼴불견 암탉과 아기오리를 내보내는 게 좋겠어."

암탉이 말했다.

출처: 황선미(2002). 『마당을 나온 암탉』. 사계절출판사, pp. 96~97.

- 마당의 암탉은 잎싹과 아기오리를 내보내는 이유에 대해서 무엇이라고 했나?
- 수탉은 왜 잎싹과 아기오리를 당장 내쫓고 싶었을까?
- 잎싹과 아기오리는 마당의 암탉과 수탉의 태도를 통해 어떤 감정을 느낄까?
- 마당의 암탉과 수탉을 현재 우리 사회와 연결시켜 생각한다면 무엇이 연상되는가?

〈글 2〉

초록머리가 잠자코 있다가 어렵게 입을 뗐다.

"엄마, 나 오랫동안 생각해 봤어요."

초록머리가 다시 한참동안 입을 다물었다. 잎싹은 불안했다.

"우리, 마당으로 가는 게 어때요? 외톨이로 사는 게 싫어."

잎싹은 마음이 무거웠다. 초록머리가 그런 말을 하는 것은 처음이었다. 아마 꽤 오랫동안 괴로웠던 모양이다.

"마당으로 가자고?"

"어차피 나는 오리인 걸. 꽥꽥거릴 수밖에 없어."

"그게 뭐 어떠니, 서로 다르게 생겼어도 사랑할 수 있어. 내가 너를 얼마나 사랑하는데."

잎싹은 오래 전에 청둥오리가 했던 말을 들려주었다. 잎싹은 그 말을 이해했기 때문에 초록머리도 알아듣기를 바랐다. 그러나 초록머리는 고개를 저을 뿐이었다.

> "아니. 엄마, 나는 모르겠어. 이러다가 집오리들이 끝내 받아주지 않을까 봐 겁나. 나도 무리에 끼고 싶어."
>
> 초록머리가 훌쩍훌쩍 울었다. 잎싹은 어쩔 줄 몰라서 가만가만 등을 쓸어 주기만 했다.
>
> 출처: 황선미(2002). 『마당을 나온 암탉』. 사계절출판사, p. 136.

- 초록머리는 왜 마당의 집오리무리에게 가고 싶어하는가?
- 초록머리는 왜 집오리들이 자신을 받아주지 않을 거라고 생각할까?
- 오리로서 오리무리에 낄 수 없는 초록머리의 심정은 어땠을까?
- 잎싹은 초록머리가 무엇을 알아주기를 바라고 있는가?
- 자신이 품어서 태어난 초록머리가 자신과 다르게 생겼다는 것 때문에 힘들어하고 오리무리에 들어가기만을 바라는 것을 보아야 하는 잎싹의 마음은 어땠을까?

3. 다문화 사회정의 상담에서 활용할 수 있는 다양한 매체에 대하여 생각해 보자.

소설, 동화, 시, 영화, 애니메이션, 그림, 음악 등을 통하여 다문화와 사회정의 이슈를 인식하게 된 경험이 있는가? 있었다면 구체적으로 어떠한 점에서 다문화와 사회정의 이슈를 생각해 보게 되었는가? 당신이 생각해 본 구체적 내용은 무엇인가?

8장

개인 상담 사례에 대한
다문화 사회정의 상담 접근

이 장에서는 개인 상담에 대하여 다문화 사회정의 상담 접근을 적용하는 과정을 살펴보고자 한다. 사례는 개인의 사적 정보를 침해하지 않기 위해, 여러 사례를 종합하여 가상사례로 각색하였다.

1. 사례 요약

〈내담자 인적사항〉

일반계 고등학교 2학년 남학생. 다섯 살 때 엄마와 함께 탈북하여 중국에서 지내다가 열 살 때 남한으로 입국하여 초등학교 때부터 남한의 학교에 다녔다.

〈내방 경위〉

담임교사가 Wee 클래스에 의뢰하였다. 3일 동안 결석한 뒤 지각하며 학교에 온 내담자에게 꾸지람을 했더니 눈을 부릅뜨고 가쁜 숨을 쉬며 교사를 노려보았고 교사는 공포를 느꼈다고 한다. 교사는 교무실에서 하루 종일 고민하다가 잦은 결석을 했기 때문에 상담을 받아야 한다며 내담자를 설득했고, Wee 클래스에 의뢰하였다.

〈주요 호소문제〉

담임교사가 밝힌 호소 문제는 다음과 같다. "수업에 참여하지 않고, 기분 변화가 잦고, 너무 쉽게 화를 내서 급우들이 친해지기 어려운 친구라고 말을 한다. 지각과 결석이 잦다. 학업성취도가 낮고, 진로목표가 불분명하여, 진학지도나 취업지도를 하기 어렵다."

학생 본인은 상황을 다르게 지각한다. "귀찮게 하지 말고, 나를 내버려 두었으면 좋겠다. 중국으로 돌아가고 싶다. 공부를 못해서 학교 졸업해 봤자 취직도 못하니, 학교 그만 다니고 싶다. 반 애들도 너무 어려서 함께 이야기할 가치가 없다. 대화내용이 유치하고, 연예인·이성관계·오락 이야기를 한다. 영어 조금 잘하는 거 가지고 잘난 체하는 것도 꼴불견이다. 중국에서는 공안이 잡으러 올까 봐 겁나는 거 빼고는 잘 지냈다. 아버지는 쌀농사, 차농사, 배추농사 지으면서 고생했지만 과자도 잘 사주고, 나를 많이 안아주셨다."

〈상담자가 받은 인상〉

강한 인상, 이목구비가 진한 편, 얼굴에 작은 흉터들이 여러 개 있으며 피부가 검다. 인사를 하지 않았고, 말이 없거나 가끔 말을 꺼내면 큰 소리로 쏘아보면서 말한다. '그게 아니요'라는 표현이 많은데, 말투가 상담자에게 자연스럽게 다가오지는 않았다. 표정이 어둡고, 상담자에게 어떤 기대도 하고 있는 것 같지 않으며, 상담자가 내담자의 눈치를 보게 되는 듯한 감정을 경험하였다.

〈가족사항〉

- 아버지: 현재 아버지는 45세이고, 매일 술을 드신다. 건축 공사장에서 목수 일을 하시고, 어머니와 결혼하기 전에 낳은 형제 둘이 있다. 형은 고등학교 3학년이고, 동생은 중학교 1학년이다. 북한에 두고 온 아버지에 대해 기억나는 것이 없다. 중국에 두고 온 아버지는 따뜻하고 자상한 분이셨다. 중국에서는 누나도 있었다. 누나가 잘 돌봐 주었고, 맛있는 것도 자주 해 줬다.

- 어머니: 어머니는 47세이고, 식당 일을 나가신다. 내담자에게 따뜻하게 대해 주시고, 하고 싶은 것을 다 하라고 말씀해 주시며, 물질적인 지원도 잘 해 주신다. 중국의 안전하지 않은 여건에서도 북한 말로 대화하고, 몰래 북한 친구들을 소개해 주곤 했다. 형이나 동생보다 내담자에게 더 자상하고 후하시다. 그렇지만 내담자가 중국 아버지와 누나 이야기를 꺼내면, 막으며 화내신다.

- 형: 집에서 멀리 떨어진 지역의 특성화고에 다닌다. 내담자

와 서로 마주칠 시간이 없고, 만나서도 별 대화를 나누지 않는다.

- 동생: 내담자를 친형처럼 대한다. 북한과 중국에서 살았던 것에 대하여 '형은 대단해. 슈퍼맨이야' 하면서 내담자를 잘 따른다.

〈상담자〉

40세 여성이다. 영어교사로 교직에 입문했다가 전문상담교사로 전과하였다. 법조 공무원이셨던 아버지를 따라 거주지를 여러 번 옮겼다. 대도시에 있는 명문대학을 졸업하였고, '현역'으로 임용고시에 합격하였으며, 전문상담교사로 옮기는 과정도 순조로웠다. 남편은 수학교사이고, 초등학생 딸 둘을 기르고 있다. 전업주부이신 어머니 손에 이끌려 어린 시절부터 교회를 다녔으며, 청년부 시절에는 부회장까지 하였고, 결혼 후에는 일요일에 출석하는 정도로만 종교생활을 하고 있다.

2. 상담 진행

상담 진행 과정을 상담관계 형성을 위한 문화적 요소의 분석, 진단, 목표설정, 상담개입 그리고 평가과정으로 나눠서 살펴보고자 한다.

1) 상담관계 형성을 위한 문화적 요소의 분석

문화적 특징에 대한 모형 중 하나인 리스펙트풀(RESPECTFUL) 모형(D'Andrea & Daniels, 2001)을 통해 내담자와 상담자의 문화적 특징을 검토하고, 각 요소별로 내담자와 상담자의 문화적 공통점과 차이점을 살펴보고자 한다. 앞의 2장에서 문화적 특징 모형으로 어드레싱(ADDRESSING) 모형(Hays, 2008)과 리스펙트풀 모형을 소개한 바 있다. 두 모형 중 이 내담자에게는 리스펙트풀 모형이 더 적절할 것으로 보였다. 리스펙트풀 모형은 심리적 성숙, 트라우마, 가족 다양성 등의 이슈를 포함하고 있어서, 내담자의 여러 가지 측면을 검토하는 데 도움이 될 것으로 판단되었다.

문화적 특징별로 내담자와 상담자의 문화적 요소를 살펴보고, 둘 사이의 문화적 차이를 알아보고자 한다. 이 작업은 다문화 사회정의 상담에서 내담자와 상담을 시작하기 전에 해야 할 작업이다. 이 작업을 통해 상담자는 자신이 내담자의 어떤 면을 이해하기 어려울지, 어떤 이유로 무의도적인 억압을 행사하게 될지, 내담자가 경험하는 억압과 차별을 이해하고 상담자 자신이 억압을 가하지 않도록 하기 위해 어떤 문화를 배워야 할지에 대하여 알 수 있게 된다. 상담자는 문화적 차이가 클수록 내담자가 상담 과정에서 억압과 차별을 경험할 가능성이 커지고, 상담관계가 제대로 형성되기 어렵다는 것을 알고 있다. 이에 자신의 문화적 특징을 다시 한번 점검하면서 내담자로부터 내담자 문화의 어떤 면들을 더 배워야 할지를 판단하는 자료로 삼기로 하였다.

(1) 종교

내담자의 종교는 아직 탐색되지 않았다. 상담자는 적극적인 종교행위까지 하는 기독교인이다. 기독교는 우리 사회에서 주류 종교에 해당하기 때문에, 상담자는 자신의 종교를 말할 때 당당할 수 있다. 상담자가 내담자의 종교를 아직 모르기 때문에, 자신의 기독교적 세계관과 가치관이 내담자에게 어떻게 다가갈지 확실히 알지 못한다. 북한에서는 기독교가 인정되지 않고 있지만 은신하면서 신앙생활을 유지하는 사람들이 있고, 중국에는 정부가 인정하는 교회도 있기 때문에, 내담자의 어머니가 기독교인일 가능성을 배제할 수는 없다. 내담자의 세계관과 가치관에도 기독교적 요소가 포함되어 있을 수 있다. 그래도 상담자는 내담자나 내담자 어머니의 종교성을 정확히 이해하기 전에는 기독교 용어를 사용하지 않기로 하였다. 극한 상황을 여러 번 거친 내담자의 어머니는 강한 영성 또는 종교를 지니고 있을 수 있고, 그것이 상담자의 종교와 갈등된다고 느끼면, 상담관계 형성에 지장을 초래할 수 있기 때문이다.

(2) 사회경제적 지위

내담자의 사회경제적 지위는 매우 낮다. 새아버지는 건축 공사장 목수 일을 하시지만 술을 많이 마셔서 돈을 모으거나 생활에 큰 보탬을 주지는 못하시는 것 같다. 지난 여름에는 특히 비가 많이 와서 소득이 거의 없었을 가능성이 있다. 최저임금 인상정책으로 인해 여러 군데 식당 일을 하는 어머니의 소득이 높아졌고, 어머니가 생계를 책임지는 형편이다.

상담자의 사회경제적 배경은 중산층이다. 돈을 펑펑 쓰고 다닐 여유까지는 없었지만, 하고 싶은 일을 하면서 넉넉하게 살 정도의 형편이 내담자가 기억하는 어린 시절부터 계속 유지되고 있다. 부모님 모두 학업에 지대한 관심을 보이셨으며, 특히 교사 출신인 어머니는 상담자의 과목별 성적, 점수뿐 아니라 실력까지도 세세하게 체크하시며, 사교육비 지출도 마다하지 않으셨다. 상담자 가정에서 교육에 필요한 비용은 가장 우선적으로 지출되었다.

상담자는 경제적 어려움을 경험해 보지 않았고, 교육적인 지지에 우선순위를 두고 자랐기 때문에, 교육보다 더 중요한 삶의 과제를 지닌 사람들을 별로 만나보지 못했다. 학교에 근무하면서 어려운 여건의 학생들을 만나게 되었지만, 가족사에서 경험한 것은 아니기 때문에 그것이 상담자의 기본적인 세계관과 가치관에 영향을 주지는 않았다고 생각된다. 그래서 생존이 어려울 정도로 가난을 경험한 내담자에게 학교가 어떤 의미를 갖는지를 이해하는 데 한계가 있다. 내담자를 통해 더 배워야겠다고 생각한다.

(3) 성/성적 지향

내담자는 남성이다. 이성애 여부는 아직 탐색되지 않았다. 상담자는 이성애 여성이다. 가정에서는 정숙하고 현명한 배우자, 어머니가 되는 것에 대하여 중요하게 여기는 교육을 받았다. 남녀공학을 다니는 동안 방송반 동아리 활동을 하면서, 남학생은 행사기획, 언어적 지시, 정밀하게 다루어야 하는 기계장비에 대한 접근 등에 거리낌이 없는 반면, 여학생은 음악 고르기, 멘트 쓰기, 말하기 등의 업무를 맡는 것을 봐 왔다.

내담자는 남성이고 상담자는 여성이다. Hays(2008)는 여성을 소수민, 남성을 주류민이라고 하였다. 상담자는 성장기 동안 아들에게 기대가 더 큰 가정 분위기를 경험했지만, 그렇다고 여자라서 큰 불이익을 당해 본 기억은 나지 않는다. 내담자는 남자 청소년이다. 성만 고려한다면, 내담자는 주류민이다. 내담자가 살아온 세계에서는 남성의 역할을 어떻게 규정하는지 알아볼 필요가 있다. 그래서 기회가 될 때, "남자의 역할은 무엇인가요? 여자의 역할은 무엇인가요? 남자와 여자는 다른 역할을 하나요?" 등의 질문을 시도하려고 한다.

(4) 심리적 성숙도

내담자의 심리적 성숙도는 낮은 편으로 보인다. 고등학교 2학년 학생 치고는 분노 등의 감정이 올라올 때, 자신의 감정을 언어로 차근차근 표현하는 데 서툴다. 표정과 몸으로, 그리고 직설적인 말로 표현하는 편이다. 상담자의 심리적 성숙도는 '높은 편'이다. 상담자는 자신의 감정이나 생각을 말로 충분히 표현하는 데 어려움을 느껴 본 적이 없다. 원하는 것을 설득력 있게 말하면 부모님이 들어주는 편이었다. 선생님을 이해시키는 데도 큰 어려움이 없었다. 상담자가 말하면 부모, 형제, 교사 모두 잘 들어 주었던 것으로 기억된다.

상담자는 언어 표현력이 뛰어나다. 깊은 속마음까지 섬세하게 표현하는 데 어려움이 없다. 내담자는 그에 비해 자신의 마음을 언어로 표현하기보다는 표정이나 제스처로 표현한다. 그로 인해 공격적인 행동을 한다는 평가를 받을 때도 있다. 이런 점에서 내담자는 소수민이고, 상담자는 주류민이며, 담임교사도 그러했듯이 상담자도 내담자의 거친 어투, 분노하는 표정과 제스처로부터 위협을 느낄 수 있다. 이러한 내담자의 모습에서 '그가 살아온 세상'을 찾아내려고 노력하려 한다. 그렇지 않을 경우 상담자도 내담자를 대하면서 부정적인 감정을 갖게 되며, 경청하는 데 방해를 받고, 결과적으로 내담자에 대한 억압과 차별에 가담할 수 있기 때문이다.

(5) 인종·민족

내담자는 한민족이고 스스로를 한국 사람이라고 말한다. 북한에서 한국인 아버지와 어머니 사이에서 태어났다. 중국에서 어린 시절을 5년 동안 보내면서, 중국 문화에 익숙해졌고, 중국 사람을 친숙하게 생각하고 있다. 상담자의 부모님은 모두 한국인이시다. 내담자는 한국 국민으로서의 정체성이 흔들린 적이 없지만, 한국이 자신에게 호의적인 국가인지에 대하여는 확신이 부족하다.

상담자는 한국 사회에서 태어나고 주류민으로 성장하였다. 자신의 국적에 대해 의문시해 본 적이 없는 상담자는 국적과 관련하여 확신이 부족한 내담자의 마음이 궁금하다. 내담자는 북한과 중국을 거쳐 한국에서 살고 있다. 내담자는 자신을 한국인이라고 하는데, 국적을 말할 때 주저하기도 한다. 국적을 말할 때 주저하는 이유가 한국 사회에서 충분히 수용받지 못한다는 아쉬움 때문인지는 더 탐색할 필요가 있다. 이것이 내담자의 감정, 사고, 행동에 어떤 영향을 미치는지도 탐색하려고 한다.

(6) 연령

내담자의 연령은 청소년이다. 아동과 청소년 그리고 노년은 소수민에 속한다(Hays, 2008). 상담자의 연령은 40세로서 연령상 주류민이다. 가정이나 직장에서 안정되게 자리를 잡았다. 시댁에서 목소리를 낼 정도의 위치에 있고, 직장에서도 중견교사가 되어서, 자기 생각을 자신 있게 말할 정도는 되었다고 느낀다. 자기 나이가 참 좋은 나이라고 생각하고 있다.

내담자는 청소년이어서 자신이 꿈꾸는 삶이 있다 할지라도 부모에게 의존하고 있다. 학교를 졸업해야 사회인으로 무난하게 진출하는 현실에서 학교 졸업이 위태로운 상황에 놓여 있다. 상담자는 내담자의 형편을 충분히 이해하려고 노력하고자 한다. 이를 위해 상담자는 내담자가 자신을 충분히 표현하도록 기다리고, 상담 시간에는 언어적 장벽을 덜 의식하도록 서두르지 않으려고 하며, 내담자를 공감하고 수용하며 진솔하게 대함으로써 공고한 상담관계를 맺기 위해 노력하려고 한다. Rogers의 촉진적 조건을 상담실에서 지속적으로 마련해 줄 계획이다.

(7) 트라우마

내담자의 트라우마에 대하여 내담자로부터 직접 들은 정보는 없다. 그러나 다섯 살 때 북한을 나오면서 아버지와 이별하게 되었다는 점, 중국 공안에게 체포당할 염려를 하면서 5년을 지냈다는 점을 고려하면, 내담자에게 상실, 공포, 죽음의 목격, 생명의 위협 등의 트라우마가 있을 가능성을 배제할 수 없다. 일련의 사건들 속에서 두 명의 아버지와 강제로 헤어졌고, 생사의 고비를 넘겼으며, 중국 사회에서 소수 민족으로서의 어린 시절을 보내야 했다.

상담자에게는 이렇다 할 트라우마가 기억나지 않는다. 아버지의 판결에 불만을 품은 피고인으로부터 아버지에게 협박전화가 왔던 기억, 첫째 아이를 난산한 것 등 어려움은 있었지만, 남편과 가족들의 충분한 위로와 보살핌이 있었고, 내담자는 그 일로 인해 외상후 스트레스 장애를 경험하지는 않았다.

상담자는 자신이 트라우마를 지닌 내담자를 이해하는 데 한계가 있다고 느끼고, 트라우마 관련 연구물들을 읽기로 하였고, 북한 이탈 청소년에 관한 질적 연구들을 찾아 읽고 있다.

(8) 가족 다양성

내담자는 현재 세 번째 아버지와 함께 살고 있다. 이복형제 둘을 두고 있다. 생물학적 아버지와 함께 살지 않기 때문에, 가족 구성 부분에서 소수민이라고 볼 수 있다. 상담자는 성장기에 어머니, 아버지 그리고 동생과 함께 살았다. 어머니가 전업주부였기 때문에, 아버지가 새로운 지역으로 배치되실 때마다 함께 다녔다. 전직 교사이셨던 어머니가 학습관리를 해 주셨고, 전학 가자마자 치른 시험에서도 전교 5등 안에 들곤 하였다.

이와 같이 상담자는 부모의 절대적인 사랑과 신뢰를 받으며 안정적으로 성장하였다. 가끔은 부모의 지나친 관심과 통제로부터 벗어나고 싶기도 했지만, 한편으로는 두 분의 사랑이 없는 현실은 그 가능성조차 생각해 보지 않았으며, 생물학적인 부모와 동거하지 못하는 삶은 불행하다는 굳은 신념을 지니고 있는 자신을 발견하였다. 내담자가 자신의 가족에 대하여 가지고 있는 정체성이 어떠한지를 상담자가 충분히 이해하기 위해서는 내담자에게 더 배워야 한다. 가족 이야기를 탐색하는 과정에서, 상담자는 내담자가 묘사하는 상황을 정확히 이해하기 위해 노력하는 한편, 상담자 가족의 이야기를 많이 노출하지는 않으려고 한다. 내담자가 상담자를 먼 세상의 사람이라고 느끼지 않도록 하기 위해서이다.

(9) 신체적 여건

내담자에게 드러나는 장애는 보이지 않는다. 다만, 또래의 다른 청소년에 비해 피부가 검고 거칠어서 외모가 눈에 띄는 편이다. 상담자는 자신의 외모가 자랑스러울 정도는 아니라고 생각한다. 중·고등학교 시절 '예쁜' 아이들이 주목받는 것을 보면서 부러운 적도 있었다. 대학교 때에도 '퀸카'가 되지 못하였다. 그러나 특별한 장애는 없다.

상담자와 내담자 모두 장애가 없다는 점에서 신체적 여건에서 주류민이다. 그러나 일상생활의 대화, 매스컴을 통해 전파되는 외모지상주의적 분위기를 내담자가 의식하고 있는지 살펴볼 생각이다. 내담자가 본인을 '잘생긴' 청소년이라고 판단하지 않는다면, 그러한 자기평가가 내담자의 자유로운 대인관계와 진로탐색에 영향을 줄 수 있다는 것을 알고 있기 때문이다. 상담자는 내담자의 외모를 평가하는 말은 그것이 칭찬일지라도 삼가려고 한다. 내면의 강점에 집중하는 것이 내담자에게 유익하다고 판단하기 때문이다.

(10) 언어와 거주지

내담자는 한국어로 대화를 나눌 정도의 한국어 능력을 지니고 있다. 그러나 학습언어에는 능숙하지 못하여, 교과서를 이해하거나 글로 써서 표현하는 데는 어려움을 겪는다. 미묘한 감정표현에도 어려움이 있다. 억양이 독특해서 친구들이 놀렸던 기억이 있으며, 말을 하려고 하지 않는다. 가끔 말을 하면 독특한 억양 때문에 친구들이 웃어서 금방 끝내버리고 만다. 내담자의 거주지는 작은 임대 아파트이며, 그곳에는 저소득층이 밀집하여 거주하고 있다. 언어와 거주지 면에서 소수민이라고 볼 수 있다.

상담자는 표준말을 사용한다. 또박또박한 발음으로 인해 '선생님 설명은 머릿속에 쏙쏙 들어와요.'라는 말을 듣곤 하였다. 거주지도 넓고 쾌적하고, 안전한 동네에 위치해 있다. 상담자는 어릴 때부터 표준말을 정확히 구사하였다. 아버지가 지방 여러 곳에 근무하여 여러 지방에서 살았지만, 어머니는 표준말을 잊지 않도록 신경을 많이 쓰셨다. 어머니가 표준말을 지켰고, 책을 많이 읽게 해 주었다.

예의 바른 표현만 사용하며 표현하고 싶은 바를 자유롭게 마음껏 표현해도 환영 받으며 성장한 상담자는 자신의 신분을 드러내기 어려운 시간을 오래 겪은 내담자를 이해하기 위해 노력하려고 한다. 또한 내담자의 지역사회를 더 탐색하여, 지역사회 내에서 내담자가 활용할 수 있는 자원이 무엇인지 탐색하고자 한다. 상담자는 내담자가 사는 동네의 사회복지관에서 좋은 방과후 프로그램을 운영하고 있다는 것을 알고 있다. 복지관이 서비스 대상을 확대한다고 했었는데, 고등학생도 이용 가능한지 문의해 보고자 한다.

상담자와 내담자의 문화적 특징을 분석하는 작업을 하면서 상담자는 자신이 내담자의 문화적 요소를 확인하기 위해 몇 가지 더 탐색해야 함을 알게 되었다. 내담자의 문화적 요소를 충분히 이해할 때까지는 내담자로부터 내담자의 문화를 배워야 할 것 같기 때문이다. 내담자의 종교, 중국에서 생활하면서 경험한 일, 드러나지 않은 장애의 유무 등에 대해서이다.

문화적 특징을 분석하면서, 상담자는 자신이 내담자를 아직 충분히 이해하지 못하고 있다는 것을 알게 되었다. 특히 내담자의 말투나 화를 내는 것 같은 언어적, 비언어적 표현이 내담자가 성장 배경에서 자연스럽게 익힌 것이므로, 상담자도 자연스럽게 받아줌으로써 내담자가 상담자 앞에서 자신을 자유롭게 표현하도록 도와줘야 한다는 것을 알지 못했었다. 어쩌면 한국말로 복합적이고 미묘한 감정을 풀어내는 것도 내담자에게는 쉽지 않은 일이라고 생각된다. 특히 가족 중에서 내담자와 대화를 나눠 줄 사람이 많지 않아서 자신의 한국말 표현을 자연스럽게 검증받을 기회가 없다는 점에 마음이 쓰인다. 내담자의 종교에 대하여는 다음 회기 때 탐색하기로 하였다.

내담자가 자신을 드러내기를 거부할 때는 존중하고 기다려 주기로 하였으나, 표현하기 어려워하는 그 부분에 트라우마가 내재되어 있을 수도 있기 때문에 주의 깊게 보기로 하였다. 어려운 경제적 형편으로 인해 어머니와 충분히 시간을 보내지 못하고, 아버지와 이복형제와의 관계가 소원한 것으로 보이기 때문에 이 부분도 살펴보기로 하였다. 그렇지만 내담자가 여러 가지 문화적 요소에서 소수민의 위치에 처해 있다는 이유로 내담자에게 강점과 자원이 부족할 것이라는 가설에 스스로가 사로잡히지 않도록 유의해야 한다고 다짐하였다. 예를 들어, 집에는 내담자를 멋진 형으로 표현해 주는 동생이 있다. 동생과의 대화시간을 늘리는 것은 내담자의 한국 생활 적응에 큰 보탬이 될 것이다. 내담자를 만날 때마다 내담자의 내적 강점을 찾아보고, 내담자의 환경에 내재하는 자원도 찾아보기로 하였다.

2) 진단

다문화 사회정의 상담을 위해 내담자 개인에 대한 진단과 체계에 대한 진단을 함께 진행하고자 하였다. 체계를 진단하기 위해 Bronfenbrenner의 생태체계 모형을 사용하기로 하였다.

(1) 내담자 진단

상담자는 석사과정 동안 여러 가지 상담이론을 배웠지만, 수련과정에서 인간중심상담에 매력을 느꼈고, 그 뒤로 상담을 할 때 인간중심상담의 원리와 기법을 적용하면서, 여러 학생과 효과적으로 상담을 진행한 경험이 있다. 그래서 내담자를 진단할 때 인간중심상담으로 진행하고, 이 상담만으로 부족할 때는 인지행동주의, 그리고 정신역동적 접근을 순차적으로 활용하고 있다.

인간중심상담은 인간의 기본적인 동기가 선하며, 인간은 기본적으로 자기 문제를 이해하고 해결할 수 있는 능력이 있다고 가정한다. 내담자의 문제는 내담자에게 내재한 선함과 유능함을 충분히 촉진하지 않는 적대적 환경에서 유래하며, 내담자에 대한 가치의 조건화의 결과이다.

상담자는 내담자의 선함을 어떻게 찾아야 할지 궁리하였고, 우선 내담자가 학교에 오는 것과 퉁명스럽지만 거짓을 말하지 않는 것에서 찾았다. 또 상담자가 보기에 내담자는 진실하였다. 내담자의 유능함은 두 번의 큰 탈출에서 살아남은 것에서 찾았다. 내담자는 다섯 살 때 목숨을 걸고 국경을 넘는 엄마와 함께 무사히 압록강을 건너 자신을 지킨 경험이 있고, 중국에서 새아버지와 함께 잘 지내는 방법을 알았으며, 공안의 눈을 피했고, 또한 한국으로 넘어와서도 새 가정에 적응하면서 살고 있다.

문제는 내담자가 한국의 일반계 고등학교 2학년으로서 자기를 실현하는 삶을 산다고 보기에는 지각, 결석, 대인관계 기술 면에서 어려움이 있다는 것이다. 내담자에게는 친한 학교 친구가 없고, 성적이 부진하고, 더욱이 아직 대략의 전공도 정하지 못한 상황이다. 어디서부터 개입해야 할지 난감해 하는 담임교사의 손에 이끌려 상담자를 찾아온 것이다.

인간중심상담에서는 상담자가 개인의 선함과 유능함을 믿는다는 것을 암시하는 언어적, 비언어적 반응을 주요 개입방법으로 삼는다. 공감, 무조건적 존중, 순수성 등의 촉진적 반응을 해 주고, 내담자가 그것을 경험함으로써, 자기 안에 있는 선함과 유능성을 개발하도록 하는 것이다.

상담자는 교사를 노려보는 내담자의 시선, 학교 규칙을 지키기 어려운 행동의 동기, 관심에 대한 거부 등에 숨은 내담자의 감정을 이해하기가 어려웠다. 어려운 생사의 고비를 넘기면서까지 자신의 삶을 지켜온 내담자가 왜 학교 적응이라는 더 쉬워 보이는 과제 앞에서는 부적응적 특성들을 보이는 것인가? 공감하려고 다가서면 더욱 거부하는 내담자의 진정한 욕구는 무엇인가? 내담자 행동의 궁극적인 동기는 무엇이며, 내담자 고유의 선함과 유능함은 어떤 것인가? 내담자에게 가해진 가치의 조건화는 어떤 것인가? 여러 가지 질문들이 상담자에게 스쳐갔다.

(2) 미시체계 진단

대표적인 미시체계로는 가족, 학교, 또래 등을 들 수 있다. 내담자의 가족은 저마다 자기 삶의 과제와 씨름하는 듯이 보였다. 어머니는 돈을 벌어서 내담자의 생계와 학비를 책임져야 했다. 새로 생긴 가족도 돌봐야 했다. 아버지는 알코올중독으로 인해 스스로 고통받고 있다. 한 살 위인 형은 내담자와 관계가 소원하다. 동생은 내담자를 좋아하고 따르지만 내담자에게 힘이 되어주기는 어렵다.

학교는 일반계 고등학교로서 학생 개개인의 심리적 고통을 충분히 이해하고 감싸주기에는 입시라는 공동의 과제를 해결하기에 바쁘다. 대도시에 위치한 내담자의 학교는 내담자와 같은 동네에 사는 학생들과 새로 조성된 아파트 단지에 사는 학생들 간의 계층 격차로 인한 어려움을 겪고 있다. 어려운 처지에 속한 내담자를 돕기는 어렵다. 그래도 담임교사가 학생에게 관심이 있고, 전문상담교사가 상주하고 있다. 지각하는 내담자를 꾸짖고, 학교 상담실에 의뢰하는 담임교사의 행동은 교사가 아직 내담자에 대한 기대를 지니고 있음을 나타낸다. 전문상담교사는 상담실에 오는 학생한 명 한 명의 복지를 위해 헌신할 준비가 되어 있고, 상담기술을 새롭게 배워서 각각의 문제를 해결하기 위해 애쓰고 있다.

내담자는 학교에서 만나는 또래들이 내담자와 대화상대가 되어 주지 못한다고 생각하고 있다. 그럼에도 불구하고, 급우들이 내담자를 무시하거나 일부러 따돌리려 하지는 않는 것으로 파악되고 있다.

(3) 중간체계 진단

중간체계는 미시체계 간의 관계를 의미한다. 내담자의 미시체계인 학교와 가정의 관계가 소원하다. 내담자의 가정 문화는 학교 공부를 돕기 어려운 형편이다. 내담자의 부모는 내담자가 학교에서 어떤 경험을 하는지 알지 못한다. 내담자의 학업이나 대인관계에 대한 관심은 '뭐든 말썽없이 잘해 내라.'라는 압력 이상의 관심으로 표현되지는 않는다. 내담자의 노려보는 눈, 귀찮아 하는 말투는 가정에서의 상호관계를 반영하는 것으로 보인다.

(4) 외체계와 거시체계 진단

외체계는 가족의 직장이나 학교, 부모-형제의 친구망, 지방교육청의 활동 등을 말한다. 현재 내담자 아버지의 직장은 건축 공사장이고, 어머니의 직장은 식당이다. 두 곳 모두 신체적으로 매우 고된 일을 요하는 곳이고, 아버지의 경우 날씨와 계절의 영향을 받아 일감이 결정되기 때문에 수입이 불규칙하다. 두 직장 모두 구성원들끼리 자녀 교육에 도움이 되는 정보를 교류하기에는 척박한 환경이다. 형은 특성화고에 다니고 있어서, 일반계고의 상황이나 대학 진학을 위해 학생이 준비해야 할 일을 잘 알지 못한다. 지역 교육청은 학교에 진로전담교사를 배치하는 정책을 시행하고 있으며, 진로 박람회와 대학 입시 설명회를 자주 열어주고 있다.

내담자의 어머니는 아직 한국에서 친구를 사귀지 못했다. 어머니가 한국 사회에 적응하는 데 필요한 정보를 얻기 어렵다는 것을 알 수 있다. 아버지의 친구들은 주로 술친구들이어서 자녀 학업이나 진로에 대한 관심이 없다.

거시체계는 산업구조의 흐름, 사회규범, 문화, 정치, 정책, 가치관 등을 의미한다. 내담자가 청소년기를 보내고 있는 21세기는 4차 산업혁명으로 인해 산업구조 전반에 급격한 변화를 겪고 있다. 평균수명이 길어진 반면, 산업구조의 변화가 잦게 일어날 것이 예상되어, 일생 동안 여러 개의 직업을 가져야 할 수도 있다. 이러한 무경계 진로환경에서 내담자가 평생 동안 스스로를 돌보기 위해서는 자기주도적으로 주관적인 만족을 추구하며 프로티언 커리어를 쌓아 가려는 태도와 행동이 필요하다.

생태체계 모형을 바탕으로 내담자를 개인 수준에서부터 거시체계까지 진단하는 동안 21세기에 대부분의 삶을 살아야 할 내담자의 현재와 미래가 결코 쉽지 않은 길이라는 생각을 하게 되었다. 상담자는 내담자의 상황을 좀 더 넓은 시야에서 객관적으로 볼 수 있게 되었고, 내담자의 낮은 성적을 크게 의식하지 않기로 하였다. 그보다는 내담자가 보다 자신감을 가지고 주도적으로 체계와 소통하며 자신의 진로를 탐색할 수 있도록 돕기 위한 개입전략을 수립해야겠다고 생각하였다.

3) 상담목표 설정

내담자와 함께 상담목표를 명시적으로 합의하기 위해서는 시간이 좀 더 걸릴 수 있다. 내담자가 자발적으로 자신의 목표를 말하기에는 작업동맹이 공고해질 필요가 있기 때문이다. 이를 위해 내담자의 상황을 충분하고 깊이 있게 이해하려는 노력이 필요하고, 그 과정에서 내담자의 마음을 열어야 하며, 내담자에게 자신감을 줄 수 있어야 할 것이다. 상담자는 우선 가설적으로 다음과 같은 목표를 세우며 내담자와의 만남을 유지하는 데 최선을 다하기로 하였다.

- 자존감 증진: 내담자 스스로 자신을 가치 있는 존재로 여기도록 돕는다.
  - 내담자의 자존감 증진에 기여하는 환경을 조성한다.
- 자기효능감 증진: 남한 사회에서 자신이 원하는 것을 찾을 수 있고, 성취할 수 있다는 효능감을 증진시킨다.
  - 내담자의 자기효능 증진에 기여하는 환경을 조성한다.
- 친사회적인 행동의 습득: 부드러운 시선과 말투를 익혀서, 친구 및 교사와의 대인관계가 원만해질 수 있도록 한다.
  - 내담자의 친사회적 행동을 강화하는 환경을 조성한다.
- 진로특성 이해 및 진로정보 탐색방법 습득: 자신의 진로특성을 이해하고, 관심 직업에 대한 기초적인 정보를 찾을 수 있도록 한다.
  - 진로발달에 도움이 되는 환경, 제도를 활용하는 역량을 기

른다.

상담자는 이와 같은 목표를 설정하고, 내담자에게 설명하였다. 내담자의 필요에 따라 목표를 변경할 수 있음을 알려주었다. 내담자는 세 번째 목표인 '친사회적인 행동의 습득'에 대하여, "내가 왜 그래야 합니까?"라고 반문하였다. 상담자는 내담자의 반문을 경청하고, 다른 사람들과 원만한 관계를 형성하도록 하기 위해 수립한 목표인데, 내담자에게 불편하다면 우선은 목표 목록에서 지우겠다고 하였다. 내담자는 "그냥 두십시오."라고 짧게 대답하였다. 그리고 새로운 목표가 나타나면 추가해 달라는 상담자의 요청에 그렇게 하겠다고 대답하였다.

4) 개입 전략 수립

(1) 자존감 증진을 위한 전략

자존감은 자신의 가치를 성취 유무에 따라 결정하는 것이 아니라 자신이 있는 그대로 고유의 가치가 있음을 인정하는 것이다. 상담자는 내담자의 자존감이 증진되도록 돕기 위해 인본주의 상담기법과 해결중심 상담기법, 그리고 이야기치료 기법을 사용하기로 하였다. 세 접근 모두 강점 기반 접근이라고 볼 수 있다.

인본주의 상담기법의 무조건적인 긍정적 존중을 통해, 내담자를 있는 그대로 수용하기로 하였다. 상담자가 내담자의 존재를 수용한다는 것을 표현하기 위해, 내담자를 비판단적 자세로 바라보기로 하였다. 내담자와의 약속을 소중히 여기고, 내담자가 함께

하는 시간이 상담자에게 얼마나 소중한지, 상담자가 내담자를 통해 새로운 문화에 대하여 얼마나 많은 것을 배우고 있는지를 말해 주기로 하였다.

해결중심 단기상담기법 중에서도 대처질문 기법이 가장 적절해 보인다. 내담자와 대화를 나누면서 기회가 생길 때마다, 어려운 순간들을 굳건히 이겨내고, 이 자리에 와 있는 내담자의 모습을 선명하게 묘사해 주고, 어떤 힘으로 그렇게 할 수 있었는지를 묻고자 한다.

내담자의 성장배경과 그로 인해 내담자의 정서와 행동이 어떤 영향을 받았는지를 충분히 이해하게 되었다고 느낄 때, 내담자의 허락을 받은 후 담임교사를 방문하고자 한다. 담임교사가 내담자의 정서와 행동을 위협적으로 받아들이지 않도록 도움을 줌으로써 내담자에게 보다 호의적인 접근을 하도록 돕고자 한다.

또 내담자의 어머니와 연락을 취하여, 자녀를 잘 키우기 위한 어머니의 노력에 대하여 경의를 표하고, 내담자에게 관심, 칭찬, 격려가 도움이 된다는 정보를 제공하고자 한다. 가능하다면 아버지도 함께 만나 아버지와 가족의 존재가 내담자에게 큰 힘이 된다는 점을 알려줌으로써 내담자에 대하여 아버지가 우호적인 관심을 갖도록 도울 예정이다. 담임교사와 가족의 우호적인 반응은 내담자가 자존감을 높이는 데 도움이 될 것이다.

(2) 자기효능감 증진을 위한 전략

자기효능감은 자신이 특정 과제를 완수해 낼 수 있다는 믿음을 의미한다. 내담자의 자기효능감을 높이기 위해 상담자는 내담자가 지금까지 살아오면서 어떤 성취를 이루었는지에 주목하고자 한다. 내담자 스스로 자신의 성취 경험을 탐색하기 어려울 수 있기 때문에, 내담자가 하는 말이나 행동에 드러나는 크고 작은 성취들을 주목하고, 언어적으로 재진술해 주기로 하였다. 북한, 중국, 남한에서의 삶은 보통의 청소년과 다른 경험이었고, 그러한 큰 경험들 속에서 지금 이 자리에 있기까지에는 남다른 성취 경험이 있을 것이라는 가정을 가졌다.

내담자의 성취 경험을 발견하면, 그 화제에 가급적 오래 머무르기로 하였다. 성취를 이루는 데 기여한 내담자의 행동이나 태도 지식을 명료화함으로써, 성취 경험을 내적으로 귀인하도록 돕기로 하였다. 그리고 수업에서 어떤 과목에 조금이라도 주의집중이 되는지, 어떤 내용에 흥미를 느끼는지 등을 탐색하고자 한다.

교사와의 면담 시간에, 학교에서 내담자가 사소한 것이라도 뭔가를 해 내는지 탐색하고, 작은 것일지라도 내담자가 성취해 내면 칭찬과 격려를 하도록 교사에게 부탁하기로 하였다. 교사가 내담자의 성취에 주목하면, 내담자를 바라보는 시각이 달라지고, 이에 내담자도 보다 자신 있고 편안하게 교사와 상호작용할 것으로 기대되기 때문이다.

어머니를 만나 내담자와 함께했던 삶의 여정을 들어보고, 그 과정에서 내담자가 어머니에게 어떤 힘이 되었는지 탐색하기로 하였다. 또한 어머니로서 내담자에게 느끼는 고마움과 애정을 표현할 수 있도록 돕기로 하였다.

자기 자신, 교사, 부모가 함께 전하는 성취의 메시지들은 내담자의 자기효능감을 높이는 데 기여할 것으로 예상된다.

(3) 친사회적 행동의 습득

내담자가 우리 사회에 자발적인 소속감을 느끼며, 편안하게 지내는 데는 오랜 시간이 걸릴 수도 있다. 상담의 최종목표는 내담자가 마음에서 우러나오는 친사회적 행동을 하는 것이지만 그 이전에도 의도적으로 대인관계 기술을 배울 수 있다면, 내담자의 적응에 도움이 될 뿐 아니라 최종 목표를 달성하는 데도 기여할 것으로 판단된다.

내담자는 아직 누군가의 의도적인 가르침을 배우려고 하지 않기 때문에, 상담자가 먼저 모범 보여 주기와 강화를 시도하기로 하였다. 상담자는 내담자를 더욱 부드러운 시선으로 바라보고, 내담자를 만나면 반갑다고 깍듯하게 인사하며, 내담자가 말을 할 때 경청하는 자세를 취하기로 하였다. 긍정적인 언어를 사용하고, 시선을 마주치는 것 등 상담자의 친사회적 행동과 매너를 지켜보게 하는 것이 효과적일 것으로 생각되었다. 상담자와 내담자의 관계가 공고해질수록 모범 보여 주기의 효과는 강해질 것이다.

내담자가 미소 짓거나, 부드럽게 말하거나, 긍정적인 언어를 사용하거나, 시선을 마주치고, 인사를 해 주면 상담자가 자연스러우면서도 적극적으로 반응해 주고 피드백을 하기로 하였다. 상담기간 동안 중간 점검을 하면서 아주 작은 변화일지라도 변화가 일어난다면, 명확히 짚어서 언어적 강화를 시도하기로 하였다. 바람직한 행동을 증강시키는 강화의 힘을 믿기 때문이다.

교사에게도 상담자의 개입방법을 전달하고, 교사가 내담자에게 모범 보이기와 강화기법을 사용해 주기를 요청할 것이다.

(4) 진로특성 이해 및 진로정보 탐색방법 습득

내담자의 진로특성을 이해하기 위해 면담과 함께 진로심리검사들을 사용해 보기로 하였다. 워크넷(www.work.go.kr)과 커리어넷(www.career.go.kr)에서 서비스하는 검사들을 살펴보았다. 커리어넷에서는 청소년을 위한 직업적성검사, 직업흥미검사, 직업가치관검사, 진로성숙도검사 등의 심리검사를 받을 수 있다. 워크넷에서는 청소년을 위해 직업선호도검사, 직업적성검사, 직업가치관검사 등을 제공하고 있다. 내담자가 진로탐색을 본격적으로 해본 적이 없기 때문에, 우선 가볍게 직업흥미검사와 직업선호도검사를 실시하여 내담자의 흥미부터 파악해 볼 계획이다. 내담자와의 대화 진행 경과에 따라 직업가치관검사, 적성검사, 성격검사, 진로성숙도검사도 실시하고 해석하며 이야기를 나눔으로써 내담자가 자신을 폭넓게 탐색하도록 돕고 싶다.

진로정보 탐색방법을 습득하도록 돕기 위해, 내담자의 관심직업을 탐색하는 것부터 시작하기로 하였다. 흥미검사를 실시하면 흥미에 적합한 직업군을 안내해 주기 때문에, 흥미검사가 추천하는 직업 중 내담자가 가장 관심을 많이 보이는 직업부터 탐색해 가기로 하였다. 한국직업정보시스템(know.work.go.kr)에서는 각 직업의 하는 일, 교육/자격/훈련, 임금/직업만족도/전망, 능력/지식/환경, 성격/흥미/가치관, 업무활동 등 직업에 대한 세부 정보들을 소개해 주고 있다. 내담자가 관심을 보이는 직업들에 대하여 소개하면서, 그 직업에 진입하기 위해 필요한 교육/자격/훈련 부분에 초점을 맞추어 진학에 관한 정보도 소개하기로 하였다. 직업정보를 탐색하는 일이 처음에는 다소 딱딱하게 느껴질 수 있으므로, 정보를 설명하는 동안 내담자의 의견과 감정을 물어가며 상호 대화 형식으로 진행해야겠다고 생각하였다.

진로특성을 이해하고 진로정보를 탐색하는 작업을 내담자 혼자 하라고 하면, 해 내지 못하는 경우가 많다. 특히 이 내담자의 경우 우리나라 진로정보에 익숙하지 않기 때문에, 상담자가 내담자와 함께 차근차근 관심직업에 대한 정보를 찾음으로써 직업의 세계에 관심을 갖도록 유도하기로 하였다.

이와 더불어 북한이탈주민에 대한 지원제도도 알려주고자 한다. 내담자의 가정이 가난하고, 그로 인해 내담자는 자신이 대학에 진학할 수 없다고 지레짐작하여 학업에 소홀해질 우려가 있기 때문에, 제도적 지원을 알려주는 것은 학습동기를 유지하도록 해 줄 뿐 아니라 장래 계획을 세우는 데도 유용할 것으로 보인다.

내담자는 북한에 아버지를 두고 있고 북한을 벗어난 후 외국 국적을 취득하지 않았기 때문에, 「북한이탈주민의 보호 및 정착지원에 관한 법률」이 명시하는 보호대상자이며, 지원을 받을 수 있는 대상이다. 이러한 사항은 「북한이탈주민의 보호 및 정착지원에 관한 법률」(약칭: 북한이탈주민법)에 명시되어 있다. 한국에서 태어나서 자란 청소년에 비해 한국 사회에서의 진로준비에 불리할 수밖에 없는 내담자의 환경적 장애요인을 극복하는 데 도움이 될 것으로 판단되어, 상담자는 북한이탈주민에 대한 여러 가지 지원정책을 찾아보는 작업을 병행하기로 하였다. 통일부에서 운영하는 북한이탈주민 포털 사이트(https://hanaportal.unikorea.go.kr)의 탐색을 출발점으로 하여 여러 가지 지원제도를 탐색하기로 하였으며, 내담자의 잠재력 개발에 장애가 되는 제도를 만나면, 입

지원제도 소개

■ 탈북청소년 교육지원 제도

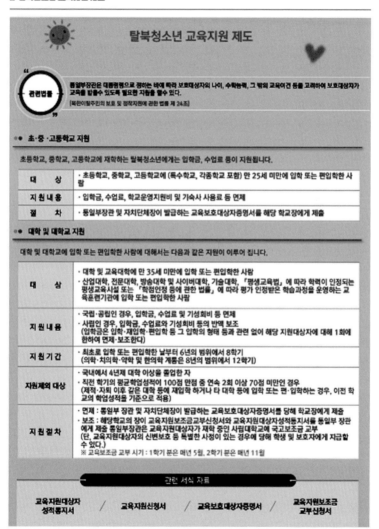

탈북청소년 교육지원 제도

관련법률
통일부장관은 대통령령으로 정하는 바에 따라 보호대상자의 나이, 수학능력, 그 밖의 교육여건 등을 고려하여 보호대상자가 교육을 받을 수 있도록 필요한 지원을 할 수 있다.
[북한이탈주민의 보호 및 정착지원에 관한 법률 제 24조]

● 초·중·고등학교 지원

초등학교, 중학교, 고등학교에 재학하는 탈북청소년에게는 입학금, 수업료 등이 지원됩니다.

대 상	·초등학교, 중학교, 고등학교에 (특수학교, 각종학교 포함) 만 25세 미만에 입학 또는 편입학한 사람
지원내용	·입학금, 수업료, 학교운영지원비 및 기숙사 사용료 등 면제
절 차	·통일부장관 및 자치단체장이 발급하는 교육보호대상자증명서를 해당 학교장에게 제출

● 대학 및 대학교 지원

대학 및 대학교에 입학 또는 편입학한 사람에 대해서는 다음과 같은 지원이 이루어 집니다.

대 상	·대학 및 교육대학에 만 35세 미만에 입학 또는 편입학한 사람 ·산업대학, 전문대학, 방송대학 및 사이버대학, 기술대학, 「평생교육법」에 따라 학력이 인정되는 평생교육시설 또는 「학점인정 등에 관한 법률」에 따라 평가 인정받은 학습과정을 운영하는 교육훈련기관에 입학 또는 편입학한 사람
지원내용	·국립·공립인 경우, 입학금, 수업료 및 기성회비 등 면제 ·사립인 경우, 입학금, 수업료와 기성회비 등의 반액 보조 (입학금은 입학·재입학·편입학 등 그 입학의 형태 등과 관련 없이 해당 지원대상자에 대해 1회에 한하여 면제·보조한다)
지원기간	·최초로 입학 또는 편입학한 날부터 6년의 범위에서 8학기 (의학·치의학·약학 및 한의학 계통은 8년의 범위에서 12학기)
지원제외 대상	·국내에서 4년제 대학 이상을 졸업한 자 ·직전 학기의 평균학업성적이 100점 만점 중 연속 2회 이상 70점 미만인 경우 (제적·자퇴 이후 같은 대학 등에 재입학 하거나 타 대학 등에 입학 또는 편·입학하는 경우, 이전 학교의 학업성적을 기준으로 적용)
지원절차	·면제 : 통일부 장관 및 자치단체장이 발급하는 교육보호대상자증명서를 당해 학교장에게 제출 ·보조 : 해당학교의 장이 교육지원보조금교부신청서와 교육지원대상자성적통지서를 통일부 장관에게 제출 통일부장관은 교육지원대상자가 재학 중인 사립대학교에 국고보조금 교부 (단, 교육지원대상자의 신변보호 등 특별한 사정이 있는 경우에 당해 학생 및 보호자에게 지급할 수 있다.) ※ 교육보조금 교부 시기 : 1학기 분은 매년 5월, 2학기 분은 매년 11월

관련 서식 자료

교육지원대상자 성적통지서	/	교육지원신청서	/	교육보호대상자증명서	/	교육지원보조금 교부신청서

[그림 7-1] 탈북청소년 교육지원 제도

출처: 통일부 북한이탈주민 포털(https://hanaportal.unikorea.go.kr), 2018년 9월

법가들과 만나서 항의하고 개선을 요구하기로 하였다. 2018년 9월 기준 하나포털 사이트(https://hanaportal.unikorea.go.kr)에는 [그림 7-1]과 같은 교육지원제도들이 소개되어 있다. 내담자가 지원제도를 충분히 활용하고 있는지 확인하고, 새로운 정보를 알려 주기로 하였다. 이 과정에서 내담자가 힘을 얻기를 바라는 마음이 크다.

5) 상담평가 및 추수지도

상담을 평가할 때는 내담자의 변화목표가 달성되었는지를 살펴보고, 내담자를 둘러싼 체계들이 얼마나 개선되었는지도 평가하고자 한다. 다문화 사회정의 옹호상담은 상담자가 내담자의 잠재력 개발을 가로막는 환경에 대하여 내담자를 얼마나 옹호하였는가도 상담자의 역할로 포함하기 때문에, 환경 개선을 위해 상담자 자신이 기울인 노력도 점검하기로 하였다.

우선 학생의 자존감과 자기효능감이 증진되고, 친사회적인 행동이 습득되었는지, 자신의 진로특성에 대하여 이해하고 진로정보를 탐색할 수 있게 되었는지를 학생과 함께 점검할 계획이다. 학생이 추가하거나 변경한 목표가 있다면, 그것의 달성 여부도 함께 고려할 것이다.

또한 학생에 대한 부모와 담임교사 그리고 교과교사들의 시각이 어느 정도 달라졌는지도 점검할 계획이다. 내담자가 활용할 수 있는 제도적 지원을 얼마나 찾았고, 그것을 내담자에게 어떻게 전달하였으며, 내담자는 자신을 위해 그러한 지원들을 어떻게 활용하고자 하는지도 점검할 것이다. 아울러 우리 사회에 이주해 와서 여러 가지 문화적 요소의 측면에서 소수민의 지위를 감당하며 살아가는 북한이탈 학생을 위해 필요한 지원방안도 정리할 것이다.

그리고 이 자료들을 북한이탈 학생을 지도하는 상담자, 교사 대상의 워크숍과 북한이탈 학부모 교육에서 사용하고자 한다. 학부모 교육에서는 참가자들의 의견을 경청하여 교육내용이 보다 현실적으로 유용하도록 할 것이며, 그 내용을 워크숍과 교육자료를 수정·보완하는 데 사용할 것이다.

학습문제

1. 이 장에서 다룬 개인상담 사례를 통해 다문화 사회정의 상담에 대하여 새롭게 학습한 것은 무엇인가?

2. 이 장에서 상담자가 내담자에게 접근하는 방식이나 개입방법은 전통 상담 접근과 어떤 공통점과 차이점이 있는가?

3. 보다 효과적인 다문화 사회정의 상담을 위해, 이 사례의 상담자에게 권하고 싶은 이론이나 기법은 무엇인가?

9장

상담자의 다문화 사회정의 역량 증진을 위한 집단상담 프로그램

이 프로그램은 상담자들의 다문화 상담역량을 증진하기 위해 이 책의 저자들이 2017년에 함께 개발한 것이다. 다문화 사회정의 상담의 기초적 개념부터 명확하게 점검하기 위한 프로그램으로 구성하였다.

프로그램의 이름은 '또 하나의 마음 찾기를 통한 더 깊은 만남'이었다. '또 하나의 마음'은 문화적 존재로서의 내담자의 내면세계를 의미한다. 다문화 사회정의 상담에서는 개인적 존재로서의 내담자뿐 아니라 문화적 존재로서의 내담자를 이해하는 데도 관심을 둔다는 점을 강조한 문구이기도 하다. '또 하나의 마음 찾기를 통한 더 깊은 만남'은 내담자의 문화적 측면을 함께 이해하면, 상담자와 내담자의 '더 깊은 만남'이 가능할 수 있음을 나타낸다.

1. 프로그램 목표

- 다문화 상담과 전통 상담의 공통점과 차이점을 이해한다.
- 문화적 존재로서의 자신과 타인을 이해한다.
- 다문화 상담의 주요 개념을 이해한다.
- 다문화 상담 사례분석 능력을 기른다.
- 다문화 상담 효능감을 증진시킨다.

2. 프로그램 구성의도 및 실시방식

- 본 프로그램은 다문화 사회정의 상담의 기본 개념을 익히는 것에서 출발하여, 상담자 자신의 다문화 사회정의 상담 성향에 대한 성찰기회를 부여함으로써, 다문화 사회정의 상담역량을 길러주기 위한 것이다.
- 다문화 상담자의 기본 역량을 기르기 위해, 참가자 자신의 문화적 요소를 리스펙트풀 모형에 근거하여 분석하고, 참가자 간에 공유함으로써 자신의 문화적 특징에 대한 성찰기회를 부여하고자 한다.
- 문화적 정체성 발달단계에 따라 자신의 문화와 다른 문화를 바라보는 시각이 달라질 수 있음을 이해하도록 돕기 위해 소수민 정체성 발달모형과 주류민 정체성 발달모형을 소개하고, 그에 따라 문화적 존재로서의 자신과 타인에 대한 스스로의 대응방식을 기술하고 나누어 보는 시간을 갖고자 한다.

- 다문화 상담에서 등장하는 차별과 억압의 문제를 명료히 하고 그에 따른 사회 체계적 변화를 모색할 필요가 있음을 강조한다. 사회 체계 변화의 출발점으로서, 상담자 자신이 행하고 경험한 차별과 억압에 대하여 정리하고 나누는 시간을 갖는다. 현대 사회에서 차별과 억압은 노골적으로 드러나기보다 미묘하게 일어난다. 따라서 이에 대한 감수성을 발달시키지 않으면 상담자 자신도 차별과 억압의 희생양이 될 수 있고 차별과 억압에 가담할 수 있음을 인식하도록 돕고자 한다. 이러한 작업은 상담자 자신의 인식과 변화를 상담실 밖으로 확산시킬 수 있는 사회정의 옹호 상담자로 성장하게 하는 촉매제가 될 것으로 기대된다.

3. 프로그램 내용

프로그램은 크게 기본과정과 심화과정으로 구성되어 있다. 기본과정은 교육적 성격이 짙은 구조화 집단상담 프로그램이고, 심화과정은 반구조화 집단상담 프로그램이다. 기본과정에서는 다문화 사회정의 상담의 핵심개념을 교육하고, 그 개념에 대한 개인적 경험을 탐색하며 나눈다. 심화과정에서는 기본과정에서 학습한 다문화 사회정의 상담의 개념과 개인적인 탐색 결과를 바탕으로 개인의 심층 심리에 내재한 문화적 요소, 차별과 억압의 경험, 문화적 정체성 발달의 현상들을 풀어내고자 하였다. 기본과정과 심화과정 각각은 15시간 8단위로 구성되어 있다. 각각 2일에 걸

쳐 실시하였으며, 기본과정 참가자에 한하여 심화과정에 참여할
수 있는 권한을 부여하였다.

1) 기본과정

(1) 시간 구성 및 참가인원

총 8회기로 이루어져 있으며, 두 집단으로 운영하였고, 각 집단
마다 10명으로 구성하였다. 집단원으로는 상담대학원생과 상담
현장 종사자들이 참여하였다. 회기별 소요시간은 120분이었다.

(2) 프로그램의 목표

기본과정의 목표는 다문화 사회정의 상담과 전통 상담의 공통
점과 차이점을 이해하고, 다문화 사회정의 상담의 핵심개념들을
익히며, 그 개념들을 적용하여 자신의 내면세계를 분석하고 타인
을 이해하는 기본 역량을 기르는 것이다.

(3) 회기 운영방식

1회기는 도입부로서 프로그램 및 참가자 자기소개가 주를 이루
었고, 2회기에는 본 프로그램에서 다룰 다문화 사회정의의 핵심
개념에 대한 강의를 진행하였다. 3회기부터 8회기까지는 도입,
핵심 개념 회상, 개인작업, 공유, 피드백 및 소감 나누기의 순서로
진행하였고 회기마다 주제에 차이가 있었다.

〈표 9-1〉 '또 하나의 마음 찾기를 통한 더 깊은 만남' 기본과정

회기	회기 제목	회기 목표	회기 내용
1	마음열기	1) 프로그램의 목표와 운영방식에 대해 이해한다. 2) 프로그램에 대한 적극적 참여동기를 촉진한다. 3) 문화적 차이와 공감대를 함께 나눌 수 있는 집단 분위기를 형성한다.	1) 프로그램 소개: 목표, 운영방식, 회기별 주제 2) 별칭짓기: 이 프로그램에서 불리고 싶은 이름 3) 자기소개: 별칭과 그것의 의미, 자신에 대한 1분 스피치, 프로그램 참여동기와 기대, 집단원들에게 바라는 점
2	핵심개념 익히기	1) 프로그램에서 사용할 핵심 용어들을 바탕으로 다문화 사회정의 상담의 핵심개념들에 대하여 설명할 수 있다.	1) 문화적 요소 2) 차별을 부르는 사고방식과 전체적 사고방식 3) 차별의 주도자, 방관자, 피해자 4) 문화적 정체성 발달단계 5) 다문화 상담역량
3	문화적 존재로서의 나	1) 자신의 문화적 특징을 설명할 수 있다. 2) 집단원의 문화적 특징을 이해할 수 있다.	1) 리스펙트풀 모형에 따른 자기분석 2) 각 요소별로 자신의 주류민 특성과 소수민 특성에 대한 이해 및 공유
4	내가 겪은 억압과 차별 I	1) 억압과 차별의 순간에 드러난 자신의 소수민 정체성과 접촉할 수 있다. 2) 자신과 집단원의 문화적 정체성 발달단계를 분석할 수 있다.	1) 억압과 차별을 경험한 사건 떠올리기 2) 자신의 대응방안을 분석하고 문화적 정체성 발달단계 진단 및 공유 3) 희망하는 변화 시나리오 작성 및 공유

5	내가 겪은 억압과 차별 II	1) 자신을 억압하는 사고방식을 설명할 수 있다. 2) 사고방식으로 인한 억압의 내사 과정을 설명할 수 있다.	1) 4회기에 다룬 사건에 드러난 차별을 부르는 사고방식 분석 및 공유 2) 희망하는 사고방식과 변화 이야기 진술 및 공유 3) 나와 집단원의 공통점과 차이점에 대한 소감 공유
6	내가 행한 억압과 차별 I	1) 억압의 피해자이자 동시에 가해자, 동조자로서의 자신을 인식할 수 있다. 2) 자신의 주류민으로서의 문화적 정체성 발달단계를 진단할 수 있다. 3) 억압에 대한 자신의 대응방식과 개선방안을 설명할 수 있다.	1) 개인 생활에서 행한 억압의 탐색 및 공유 2) 상담관계에서 행한 억압의 탐색 및 공유 3) 주류민 정체감 발달단계와 억압방식의 분석 및 공유
7	내가 행한 억압과 차별 II	1) 억압에 내재한 사고방식을 분석할 수 있다. 2) 전체적 사고방식을 설명할 수 있다. 3) 억압적 대응방식을 바꾸는 방안을 설명하고 실천의지를 다진다.	1) 6회기에 사용한 사례에 나타난 자신의 사고방식 분석 2) 전체적 사고로 대응하는 시나리오 작성 및 공유 3) 주류민 정체성 발달단계를 높이기 위한 방안 공유
8	집단에서 경험한 문화 차이	1) 억압과 차별의 경험을 '지금 여기'에서 공개할 수 있다 2) 다문화 사회정의 역량 강화를 위한 남은 과제를 정리할 수 있다.	1) 집단에서 경험한 문화 차이와 그에 대한 나와 집단원의 대응을 떠올리고 공유 2) 다른 집단원이 공개하는 억압의 경험에 대한 공감 및 피드백 3) 문화적 역량 강화를 위한 각자의 실천과제 제시 4) 상호 감사 표현

(4) 회기별 세부 진행사항

① 1회기: 마음열기

1회기의 목표는 참가자들이 본 프로그램의 특징을 명확하게 이해하고, 개방적인 태도로 새로운 개념을 습득하며, 개념에 따라 자신의 내면세계를 들어다 보는 마음의 준비를 하게 하는 것이다.

1회기의 주요 내용은 자기소개, 프로그램 소개, 참여동기 공유, 그리고 집단원들에게 바라는 바를 공유하는 것이다.

이 프로그램에서는 다문화 사회정의 상담의 개념에 대한 지식을 학습하고, 학습한 개념들에 따라 자신과 집단원을 분석해야 한다. 대개의 집단상담에서는 지식을 학습하는 부분이 없거나 매우 적다. 그에 비해 이 프로그램은 대부분의 참가자들에게 익숙하지 않은 새로운 개념들을 학습하고, 그에 따라 자신과 타인을 분석하도록 요청한다. 따라서 참가자들은 프로그램이 진행되는 동안 지적 활동과 정서적 활동, 그리고 대인관계 활동을 모두 실시해야 해서 프로그램 참여로 인한 피로도가 높을 수 있음을 안내하였다.

② 2회기: 핵심개념 익히기

2회기의 목표는 이 프로그램에서 사용할 핵심용어들을 소개한다. 이 프로그램에서는 다문화 사회정의 상담을 위해 배워야 할 여러 개념 중 문화적 요소, 차별을 부르는 사고방식과 전체적 사고방식, 차별과 그에 대한 참여방식, 다문화 상담역량, 문화적 정체성 발달단계에 대해 다루고자 한다. 이 개념들은 다문화 사회정의 상담을 진행하기 위해 상담자가 갖춰야 할 기본적인 소양에 해당된다.

먼저, 문화적 요소를 나타내는 모형들 중 리스펙트풀 모형을 소개하였다. 리스펙트풀 모형의 요소들을 소개한 후, 각 요소에서 자신의 위치는 주류민에 해당하는지 소수민에 해당하는지 가늠해 보게 하였다. 그리고 리스펙트풀 모형에서 어떤 위치에 속하여 성장해 왔느냐에 따라 세상을 바라보는 시각과 가치관이 달라질 수 있음을 설명하였다.

차별을 부르는 사고방식으로 선형적 사고, 이분법적 사고, 위계적 사고를 소개하였으며, 처벌로부터 자유로운 비평가적, 다차원적 사고를 안내하였다. 선형적 사고는 과거의 특정 순간을 기초로 현재와 미래를 예측함으로써 개인이나 집단의 발전적 변화 가능성을 인정하지 않는다. 선형적 사고에 의하면, 과거의 잘못된 행동이나 열등감으로 인해 현재의 존재가치가 평가되고, 이에 따라 억압이 발생한다. 이분법적 사고는 '이것' 아니면 '저것'으로 나누는 사고방식으로서, '내 편' '네 편'을 구분지어 서로의 차이를 부각하는 사고를 말한다. 출신 학교, 출신 지역이 다르거나 견해 차이가 있는 개인이나 집단을 '그' '그들' 등의 삼인칭으로 부르며 상대편으로 가른다. 이에 따라 상대편에게는 이해나 수용, 배려에 인색해도 큰 자책감을 느끼지 않는다. 위계적 사고는 사람의 가치를 평가하여 자신과 타인을 우월하거나 열등한 위치에 배치하는 것을 말한다. 위계적 사고를 지니면, 각자의 개성과 가치보다 그의 배경에 따라 사람의 가치를 평가하고 등위 매기는 것에 익숙하다. 선형적 사고, 이분법적 사고, 위계적 사고는 상대방을 억압하고,

비난하고, 부인하고, 무시하도록 영향을 미친다.

개인은 차별의 과정에 피해자, 주도자, 방관자로 참여할 수 있음을 설명하였다. 차별의 피해자가 되는 소수민의 정체성 발달모형을 소개하였다. 소수민 정체성 발달모형에서는 소수민의 정체성 발달단계가 순응, 부조화와 알아차림, 저항과 몰입, 성찰과 포용, 보편적 포용의 단계로 이루어져 있다. 차별의 주도자가 되는 주류민 정체성 발달모형을 소개하였다. 주류민 정체성 발달모형에서는 주류민의 정체성 발달단계가 접촉, 와해, 재통합, 유사 독립, 몰입, 발현, 자율성으로 이루어져 있다. 방관자는 상황에 따라 주류민 정체성과 소수민 정체성 중 어디에도 속할 수 있다.

다음으로 다문화 상담역량 모형을 소개하였다. 다문화 상담역량 모형의 태도와 신념, 지식, 기술 각각을 상담자, 내담자, 개입기술의 측면에서 설명하였다. 주요 개념 설명을 마친 후 질의응답을 통해 개념 이해도를 높이고자 하였다.

③ 3회기: 문화적 존재로서의 나

3회기부터 8회기는 2회기 때 학습한 다문화 사회정의 상담의 개념들을 상담자로서의 자기 모습을 탐색하고 공유하면서 문화적 특징과 핵심개념들에 대한 개인적 통찰을 증진시키는 시간이었다. 3회기의 목표는 자신의 문화적 특징을 설명하고 이해하는 것이었다.

리스펙트풀 모형의 요소들을 다시 한번 확인하고, 개념상의 이해를 돕기 위한 질의응답 시간을 짧게 가진 뒤에 자신의 문화적 특징을 각 요소별로 분석하였다. 문화적 요소에 대한 평가에서 성장기와 현재에 차이가 있는 경우, 그것까지 함께 분석하도록 하였다.

문화적 요소별로 자신의 주류민 특성과 소수민 특성을 판정하였다. 문화적 요소에 대한 분석과 주류민과 소수민에 대한 판정을 종합한 문화적 정체성을 집단원들과 공유하고 소감을 나누도록 하였다.

④ 4회기: 내가 겪은 억압과 차별 I

4회기는 자신이 겪은 억압과 차별 경험을 살펴보고, 억압과 차별을 당하는 순간에 드러난 자신의 소수민 정체성과 접촉하며, 문화적 정체성 발달단계를 이해하는 것을 목표로 진행하였다.

개인적으로 억압이나 차별을 경험한 사건을 떠올리고 기록하는 시간을 가졌다. 그 순간 자신이 어떻게 대응하였는지를 살펴보았다. 감정, 생각, 대응행동 등을 구체적으로 떠올리도록 하였다.

다음으로 자신을 그 장면에서 분리시켜, 자신의 대응방안을 소수민 정체성 발달모형에 맞추어 진단하고, 집단원들과 공유하도록 하였다. 집단원들은 경청하면서, 공감하고, 이야기 속에 등장하는 갈등 대상과의 문화적 차이에 대하여 발견한 바를 피드백해 주었다.

억압과 차별을 당할 때의 대응방안 중 개선하고 싶은 것, 본인이 희망하는 변화 시나리오를 생각하여 작성하도록 하고, 구성원들과 공유하였다. 구성원들은 변화 시나리오를 경청하고, 공감하며, 용기를 주는 피드백을 하였다.

⑤ 5회기: 내가 겪은 억압과 차별 II

5회기는 스스로를 억압하는 자신의 사고방식을 발견하고, 사고방식이 어떻게 자신에게 내사되어 영향을 미치는지를 이해하는 것을 목표로 진행하였다.

4회기에 다룬 사건을 다시 점검하면서, 차별을 유발하는 사고방식의 관점에서 분석하도록 하였다. 그 과정에서 드러난 사고방식이 다른 생활에서는 어떻게 나타나는지 떠올리도록 하였으며, 해당 사고방식이 이 집단 프로그램 과정에서 드러나는 방식도 명료화하도록 하였다.

자신의 사고방식이 어떻게 변화했으면 좋겠는지, 그 변화를 이루기 위해 무엇을 할 수 있는지, 변화된 사고방식은 자신을 어떻게 변화시킬 것으로 예상하는지를 정리하였다.

정리한 내용을 집단원들과 공유하고, 마무리 활동으로 공유하는 과정에서 발견한 자신과 집단원의 공통점 및 차이점에 대한 소감을 발표하였다.

⑥ 6회기: 내가 행한 억압과 차별 I

6회기의 목표는 억압과 차별의 피해자인 자신이 동시에 가해자의 위치에 있을 수 있음을 이해하고, 그런 자신의 모습을 주류민 문화 정체성 발달모형을 통해 설명하며, 타인을 억압하는 자신의 대응방식과 개선방안을 마련하는 것이다.

일상생활 속에서 자신이 행한 억압을 탐색하는 작업에 시간을 충분히 할애하였다. 억압과 차별을 당한 경험은 쉽게 인지되고 오래 기억에 남지만, 억압과 차별을 행하는 경험은 스스로에게 인지

되기 어려울 뿐 아니라 빨리 잊혀지기 때문에, 그 기억을 끌어내는 데 의도적인 노력이 필요했다. 진행자가 일상생활에서 무심코 행할 수 있는 억압과 차별의 예시를 들어주고, 먼저 기록한 사람이 자신의 자료를 공유함으로써 다른 집단원의 기억을 촉진시키도록 유도하였다.

상담관계에서 내담자에게 행한 억압의 기억을 탐색하고 공유하였다. 상담자는 내담자를 돕는 자이고, 의식적으로는 억압을 행사하지 않는다. 그러나 억압과 차별에 대한 감수성이 부족하면 상담자도 무의식적으로 특정 문화를 지닌 내담자를 차별하고 억압하는 우를 범할 수 있다. 내담자와 의사소통이 잘 안 된다고 느꼈던 경우, 내담자에게 예의를 갖추는 데 소홀하게 되었던 경험, 다른 내담자보다 특정 내담자의 말을 빈번하게 차단한 경험 등이 검토의 대상이 되었다.

앞의 두 경우에서 자신이 소수민을 어떤 방식으로 대하였는지를 능동적 억압과 차별, 부인과 무시, 인식하지만 행동하지 않음, 인식하고 행동함, 자신을 교육함, 타인을 교육함, 지지하고 격려함, 주도적으로 행동함의 연속선상에서 판단하게 하였다. 자신의 현재 방식에 대한 만족도와 개선방안을 집단원들과 공유하였다.

⑦ 7회기: 내가 행한 억압과 차별 II

7회기는 6회기에 다루었던 사례를 대상으로 억압과 차별을 행하도록 스스로에게 영향을 미친 사고방식을 찾아보게 하였다. 세 가지 사고방식이 어떻게 하여 자신에게 형성되기 시작하였는지 생각해 보고, 세 가지 사고방식의 유용성도 함께 생각하도록 하였다.

전체적 사고방식을 이해하고, 자신이 지닌 차별을 부르는 사고
방식과 전체적 사고방식의 차이를 설명하도록 하였다.

주류민 정체성 발달단계를 진단하고 단계를 높이기 위한 실천
방안을 정리하여 공유하였으며, 집단원들은 긍정적인 피드백을
주었다.

마무리 활동으로 모든 집단원이 함께 차별을 인식하고 행동하
며, 자신을 교육하고, 타인을 교육하고, 차별받는 사람을 격려하
고 지지하며, 차별을 없애기 위해 주도적으로 행동하기 위한 행동
방안을 논의하였다.

⑧ 8회기: 집단에서 경험한 문화 차이

마지막 회기인 8회기는 억압과 차별의 경험을 지금-여기로 끌
어오기 위한 회기였다. 지금까지 기억 속에서 찾아냈던 차별과 억
압의 사례를, 집단 활동 속에서 경험하는 억압과 차별의 사례로
대치하여 그것을 직접 다루도록 하였다. 집단상담 활동은 지금-
여기에서 벌어지는 상황을 소재로 할 때 체험 효과가 극대화될 수
있다. 다문화 사회정의 상담의 개념들이 아직 상담자들에게 생소
하기 때문에, 프로그램 초기부터 지금-여기의 경험을 시도하기
는 어려웠다. 8회기에서는 7회기까지 학습한 개념을 바탕으로 지
금-여기 경험을 시도해 보는 것이 필요하다고 판단되었다.

집단 내에서 경험한 문화 차이와 그에 대한 자신과 집단원의 대
응을 떠올리고 공유하도록 하였다. 문화 차이에 대한 경험은 정
서적인 불편감을 동반하는 경우가 있기 때문에, 이 작업은 집단원
간 신뢰가 부족하면 일어나기 어렵다. 이전 회기들에서 얼마나 신

뢰를 쌓았느냐에 따라 이 작업의 깊이는 달라질 것이다.

한 구성원이 지금-여기에서 경험하는 문화 차이로 인한 억압과 차별 경험을 공유할 때, 다른 집단원들은 비판단적으로 경청하고 수용하며 공감하는 피드백을 전달하도록 하였다.

각자 스스로가 상담자로서의 문화적 역량을 강화하기 위한 실천과제를 다른 집단원들 앞에서 공개한 후, 집단에 함께해 준 서로에 대한 감사의 마음을 표현하고, 기본과정을 마무리하였다.

2) 심화과정

(1) 시간 구성 및 참가인원
심화과정은 기본과정에 참여한 구성원 20명 중 12명이 참여하였다. 1집단으로 운영하였고, 회기당 진행시간은 120분이었다.

(2) 프로그램 목표
심화과정의 목표는 다문화 집단의 역동을 이해하고 활용하며 집단상담 진행기술과 대화기술을 습득하는 것이다. 그에 더하여 집단원들과의 상호작용을 통해 다문화 사회정의 상담을 체험하고, 문화적 존재로서의 자신의 삶을 깊이 성찰하는 것 또한 프로그램의 목표이다.

(3) 회기 운영방식
1회기에는 프로그램 소개와 자기소개를 실시하였다. 2회기에는 가상의 인물인 '마리의 사례'를 공유하고, 분석하였다. 마리의 사례를 다루는 것이 자신의 일상생활에 내재한 다문화 사회정의 요소들에 대한 참가자들의 감정과 생각을 활성화시켜서, 3회기부터 있을 '나를 만나기'가 원활하게 진행되도록 하기 위한 조치였다. 3회기부터는 집단원 중 한 명이 자발적으로 자신의 이야기를 공개하면, 그에 대한 다문화 사회정의적 관점의 피드백을 주고받는 집단작업을 실시하는 방식으로 진행하였다.

〈표 9-2〉 '또 하나의 마음 찾기를 통한 더 깊은 만남' 심화과정

회기	회기제목	회기 목표	회기 내용
1	마음열기	1) 심화과정 프로그램의 목표와 운영방식에 대해 이해한다. 2) 심화과정에 참여하는 집단원들의 마음을 이해한다.	1) 프로그램 소개: 목표, 운영방식, 회기별 주제 2) 자기소개: 기본과정에 이어 심화과정에 참여하는 데 따르는 정서와 기대 나누기
2	마리를 만나다	1) 다문화 상담자에게 필요한 사전 점검 요소들을 밝힐 수 있다. 2) 사례를 읽고, 관련된 문화적 요인들을 찾아낸다.	1) 사례를 읽기 전 상담자의 문화적 역량 검사와 사회정의 옹호도 검사 실시 2) 사례 읽기 3) 사례 분석: 문화적 요소, 차별을 부르는 사고방식, 문화적 정체성 발달단계 진단, 개입방안 모색
3~7	'나'를 만나다	1) 자기 삶의 문화적 요소를 분석할 수 있다. 2) 자신 안에 내재된 차별을 부르는 사고방식을 드러낼 수 있다. 3) 공감받고, 새로운 대응방안을 탐색한다.	1) 집단원 이야기의 문화적 요소 분석: 리스펙트풀 모형 참조 2) 집단원 이야기에 내재한 사고방식 분석: 선형적, 이분법적, 위계적, 전체적 3) 집단원의 문화적 정체성 발달단계 분석 4) 집단원에게 공감하고 지지하며 자신의 이야기에 적용

| 8 | 마무리 | 1) 다문화 상담과 전통 상담의 차이를 설명할 수 있다.
 2) 자신의 다문화 상담역량을 설명할 수 있다. | 1) 기본과정과 심화과정에 참여하면서 새롭게 발견하고 배운 것 공유
 2) 다문화 상담과 전통 상담의 차이점과 공통점에 대한 생각 공유
 3) 다문화 사회정의 상담자가 되는 것에 대한 생각 공유
 4) 다문화 사회정의 상담자로 성장하기 위해 남은 과제 점검 |

(4) 회기별 세부 진행사항

① 1회기: 마음열기

1회기에서는 프로그램 심화과정에 대한 소개를 하고, 심화과정에 임하는 각자의 감정과 기대를 공유하였다. 심화과정은 기본과정의 연장이기도 하지만, 개념학습보다 자신의 내면을 심층적으로 들여다보는 데 주안점을 두기 때문에, 기본과정에 임하는 태도와는 다른 태도가 필요하다.

② 2회기: 마리를 만나다

마리의 사례를 읽기 전에 '문화적 상담역량 검사'와 '사회정의 옹호 상담역량 검사'를 실시하였다. 이 작업은 문화적으로 다른 내담자를 만나기에 앞서 자신의 문화적 특징을 점검하고, 자신에게 있는 선입견이 무엇인지 생각해 보며, 내담자 문제에 숨은 사회 체계적 차별과 억압의 요소가 있을 수 있음을 알아차리기 위해 마음을 정리하는 시간을 갖기 위한 것이다.

가상사례인 '마리의 이야기'를 읽었다.

마리의 이야기

마리네 가정은 어릴 때부터 가난한 편이었고, 경제적 이유로 이사를 자주 하였다.

초등학교를 다니는 동안 3번의 전학을 하였다. 초등학교 4학년 때부터 2년간 다녔던 마지막 학교는 아파트 단지 내에 있었다. 마리의 집은 아파트 단지 옆 허름한 주택이었는데 마리는 깨끗하고 편리한 아파트에 사는 친구들이 늘 부러웠다.

마리는 그때 심한 괴롭힘을 당했는데 자신이 못생기고 좋은 옷을 입지 못해 그런 일을 당했다고 생각한다. 아이들은 마리에게 욕을 하고 마리의 물건을 부서뜨리거나 발을 걸어 넘어뜨렸으며 마리가 항의라도 할라치면 여럿이 함께 마리를 때렸다. 마리는 학교를 가는 것이 지옥같았다. 그러나 학교 선생님은 마리에게 무관심했고 부모님이 걱정하실까 봐 말을 꺼낼 수 없었다.

초등학교를 졸업하고 다른 지역의 중학교로 진학하면서 괴롭힘에서 벗어났지만 초등학교에서의 경험 때문에 마리는 친구 사귀기가 겁이 났다. 그래서 마리는 혼자 지내며 책을 읽거나 공부하는 경우가 많았고 그러면서 좋은 성적을 얻을 수 있었다. 마리는 친구들에게 인기가 있지는 않았지만 성적이 올라서 선생님의 인정을 받을 수 있었다.

고등학교에 진학하고 마리는 더욱 열심히 공부를 하였고, 그 결과 서울의 유명대학 간호학과에 입학하게 되었다. 마리는 자신이 이루어 낸 성취가 기뻤고 이로 인해 특별한 존재가 된 것 같아 행복하였다. 대학교 졸업 후 큰 병원의 간호사로 취업하였고 힘들지만 일에 대한 자부심을 가지고 살았다.

마리는 서른 살이 되던 해에 3년간 연애한 남성과 결혼하였다. 결혼 후에도 마리는 자신이 좋아하는 간호사 일을 계속하려고 했지만 간호사의 삼교대 근무방식 때문에 남편과 생활리듬이 달라서 어려움이 예상되고, 자녀를 낳게 되면 자녀양육이 어려울 것 같아 결혼과 동시에 직장을 그만두었다.

　대신 결혼 후부터 대학원 진학을 준비하여 1년 만에 상담전공으로 대학원에 합격하여 학교를 다니기 시작하였다. 남편은 처음에는 마리의 공부에 동의하였지만 마리가 대학원 진학 후 집을 비우는 시간이 많아지자 대학원을 그만두고 집에서 살림하면서 임신을 위해 노력하고 마리가 가사를 전담하길 바랐다. 이로 인해 마리와 남편은 거의 매일 다투며 지냈다. 마리는 두 달 전에 남편의 휴대폰 문자를 우연히 보고 남편이 직장 동료인 여성과 근무시간 이외에 만남을 갖고 있다는 사실을 알게 되었다. 마리는 너무 충격을 받았다. 그렇지만 남편에게는 아무 말도 할 수 없었다.

　남편은 마리가 친정을 방문하거나 친정일에 신경 쓸 때마다 화를 냈다. 남편에게는 어머니와 형이 있었는데 남편은 시댁에 잘 가지 않았고 가족들에게 신경을 잘 쓰지 않는 편이었다. 반면, 마리네 친정은 무엇이든 가족이 함께 해야 한다고 여기시는 아버지의 지휘 아래 가족이 함께 하는 시간이 많은 편이었다. 특히 마리는 맏딸로 어머니를 많이 도우며 어머니와 친했다. 마리의 아버지는 가부장적인 사람으로 집안에서 왕이었으며, 남성과 여성의 역할을 엄격히 구분하였고, 남성 중심의 가정생활을 당연하게 여겼다.

　마리는 이러한 아버지가 너무 싫어서 아버지와는 다른 성격의 남편과 결혼했다. 그런데 막상 결혼생활을 해 보니 남편은 가부장적 사고방식을 가진 아버지와 너무나 비슷한 사람이었다. 그런 남편 옆에서 일생을 보낸다는 것은 참기 어려운 일이라고 생각되었다. 마리는 너무나 절망스럽고 혼란스러웠다. 결혼은 여자를 불행하게 만드는 제도임에 분명했다.

　결국 마리는 고민 끝에 2년간의 결혼생활을 끝내야겠다고 결정하였으나, 이 결정에 대해 자신이 없고 후회하게 될까 봐 불안하다.

마리 사례의 문화적 요소, 마리의 사고방식, 문화적 정체성 발달단계, 개입방안에 대하여 개인 작업으로 생각해 본 후 작업 결과를 집단원 앞에서 공유하였다. 활동 지시문은 다음과 같다.

- 리스펙트풀 모형에 따라 마리가 어떤 억압과 차별을 경험하였는지 적어봅시다.
- 사례 내용을 바탕으로 마리의 사고방식을 정리하고, 마리의 사고방식에 영향을 미친 문화적 가치와 규범은 무엇인지 적어봅시다.
- 주류민과 소수민 정체성 발달모델의 관점에서 볼 때 마리는 자신이 경험하는 억압과 차별에 어떻게 반응하였나요? 마리의 대응방식에 대하여 당신은 어떻게 생각하나요? 집단원으로서 마리에게 들려주고 싶은 말은 무엇인가요?

③ 3~7회기: '나'를 만나다

3회기부터 7회기까지의 목표는 집단원들의 일상적 이야기를 다문화 사회정의 상담의 시각에서 분석하는 것이다. 자신의 이야기를 바탕으로 자기 삶의 문화적 특징을 분석하고, 자신 안에 내재된 차별을 부르는 사고방식을 드러내며, 집단원 간 공감적 피드백을 주고받고 새로운 대응방안을 탐색하는 것을 목적으로 하였다.

회기 진행은 집단원들이 자발적으로 자신의 이야기를 꺼내놓으면서 시작되었다. 다문화 사회정의 상담이 전통 상담을 대치하는 것은 아니므로, 일반적인 집단상담처럼 자연스럽게 진행하면서 다문화 사회정의 상담의 관점으로 점검하도록 유도하였다. 집단원의 이야기를 경청하고 구체화하고 공감하고 조언하는 등의 작업을 하면서, 다문화 사회정의 상담의 개념으로 이야기를 분석하는 작업을 진행하였다.

집단원이 공개하는 이야기를 리스펙트풀 모형으로 분석하고, 그 이야기에 내재된 사고방식을 찾아내며, 집단원의 문화적 정체성 발달단계를 분석하고, 집단원에게 공감하고 지지하며 자신의 이야기에 적용하였다.

④ 8회기: 마무리

8회기는 마무리 회기로서 집단원들이 다문화 상담과 전통 상담의 차이를 설명하고, 자신의 다문화 상담역량을 설명하는 것으로 마무리하였다.

기본과정과 심화과정에 참여하면서 새롭게 발견하고 배운 것, 다문화 상담과 전통 상담의 차이점과 공통점에 대한 생각을 공유하였다. 내담자 문제에 내재한 사회 체계적 문제들을 바라보고 상담에 적용하며 사회변화에 참여하는 다문화 사회정의 상담자가 되는 것에 대한 희망과 불안을 공유하고, 다문화 사회정의 상담자로 성장하기 위해 남은 과제를 점검하였다.

⑤ 참여자의 경험

프로그램 참가자들이 남긴 소감문의 주요 내용을 간략히 정리하면 다음과 같다.

◈ 다문화적 요소는 누구에게나 있음을 발견

참가자들이 가장 먼저 발견한 것은 다문화 사회정의 상담에서 관심을 두는 내담자는 지금까지 배워 왔던 이주여성 가정, 외국인 근로자 가정, 북한이탈 가정만 해당되는 것은 아니라는 것이었나. 리스펙트풀 모형을 배우면서 다문화가 자신의 일상, 가까운 사람, 그리고 자기 자신에게도 있음을 발견하였다. 개념들을 새로 배우느라 힘들었지만, 신선했다.

◈ 갈등의 원인에는 문화적 요인이 있음을 발견

갈등관계 속에서 겪은 괴로움은 개인적인 차원으로만 해석될 것은 아니라는 것을 알게 되었다. 갈등 당사자 간 성장배경의 차이로 인해 서로 다를 수밖에 없는 것들에 대하여 자기 것을 옳다고 주장하다 보니 적대감이 생길 수 있다는 점을 인식하였다. 집단원들이 가장 많이 개방한 화제는 고부갈등이었다. 며느리의 입장에서 갈등을 바라볼 때, 힘이 센 시어머니에게 일방적으로 당한 것에 대한 분노와 우울로 반응하였지만, 시어머니의 문화적 성장배경과 자신의 성장배경의 차이를 고려하다 보니 상대방의 시각이 보다 명확하게 이해되었다. 서로 갈등이 있을 수밖에 없었다는 것도 인정할 수 있었다.

◈ 내담자 혼자 외롭게 놔두지 않는 다문화 사회정의 상담

다문화 사회정의 상담은 문제를 겪는 내담자를 비난하지 않았다. 내담자 혼자 변화하라고 강요하지 않았다. 문제 속에 숨어 있는 문화적 요소, 억압, 차별, 문화적 정체성 발달과정을 분석

하다 보니, 내담자가 경험하는 어떤 문제들은 자연스럽게 있을 수 있는 일로 타당화되었다. 스스로 집단원이 되어 이런 경험을 해 보니, 자유로움이 느껴졌고, 다문화 사회정의 상담은 내담자에게 자유를 선물할 수 있을 것 같았다.

◆ 자신의 차별적 사고방식 발견

나의 일상에 스며서 언행에 영향을 미치는 사고방식들이 발견되었다. 나의 선형적 사고방식, 이분법적 사고방식, 위계적 사고방식은 남을 차별하도록 하기도 하였고, 때로는 부메랑이 되어 나 자신을 위축시키기도 했다. 과거에 능력이 부족했던 사람이 성공한 모습을 발견하고 기분이 울적해지는 내게서 선형적 사고방식을 발견하였고, 나보다 능력이 못한 것 같은 사람을 낮은 위치에 놓고 이야기하는 위계적 사고방식을 발견하였으며, 그러한 사고방식으로 인해 나보다 능력이 많은 것으로 여겨지는 사람 앞에서는 위축되는 나를 발견하였다. 이러한 억압을 너무 당연시하며 살아왔다는 것을 알게 되었다.

◆ 자신의 고정관념 인식

'특정 문화권에 속한 사람은 어떨 것이다.'라는 가정을 강하게 가진 나를 발견하였다. 학벌이 좋지 않은 사람은 뭐든 못할 것이고, 경제적으로 가난한 사람은 열등감이 있을 것이고, 동성애자는 힘들 것이라는 강한 가정이 있었다. 그러한 고정관념으로 인해 내담자가 그와 다른 이야기를 할 때는 귀담아 듣지 못했다. 고정관념이 강해지면, 어렵다고 여겨지는 특정 집단이 행복하거나 유능

하거나 당당해서는 안 된다는 억압을 가하는 언행을 무의식중에
할 수도 있다는 것을 깨달았다.

◆ 같은 문화 집단 내에서의 차이 발견

문화적 소수민에서 같은 집단에 속하더라도 개인 간의 차이는
크다는 것을 알게 되었다. 예를 들어, 사회경제적 소수민의 경우
에도, 가난의 범위 자체가 매우 넓을 뿐 아니라 가난으로 인해서
가족이 받은 영향이 다르고, 부모의 대응방식이 달라졌고, 그에
따라 자녀들에게 가난이 미치는 영향도 달라졌다. 내담자의 문화
적 특징을 알게 되더라도, 문화적 특징에 따른 선입견을 갖지 말
고, 내담자 자신이 경험한 문화적 특징을 깊이 이해하려는 노력이
필요하다.

◆ 자신이 누리는 특권의 인식

지금까지 당연히 여겨오던 많은 것들이 특권이라는 것을 발견
하게 되었다. 문화적 요소를 분석하다 보니, 어떤 요소에서는 내
가 소수민이지만 어떤 영역에서는 특권을 누리고 있었다. 내가 소
수민인 영역에서는 부정적인 감정이 쉽게 의식되는 데 비해, 특권
을 누리는 영역에 대하여는 전혀 의식하지 못했었다. 부모님의 낮
은 사회경제적 지위와 내가 여성임으로 인해 느끼는 억압은 생생
했다. 그렇지만 낳아 주신 부모님과 함께 사는 것, 한국어를 사용
하는 것, 주류 종교를 믿는 것, 장애가 없는 것 등으로 인해 대부
분의 삶의 영역에서 억압받지 않고 자유롭게 자기표현을 할 수 있
었다는 것은 프로그램을 하면서 처음 알게 되었다. 내가 누리는

특권이 '특권'임을 지각하지 못하면, 내가 가진 것을 '정상'이라고 규정지으면서 나와 다른 사람을 억압할 수 있다는 것도 알게 되었다.

◆ 다른 사람을 위해 목소리를 내야 할 필요성 인식

억압을 지속적으로 받아오면, 자신이 억압을 받고 있다는 사실조차 모르게 된다. 위축되고 참는 것이 습관이 되고, 오히려 자기처럼 참지 않는 제3의 소수민을 억압하게 된다. 억압이 습관화된 내담자는 상담자에게도 호의적인 반응을 받지 못할 수 있기 때문에, 상담자에게 다문화 사회정의 역량이 필요하며, 심하게 위축된 내담자를 위해서는 목소리를 대신 내 줄 필요도 있다.

◆ 집단 내에서도 특권, 억압, 차별은 존재하는지를 살핌

내 이야기를 하기 어려울 때가 있었지만, 그 마음을 공개하니 편안해졌다. 집단상담에 참여하다 보면, 집단 사람들과 나의 상황이나 의견이 많이 다를 경우 그것을 꺼내놓기 어려울 때가 있다. 이번 집단에서도 그러했다. 어떤 참가자는 미혼 세계에 대한 이야기를 꺼내놓지 못했고, 어떤 참가자는 자기의 직업세계에 대한 이야기를 꺼내놓지 못했다. 이들에게는 소수민 경험이 있었던 것이다. 그러나 주류민 경험을 하는 참가자들은 문화적 특징이 다른 참가자들에게 억압으로 작용할까 봐 신경을 많이 쓰게 되었다.

1. 자신이 지금까지 참여했던 프로그램을 떠올려 보자. 지금까지 참여했던 프로그램은 이 장에서 다룬 내용과 어떤 차이점과 공통점이 있는가?

2. 이 장에서 소개된 프로그램 내용 중 자신이 상담에서 이미 적용하고 있는 내용이 있는지 떠올려보자. 동료들과 함께 공유하며 서로의 다문화 사회정의 상담에 대한 준비도를 강화한다.

3. 다문화 사회정의 상담자로서의 역량을 증진하기 위해, 추천하고 싶은 활동이 무엇인지 생각하고, 동료들과 함께 나누어 보자.

10장

교사의 문화적 역량 강화를
위한 집단상담 프로그램[1]

1. 프로그램 목표

교사의 다문화적 역량을 키우고, 교사로서 다양한 문화를 가진 학생을 차별 없이 공정하게 대하며 학생의 인권과 잠재력을 존중하는 능력을 계발한다.

교사 자신의 문화적 정체성과 문화적 민감성을 확립하여 아동·청소년들의 문화적 정체성과 민감성 확립을 돕는다.

---

1) 이 내용은 구자경, 임은미(2009)의 연구를 요약하고 일부 수정한 것이다.

2. 프로그램의 구성의도 및 실시방식

• 본 프로그램은 교사 20명 이상이 참여하는 강좌나 혹은 집단에서 실시할 수 있도록 구성하였다.

• 본 프로그램은 1명의 전체 리더가 전체 집단을 5~10명 정도로 구성된 조로 나누어, 조장을 선출하여 각 조별로 활동이 이루어지도록 구성하였다.

• 본 프로그램은 교사의 문화적 역량을 강화할 수 있도록 하기 위하여, 강사의 일방적인 강의를 수동적으로 수용하는 것이 아니라 참여한 교사들이 그룹 구성원들과 함께 능동적으로 참여하는 방식으로 구성하였다.

• 본 프로그램은 프로그램에 참여한 교사들이 현장에서 바로 적용하는 것이 가능하도록 체험적으로 학습할 수 있게 구성하였다.

• 본 프로그램은 참여자들이 마음을 열고 서로 공감하고 격려하는 분위기에서 개인으로서 자신을 탐색하고 사회적 존재로서 억압받고 차별받는 사회적 집단에 대한 관심과 참여가 자연스럽게 이루어질 수 있도록 구성되었다.

3. 프로그램 내용

〈표 10-1〉 프로그램의 구성

회기	회기 제목	회기 목표	회기 내용
1	프로그램 소개/ 마음열기	1) 프로그램의 목표와 운영 방식에 대해 이해한다. 2) 프로그램에 대한 적극적 참여동기를 촉진한다. 3) 문화적 차이와 공감대를 함께 나눌 수 있는 집단 분위기를 형성한다.	1) 자기소개와 마음문 열기 2) 다문화상자 만들기
2	사회문화적 정체성 인식하기	1) 자신의 사회적 정체감 발달 정도와 상태를 인식 한다. 2) 자신과 타인의 공통점과 차이점을 사회문화적 관점에서 이해한다.	1) 다문화도표 활동지 작성 하기 2)자신의 사회적 정체성 발달 이해하기 – 주요 사건 연대표 작성 하기
3	우리나라 문화적 현상 이해하기	1) 생활 전반의 경험을 통해 한국의 문화적인 현상을 인식한다. 2) 한국의 문화적 특징을 이 해하고, 버려야 할 편견 을 인식한다.	1) 한국의 문화적 특징 인식 하기 2) 한국의 문화적 특징 이해 하기
4	학생과의 문화 차이 이해하기	1) 학생과의 문화 차이에 대 해 인식할 수 있다. 2) 학생과의 문화 차이에 대 해 민감하게 대처할 수 있다.	1) 이야기 분석 (생각/감정/행동) 2) 공유(관련 자기 사례) 3) 향후 행동방식 결정 4) 실습

5	직장 내의 상사/동료 간의 문화 차이 이해하기	1) 직장 내의 상사/동료 간의 문화 차이에 대해 인식할 수 있다. 2) 서로의 문화 차이에 대해 민감하게 대처할 수 있다.	1) 이야기 분석 (생각/감정/행동) 2) 공유(관련 자기 사례) 3) 대안적 목표 설정 4) 실습
6	가정 내 다양한 문화 차이 이해하기	1) 가정 내에서 다른 가족 구성원과의 문화 차이에 대해 인식할 수 있다. 2) 서로의 문화 차이에 대해 민감하게 대처할 수 있다.	1) 이야기 분석 (생각/감정/행동) 2) 공유(관련 자기 사례) 3) 대안적 목표 설정 4) 실습
7	국가 간 문화 차이 이해하기 (I)	1) 다른 나라와의 문화 차이에 대해 인식할 수 있다. 2) 다른 나라와의 문화 차이에 대해 민감하게 대처할 수 있다.	1) 이야기 분석 (생각/감정/행동) 2) 공유(관련 자기 사례) 3) 향후 행동방식 결정 4) 실습
8	국가 간 문화 차이 이해하기 (II)	1) 다문화 사회의 문화 차이에 대해 인식할 수 있다. 2) 다문화 사회의 문화 차이에 대해 대처할 수 있다.	1) 이야기 분석 (생각/감정/행동) 2) 공유(관련 자기 사례) 3) 향후 행동방식 결정 4) 실습
9	다문화 학급 경영	1) 다문화 학급경영에서의 어려움에 대해 인식할 수 있다. 2) 다문화 학급에서의 어려움에 대처할 수 있다.	1) 이야기 분석 (생각/감정/행동) 2) 공유(관련 자기 사례) 3) 향후 행동방식 결정 4) 실습
10	나의 문화적 이슈 이해하기	1) 자신의 문화적 이슈에 대해 인식할 수 있다. 2) 자신의 문화적 이슈에 대해 민감하게 대처할 수 있다.	1) 회기 리뷰 2) 문화적 이슈 지도 그리기 3) 나의 지도 발표 4) 프로그램 평가

1) 프로그램 구조화

- 시간: 120분
- 집단의 특성: 교육집단(다인 그룹, 세부 소그룹별로 나누어 진행)
- 진행방식: 강의 + 교육상담 + 실습(조별 활동)

2) 회기별 프로그램 진행 과정

기본 진행은 다음 6단계로 진행하되 회기의 특성에 따라 다른 방법으로의 진행을 하기도 한다.

- 도입(이야기 사례)
- 이야기 분석(사고/감정/행동): 토의하면서 중심초점 잡기
- 공유(관련 자기 사례)
- 향후 행동방식 결정
- 실습(역할연습)
- 마무리/참여 피드백

3) 회기별 프로그램 내용

(1) 1회기: 프로그램 소개/ 마음열기

1회기의 목표는 참가자들이 프로그램의 목표와 운영방식에 대해 이해하며, 프로그램에 대한 적극적 참여동기를 촉진하고, 문화적 차이와 공감대를 함께 나눌 수 있는 집단 분위기를 형성하는

것이다.

1회기의 주요 프로그램 내용은 다문화 상자 만들기[2](50분)로서 다음과 같은 절차로 진행한다.

① 다문화 상자의 의미와 활동에 대해 다음과 같이 안내한다.

"다문화 상자는 자신이 속한 사회적 집단을 상징하는 상자입니다. 상자의 바깥 면에는 밖에서 보이는 자신의 모습을 떠올리며 상징물을 붙이고, 상자의 안에는 자신의 내면의 모습을 상징하는 상징물을 붙이거나 넣습니다. 가급적이면 구체적인 형태가 있는 물건이나 자료를 사용하시면 좋습니다."

② 다문화 상자를 만드는 순서는 다음과 같다.

• 작은 상자나 종이가방을 여러분의 상자로 선택한다(이하, 다문화 상자).

• 다문화 상자 안에 여러분이 '자신의 마음(내면의 모습)과 가까운 문화적 특징(종족, 성적 지향, 능력, 사회 계층, 나이)을 설명할 수 있는 품목들을 넣는다.

• 다문화 상자의 겉면에는, 다른 사람들이 여러분 및 문화를 어떻게 알고 있으며 어떻게 생각하는가를 나타내는 여러 가지 이미지(사진, 그림, 단어/구절)를 이용해 장식한다.

---

2) 다문화 상자 활동은 Intergroup Dialogue(Nagda, 2001), 문화적 역량개발을 위한 매뉴얼(신은주, 구자경, 2008)에서 활용된 바 있다.

③ 다문화 상자를 만든 후 서로의 다문화 상자를 소개하고 관련 경험, 생각과 느낌을 나누어 본다.

- 다른 사람이 만든 다문화 상자를 보면서 당신에게 떠오른 생각과 느낌은 무엇인가요?
- 사회적 정체감의 측면에서 다른 사람과 나의 공통점과 차이점은 무엇이라고 생각하는가요?

(2) 2회기: 사회문화적 정체성 인식하기

2회기 목표는 자신의 사회적 정체감 발달 정도와 상태를 인식하고, 자신과 타인의 공통점과 차이점을 사회문화적 관점에서 이해하는 것이다.

2회기의 주요 프로그램 내용으로서 '나'의 사회적 정체성 인식하기가 있다. 우리는 자기 자신을 다양한 사회적 기준에 따라 자신의 소속 집단을 규정하고, 타 집단 구성원과 자신을 비교하고, 자신이 속한 집단의 구성원들에 대해 더 친밀감을 느끼게 되는데 이를 사회적 정체성이라고 한다.

[그림 10-1]의 다문화 도표는 개인의 사회적 정체성 발달에 영향을 미치는 요소를 나이/세대, 신체 및 정신장애, 신체적 특성, 종교/영적 경향성을 둘러싼 사회경제적 지위, 성적 경향성, 성별, 지역, 국적, 인종/민족 정체성의 10가지로 분류하여 시각적으로 형상화한 것이다.

우리는 다양한 사회적 기준에 따라 사회적 정체성을 형성하면서 의식적이든 혹은 무의식적이든 다른 사회적 집단의 구성원들을 지배하거나 혹은 억압당하는 입장에 처하는 경우가 있다. 우리가 경

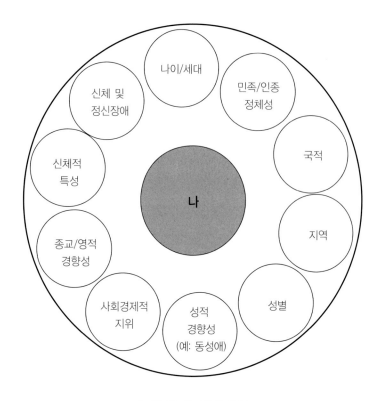

[그림 10-1] 다문화 도표

출처: 신은주, 구자경(2008), p. 28의 그림을 일부 변형함.

험하는 억압과 차별은 피해자 혹은 가해자 식의 이분법보다는 연속선상에서 다차원적으로 이해되는 것이 더 바람직할 것이다.

　각각의 사회적 기준에 따라 우리 자신이 억압과 차별 중 어디에 속하는지 연속선 척도로 표시하고, 자신의 위치를 그 자리에 표시한 이유에 대해 발표하고 다른 사람들의 이야기를 들어본다. 예를 들어, 당신은 나이/세대로 볼 때 다음 중 어디에 속한다고 보는가? 그렇게 생각하는 이유는 무엇인가의 질문에 대해서 다음의 연속선 척도에 표시하고 발표한다.

개인의 사회적 정체성은 어린 시절부터 다양한 삶의 경험이 축
적되어 형성되는 발달적 과정이므로 만들기 활동을 한다. 사회적
정체성이란 개인이 어느 집단에 소속되어 있는지를 아는 것이며
시간이 변하고 환경이 바뀌어도 집단 구성원으로서 자신의 독특
성과 일관성을 인지하는 것을 목적으로 참가자들이 〈표 10-2〉와

〈표 10-2〉 사회정체성 발달의 주요 사건 연대표

	0	10	20	30	40	50	60
나이와 세대 영향							
신체 및 정신 장애							
신체적 특성 (외모/체격 등)							
종교와 영적 경향성							
사회경제적 지위							
성적 경향성							
성별							
지역							
국적							
민족적/인종적 정체성							

출처: 신은주, 구자경(2008), p. 32.

같은 연대표 만들기 활동을 한다. 참가자들은 연대표 만들기 활동을 하면서 사회적 정체성과 관련되어 어떤 생각이나 느낌을 가지게 되었는지를 이해하게 된다. "당신이 속한 집단이 주위에 있는 사람과 다르다고 느꼈던 때를 떠올려 보십시오. 그때 어떻게 느껴졌습니까?" "당신이 속한 집단이 사회적 고정관념, 차별 혹은 학대 등의 표적이 된 적 있었나요? 이것에 대해서 어떻게 느꼈나요?" "당신이 속한 사회적 집단에 대해 자랑스러워했던 때가 있었나요?"와 같은 질문에 대답하는 것은 사회적 정체서 발달과정 이해에 도움이 된다.

(3) 3회기: 우리나라 문화적 현상 이해하기

3회기에서는 한국의 문화적인 현상과 특성을 이해하고, 한국 사회에서 나타나는 개인과 집단에 대한 신념, 가치관, 태도, 편견을 인식하는 것을 목표로 한다. 3회기에서는 다음과 같은 신념, 가치관, 태도, 편견 목록을 참가자들에게 예시로 보여 주고, 참가자들이 목록을 추가해 보도록 한 후, 어떠한 목록의 내용에 공감하는지 혹은 공감하지 못하는지와 그 이유에 대해 생각해 보고 발표한다. 그리고 각각의 목록이 나이와 세대의 영향, 신체 및 정신 장애, 신체적 특성(외모, 체력 등), 종교와 영적 경향성, 사회경제적 지위, 성(性), 성적 경향성(예: 동성애), 지역, 민족적/인종적 정체성, 국적, 기타 중 어디에 해당되는 문화적 이슈인지에 대해 생각해 보도록 한다.

- 자식은 부모의 보험이다.

- 최고의 효도는 부모를 모시고 사는 것이다.
- 남자는 군대를 가야 인생을 안다.
- 말 많은 사람치고 믿을 사람 없다.
- 아버지 없는 자식은 버릇이 없다.
- 여자가 60이 되어 필요한 것은 돈, 건강, 딸이고 남자가 60이 되어 필요한 것은 아내, 집사람, 부인이다.
- A지역 사람은 급하다.
- B지역 사람은 무뚝뚝하다.
- 내 여자친구가 짧은 치마를 입는 건 NO, 다른 여자가 입으면 YES!
- 명절은 반드시 가족과 함께 보내야 한다.
- 그래도 집안일은 여자가 해야 한다.
- 저녁은 가족들과 함께 보내야 해요~
- 물 한 그릇도 위아래가 있다.
- 아들이 부엌에서 일하면 찌푸리고, 사위가 부엌에서 일하면 웃는다.
- 사회생활하려면 술자리에 빠지면 안 된다.
- 술자리에서 3차까지는 기본이지!
- 키 작은 남자는 루저!
- 여자는 얼굴이 예뻐야 한다.
- 학교공부를 잘해야 행복하게 살 수 있다.
- 잘난 사람보다는 협동할 줄 아는 사람과 일하고 싶다.
- 낮잠 자는 사람은 게으른 사람!
- 우리나라는 단일민족, 하나의 핏줄

- 남의 자식 키워봐야 소용없다.
- 학교를 그만두는 건 인생탈락이야!
- '사'자로 끝나는 직업이 최고야!
- 나이 들면 무시당하고 뒷방신세야!
- 가난한 사람은 불성실한 사람들이다.

또한 한국의 문화적 특징을 이해하기 위해서 참가자들에게 일 상생활 속에서 한국 문화를 인식하였던 경험을 자유롭게 나눈다. 그리고 다문화 사회로 진입한 우리나라 사회에서 앞으로 버려야 할 편견은 무엇인지, 그리고 그렇게 생각하는 이유에 대해서 함께 이야기한다.

(4) 4회기: 학생과의 문화 차이 이해하기

4회기는 학생과의 문화 차이에 대해 인식하고 민감하게 대처하 는 것을 목표로 하였다.

① 4회기에서 제시한 학생과의 사례는 다음과 같다.

사례

수업시간에 항상 엎드려 자는 학생과 대화를 나눈 적이 있습니다. 엎 드려 자는 그 학생을 볼 때마다 화도 나고, 조금 무시당하는 기분도 들 었습니다. 어느 날, 하루 일과가 다 끝난 시간 학생과 얘기 나눌 기회가 있었습니다. 그 학생의 말로는 자신의 아버지가 소를 30마리 정도 키우 시는데 그 일을 가족 모두가 함께 돕는다고 했습니다.

그래도 선생님인 나는 '네가 졸업 후 가업을 이어서 진로를 선택하더라도 지금은 자격증도 따고 수업을 통해 많은 것을 배워야 할 학생의 시기'라고 말해 주었습니다. 그 학생은 가업을 이어 소를 키울 것이기 때문에 공부를 열심히 하지 않아도 된다는 것이었습니다. 그 아이에게는 자격증도, 영어 단어도 정말 무의미할 뿐이었습니다.

② 이 사례를 읽고 다음의 질문에 대답하면서 교사와 학생의 관점에서 상황(감정, 생각, 행동)을 이해해 본다. 그리고 교사와 학생의 반응에 담긴 문화적 이슈가 무엇인지 생각해 보고 빈 칸을 작성해 본다.

---

1. 교사와 학생의 관점에서 상황 이해

교사의 입장	학생의 입장
(1) 이 사례에서 교사의 행동은 무엇인가?	(1) 이 사례에서 학생의 행동은 무엇인가?
(2) 이 사례에서 교사의 감정(기분)은 어떠할까?	(2) 이 사례에서 학생의 감정(기분)은 어떠할까?
(3) 이 사례에서 교사의 생각은 무엇일까?	(3) 이 사례에서 학생의 생각은 무엇일까?

2. 이 사례에 나타난 문화적 이슈는? (동그라미로, 하나 이상 표시 가능)

- 나이와 세대의 영향
- 신체적 특성(외모, 체력 등)
- 사회경제적 지위
- 성적 경향성(예: 동성애)
- 민족적/인종적 정체성
- 기타

- 신체 및 정신 장애
- 종교와 영적 경향성
- 성(性)
- 지역
- 국적

☞ 그렇게 생각한 이유는 무엇인가?

③ 학생과 문화적 차이로 인하여 심리적 갈등을 겪었던 경험에 대해 이야기 나눈다. 그때 자신의 입장과 학생의 입장, 그리고 문화적 이슈는 무었이었는지에 대해 발표한다.

④ 이러한 상황에서 교사가 보일 수 있는 방안들에 대해 다음과 같이 생각해 본다.

1. 능동적으로 억압과 차별에 참여하기(예: 학생이 수업시간에 조는 행동을 벌한다.)
2. 부인하기/무시하기(예: 수업시간에 조는 학생들은 학업동기가 낮은 것으로 간주한다.)
3. 인식하지만 행동하지 않기(예: 수업시간에 조는 학생이 있다는 사실을 알지만 무시한다.)
4. 인식하고 행동하기(예: 수업시간에 조는 학생을 이해하기 위해 학생과 대화를 시도한다.)
5. 자신을 교육하기(예: 학생의 행동을 이해하기 위해 그 학생의 생활여건에 대해 알아본다)
6. 타인을 교육하기(예: 학생이 수업시간에 이해 못할 행동을 한다고 불평하는 동료교사에게 교사가 알지 못하는 속사정이 있을 수 있음을 알리고, 동료교사와 함께 학생의 사정을 주의 깊게 헤아려 본다.)
7. 지지하기/격려하기(예: 학습동기를 높이기 위해 자신이 선택한 꿈(직업)에 대해 얘기할 수 있는 시간을 마련해 준다.)
8. 주도적으로 행동하기(예: 학생들이 원하는 꿈을 이루기 위한 교과과정 프로그램을 구안해 본다.)
☞ 다르게 대응한다면 어떻게 할 수 있을까?

⑤ 실습
- 앞의 갈등상황을 긍정적으로 해결하기 위해서 교사는 학생과

함께 어떤 노력을 할 수 있겠는지를 대본을 만들고, 대본에 따라 역할을 결정하여 연습한 후, 발표한다.

- 두 사람의 갈등을 해결하기 위해 필요한 다른 사람이 있다면 대본에 포함시켜도 좋다.
- 조별 발표내용에 대한 장점과 단점에 대해 토의한다.

(5) 5회기: 직장 내의 상사/동료 간의 문화 차이 이해하기

5회기에서는 교사가 직장 내의 상사/동료 간의 문화 차이에 대해 인식하며, 서로의 문화 차이에 대해 민감하게 대처할 수 있는 것을 목표로 하였다.

① 5회기에 제시된 동료교사와의 관계 사례는 다음과 같다.

사례

A교사는 30대 중반의 미혼 남성 교사이다. A교사는 주말에 친구들과 만나 여행을 가기로 계획을 세워놓고 있었다. 그런데 금요일 오후에 학교 선배인 B교사가 자신이 해야 할 업무의 상당량을 A교사에게 맡기는 것이었다. 자신은 집안 사정 때문에 주말에 나와서 일을 할 수 없으니 미혼이고 남자인 A교사가 시간여유가 있을 테니 업무를 처리해 달라는 것이었다. 업무의 내용을 보면 급하게 꼭 처리해야 할 것이기는 했지만 이런 식의 업무 부탁을 종종 하는 B교사를 어떻게 대해야 할지 난감하였다. B교사는 A교사에게 예전에 선배교사들의 비슷한 부탁을 들어주느라 힘들었던 이야기를 자주 하곤 한다.

② 이 사례를 읽고 A교사와 B교사의 감정, 생각, 행동이 무엇이

며, 이와 관련된 문화적 이슈에 대해서 생각해 본다.

---

1. A교사와 B교사의 관점에서 상황 이해

A교사의 입장	B교사의 입장
(1) 이 사례에서 A교사의 행동은 무엇인가?	(1) 이 사례에서 B교사의 행동은 무엇인가?
(2) 이 사례에서 A교사의 감정(기분)은 어떠할까?	(2) 이 사례에서 B교사의 감정(기분)은 어떠할까?
(3) 이 사례에서 A교사의 생각은 무엇일까?	(3) 이 사례에서 B교사의 생각은 무엇일까?

2. 이 사례에 나타난 문화적 이슈는? (동그라미로, 하나 이상 표시 가능)

- 나이와 세대의 영향
- 신체적 특성(외모, 체력 등)
- 사회경제적 지위
- 성적 경향성(예: 동성애)
- 민족적/인종적 정체성
- 기타

- 신체 및 정신 장애
- 종교와 영적 경향성
- 성(性)
- 지역
- 국적

☞ 그렇게 생각한 이유는 무엇인가?

---

③ 학교에서 상사나 동료교사와 갈등을 겪었던 경험을 기억해 본다. 그때 자신의 입장과 상대방의 입장, 그리고 문화적 이슈는 무엇이었는지 이야기한다.

④ 이 상황에서 A교사와 B교사의 감정, 생각, 행동에 대해 탐색하고 난 후, A교사가 취할 수 있는 행동양식에 대해 다음과 같이 생각해 보도록 한다.

1. 능동적으로 억압과 차별에 참여하기(예: B교사가 부탁할 때마다 부탁을 들어 준다.)
2. 부인하기/무시하기(예: B교사를 이해하려고 애쓰지만 마주치는 상황을 피한다.)
3. 인식하지만 행동하지 않기(예: 업무를 다른 사람에게 떠넘기는 B교사의 행동에 문제가 있다고 생각하지만 겉으로 표현하지 않는다.)
4. 인식하고 행동하기(예: B교사의 업무처리 태도에 대한 문제점을 B교사와 이야기한다.)
5. 자신을 교육하기(예: 대인관계, 대화기술 등에 관한 책을 읽어본다.)
6. 타인을 교육하기(예: B교사에게 여성기혼자에게 시댁 및 가족과의 행사가 중요하듯이 미혼자에게는 친구들과의 여행이 매우 중요한 일임을 알려준다.)
7. 지지하기/격려하기(예: 자신과 비슷한 어려움을 겪는 젊은 남성 교사들과 정기적으로 모임을 가지면서 서로의 대응방식을 나누고 격려한다.)
8. 주도적으로 행동하기(예: 교사의 과도한 행정업무를 간소화할 수 있는 방안을 연구하여 건의한다.)
☞ 다르게 대응한다면 어떻게 할 수 있을까?

⑤ 실습

- 앞의 갈등상황을 긍정적으로 해결하기 위해서 A교사는 B교사와 어떻게 노력할 수 있겠는지를 대본으로 만들고, 대본에 따라 역할을 만들고 발표한다.
- 두 사람의 갈등해결을 위해 필요한 사람이 있다면 대본에 포함시켜도 좋다.
- 조별 발표내용에 대한 장점과 단점에 대해 토의한다.

(6) 6회기: 가정 내 다양한 문화 이해하기

6회기는 가정 내에서 다른 가족 구성원과의 문화 차이에 대해 인식할 수 있고, 서로의 문화 차이에 대해 민감하게 대처할 수 있는 것을 목표로 한다.

① 다음은 결혼생활 7년차인 가정주부의 상담 사례이다.

사례

N씨가 남편과 결혼한 지는 올해로 7년째입니다. 일곱 살 난 아들이 하나 있고, 현재 두 번째 아이를 임신 중에 있습니다. 다음은 N씨가 결혼생활에서 겪은 문화적 갈등에 대한 이야기입니다.

"결혼 전, 저는 우리 신랑이 8남매 중 막내인 것을 알았으나 시어머니와 함께 살기로 했습니다. 저는 엄마가 일찍 돌아가셨기 때문에 시어머니를 엄마처럼 생각하며 같이 살면 행복할 줄 알았기 때문입니다. 시어머니와 같이 사는 것은 생각만 해도 기뻤습니다. 하지만 어머님을 뵈었을 때 '엄마'라고 부르니까 어머님께서 좋지 않은 표정으로 '엄마'가 아니고 '어머님'이라 불러라 하셨습니다. 그때 저는 서운했지만 아직 서먹해서 그럴 거라 생각하고, 시어머니와 엄마와 딸처럼 지낼 수 있을 거라 기대하면서 희망을 가지고 노력했습니다.

하지만 어머님은 연세가 많으시고 옛날 사람이기 때문에 저는 너무 힘들었어요. 시댁에서는 맛있는 음식은 우리 남편이 먹고 난 후에야 여자들이 남는 음식과 찬밥을 먹습니다. 또, 저는 땀을 많이 흘려서 하루에 한 번은 목욕을 합니다. 하지만 이 문제로 우리 어머님께서 화가 나셨습니다. 처음에는 무슨 일로 화가 나셨는지 몰랐지만 나중에 알고는 너무 속상했습니다. 물 데우는 가스비 때문에 목욕도 못했습니다. 집에서는 모든 것, 즉 빨래, 청소, 설거지하는 방법 등을 어머님께서 하는 방법으로 따라 해야 했는데, 저는 아기처럼 아무것도 할 수 없는 것처럼 느껴졌어요. 너무 답답하고 속이 상했습니다. 돌아가신 엄마가 보고 싶어 울었고, 남편이 회사에서 퇴근하는 시간만 기다렸어요.

그때를 생각하면 지금도 눈물이 나요. 어떤 날은 집에서 뛰쳐나와 길에서 비를 맞고 울었습니다. 비가 오니까 아무도 내가 우는 것을 알아채지 못할 것이라는 생각만 하고 하루 종일 길에서 울었지만 어디로 가야 할지 몰랐습니다. 결국 그날은 밤늦게 되어서야 비에 젖은 채로 집으로 들어가게 되었고, 그 일로 어머님께서는 또다시 저에게 화가 많이 나셨습니다.

② 이 사례를 읽고 며느리와 시어머니의 감정, 생각, 행동이 무엇이며, 이와 관련된 문화적 이슈에 대해서 생각해 본다.

---

1. 시어머니와 며느리 N씨의 관점에서 상황 이해

시어머니의 입장	며느리 N씨의 입장
(1) 이 사례에서 시어머니의 행동은 무엇인가?	(1) 이 사례에서 며느리 N씨의 행동은 무엇인가?
(2) 이 사례에서 시어머니의 감정(기분)은 어떠할까?	(2) 이 사례에서 며느리 N씨의 감정(기분)은 어떠할까?
(3) 이 사례에서 시어머니의 생각은 무엇일까?	(3) 이 사례에서 며느리 N씨의 생각은 무엇일까?

2. 이 사례에 나타난 문화적 이슈는? (동그라미로, 하나 이상 표시 가능)

- 나이와 세대의 영향
- 신체적 특성(외모, 체력 등)
- 사회경제적 지위
- 성적 경향성(예: 동성애)
- 민족적/인종적 정체성
- 기타
- 신체 및 정신 정애
- 종교와 영적 경향성
- 성(性)
- 지역
- 국적

☞ 그렇게 생각한 이유는 무엇인가?

③ 가정에서 다른 가족구성원(예: 시어머니, 장모 등) 식구와의 갈등을 겪었던 경험을 기억해 보고, 자신의 입장과 상대방의 입장, 그리고 문화적 이슈는 무엇이었는지에 대해 이야기한다.

④ 당신이 N씨라면 문제해결을 위해 다음 중 어떤 반응을 할 것인지 생각해 본다.

1. 능동적으로 억압과 차별에 참여하기(예: 시어머니가 원하시는 대로 따르려고 노력한다.)
2. 부인하기/무시하기(예: 시어머니가 자신의 방식을 강요하는 것에, N씨를 위해서 그러는 거라 좋게 생각한다.)
3. 인식하지만 행동하지 않기(예: 시어머니에게 화가 나지만 겉으로는 표현하지 않는다.)
4. 인식하고 행동하기(예: 시어머니에게 부당하다고 느끼는 점을 표현한다.)
5. 자신을 교육하기(예: 고부갈등과 가족문제 이해를 위한 책을 읽거나 관련된 강의를 듣는다.)
6. 타인을 교육하기(예: 시어머니에게 자신의 문화나 생활방식을 소개하고 좋은 점을 알려드린다.)
7. 격려하기/지지하기(예: 고부갈등으로 힘들어하는 여성들의 모임에 나가서 서로를 격려하고 지지한다.)
8. 주도적으로 행동하기(예: 시어머니와 성숙하게 분가할 수 있는 방안을 남편과 구체적으로 모색한다.)
☞ 다르게 대응한다면 어떻게 할 수 있을까?

⑤ 실습
- 앞의 갈등상황을 긍정적으로 해결하기 위해서 며느리와 시어

머니는 어떻게 노력할 수 있겠는지를 대본을 만들고, 대본에 따라 역할을 결정하여 연습한 후, 발표한다.

- 며느리와 시어머니의 갈등해결을 위해 필요한 인물이 있다면 대본에 포함시켜도 좋다.
- 조별 발표내용에 대한 장점과 단점에 대해 토의한다.

(7) 7~8회기: 국가 간 문화차이 이해하기

7회기에서는 교사들이 국가 간 문화 차이에 대한 관심과 이해를 촉진하기 위하여 다음과 같이 몇 개 국가에 대한 문화적 지식 퀴즈를 풀게 하였다.

〈다문화 O, X 퀴즈 예시〉

1. 다문화 지원 사업은 교육인적자원부, 보건복지가족부, 법무부가 하고 있다.
2. 다문화 유입 인구는 결혼이주여성이 유학생 수보다 더 많다.
3. 외국인이 내국인과 결혼을 하면 곧바로 한국 국민이 된다.
4. 결혼이주여성의 70% 이상은 한국 국적을 취득하였다.
5. 결혼이주여성은 이혼하면 국적을 취득할 수 없다.
6. 베트남의 전통의상은 아오자이이다.
7. 중국인들이 좋아하는 숫자는 홀수이다.
8. 우리나라의 다문화 관련법 제정은 시급한 문제이다.
9. 다문화 가정 자녀의 재학생 수는 중・고등학교보다 초등학교가 더 많다.
10. 필리핀 종교의 80% 이상이 천주교이다.
11. 호치민은 베트남의 영웅이다.

문화적 차이로 인하여 발생할 수 있는 사례를 다음과 같이 제시한 뒤 4회기부터 6회기까지 진행된 방식과 같은 형식으로 당사자들의 정서, 생각, 행동에 대해 탐색해 보기, 관련된 자신의 경험을 나누기, 문제를 능동적으로 해결하기 위한 방안을 탐색하기, 실습하기의 순서로 진행한다.

7회기의 상담 사례는 다음과 같다.

사례

저에게는 베트남에서 시집온 형님이 있습니다. 시집와서 1년도 채 되지 않은 맏며느리인 형님은 자주 낮잠을 자고 집안 살림이나 아이 키우는 것 등을 등한시하는 것처럼 보여 못마땅한 점이 한둘이 아니었습니다. 아이를 키우는 같은 엄마로서 더 이해하기 힘든 것은, 어른들도 치아보호를 위해 선호하지 않는 가당연유를 아기에게 지속적으로 먹이는 것이었습니다. 게다가 아주버님이 늦게 퇴근해서 귀가한 날에는 시어머니가 옆에 있건 말건 큰 소리를 내어 부부싸움을 한다고 합니다. 그래서 나는 형님이 게으르고 후진국에서 보고 배운 것이 없어 예의도 없고 자녀양육도 잘 못한다고 생각하게 되었습니다.

그런데 2년의 시간이 지나면서 베트남은 날씨가 더워 낮잠 자는 습관이 있다는 것과 형님이 조카에게 먹였던 가당연유 같은 크림이 베트남에서는 대부분 유아가 먹는 식품이라는 것을 알게 되었습니다. 또한 베트남에서는 남편이 늦게 귀가하는 것이 외도를 의미한다는 것도 알게 되었습니다. 그렇지만 지금도 형님의 모습을 볼 때마다 불편한 마음이 듭니다.

7회기의 사례에 대해서 내담자가 문제를 능동적으로 해결하기 위한 방안을 다음과 같이 제시한다.

1. 능동적으로 억압과 차별에 참여하기(예: 형님이 게으르고 후진국에서 보고 배운 것이 없어 자녀양육도 못한다고 같이 비난한다.)
2. 부인하기/무시하기(예: 대부분의 이주여성이 시어머니, 남편과 갈등이 있다는 것을 무시한다.)
3. 인식하지만 행동하지 않기(예: 형님에 대한 일방적 비난이 잘못이라는 것을 알지만 방관한다.)
4. 인식하고 행동하기(예: 형님의 행동을 이해하기 위해 대화를 시도한다.)
5. 자신을 교육하기(예: 형님의 베트남 문화에 대해 찾아보거나 물어보기, 관련 기사 보기 등)
6. 타인을 교육하기(예: 고부갈등을 이해하거나 해결하는 데 도움이 되는 베트남 문화에 대해 시어머니께 말씀드린다.)
7. 지지하기/격려하기(예: 형님이 어머니에게 베트남 문화에 대해 말할 수 있는 분위기를 마련한다.)
8. 주도적으로 행동하기(예: 어머니와 함께 이주여성 교육이나 행사에 직접 참여해 본다.)
☞ 다르게 대응한다면 어떻게 할 수 있을까?

8회기에 소개된 상담 사례는 다음과 같다.

사례

나는 초등학교 2학년 담임을 맡고 있는 교사입니다. 오늘 상담한 학부모는 45세 필리핀 여성이었습니다. 한국인 남성과 결혼해서 낳은 아이를 친정(필리핀)에 맡겨서 양육하고 있다가 초등학교에 들어갈 나이가 되어 한국으로 데리고 와서 한국 학교에 입학시켰다고 합니다.

그런데 이 여성은 아이를 다시 친정(필리핀)에 맡기려는 생각하고 있었습니다. 몇 년 후에는 남편과 함께 필리핀으로 돌아가 필리핀 국적으로 살 거라고 했습니다. 한국 사람도 한국에서 살기 힘든데, 하물며 필리핀 사람인 자신이 언제 한국말과 문화를 배워서 한국 사람과 똑같은 대우를 받고 살겠냐는 것이었습니다. 그리고 한국의 엄마들처럼 아이를 교육시킬 자신이 없다는 것입니다.

가족 중 남편만 아내의 입장을 이해하고, 시부모님을 포함한 다른 가족들은 펄쩍 뛰며 당연히 한국에서 살아야 한다고 반대하는 상황이라고 합니다.

8회기의 사례에 대해서 문제를 능동적으로 해결하기 위한 방안을 다음과 같이 제시한다.

1. 능동적으로 억압과 차별에 참여하기(예: 결혼이주여성에 대한 사회적인 차별의 원인은 결혼이주여성 자신이 제공하는 것이라 생각하고 차별에 동참한다.)
2. 부인하기/무시하기(예: 결혼이주여성이 사회적 차별을 받는다는 점을 부인한다.)
3. 인식하지만 행동하지 않기(예: 결혼이주여성에 대한 사회적 차별, 부정적 편견에 대해 알지만 아무런 행동을 취하지 않는다.)
4. 인식하고 행동하기(예: 한국사회의 차별 및 자신의 부정적 편견에 대해 인식하고 이를 중단하기 위해 노력한다.)
5. 자신을 교육하기(예: 필리핀 사회 및 문화에 대해 알아본다.)
6. 타인을 교육하기(예: 차별이 계속되면, 이주여성들이 매우 큰 상처를 입으며 심지어 우리나라를 떠나려고까지 하게 되고 이로 인해 사회문제가 발생한다는 사실을 내국인들에게 적극적으로 알린다.)
7. 지지하기/격려하기(예: 결혼이주여성의 지지집단이나 지원단체에 참여한다.)
8. 주도적으로 행동하기(예: 결혼이주여성 자녀의 교육지원 방안을 구상하여 제안한다.)
☞ 다르게 대응한다면 어떻게 할 수 있을까?

(8) 9회기: 다문화 학급경영

9회기에서는 교사가 다문화 학생들로 구성된 학급경영에서 발생할 수 있는 문제를 인식하고 대처할 수 있는 능력을 습득하는 것을 목표로 하였다. 이전 회기와 마찬가지로 관련 상담 사례를 읽고, 당사자들이 경험할 수 있는 정서, 생각, 행동에 대해 탐색하고, 관련된 자신의 경험을 나눈 후 이들을 능동적으로 조력하기 위한 방안을 이야기하고 이를 실습하도록 하였다.

사례

저는 초등학교 3학년을 가르치는 교사입니다. 저희 반에 국제결혼 가정의 여학생이 있는데, 아버지가 한국인이고 어머니는 베트남인입니다. 그런데 우리 반 학생 중 몇몇이 이 학생 주변을 맴돌며, 어머니 출신지를 빗대어 험담을 하고 때로는 옷차림이나 행동을 가지고 놀리는 것 같습니다. 담임교사로서 처음에는 잘해 줘야되겠다는 생각이 들어 다른 아이들보다 말도 더 많이 걸고 나름대로 관심도 많이 가져 주었지만, 교사의 지시에 대답만 하고 행동은 하지 않는 등 예의가 없다는 생각이 들었습니다.

그러던 중 아이의 엄마가 계절에 맞지 않게 옷을 따뜻하게 입혀 등교를 시킨 적이 있었습니다. 이를 계기로 아이들은 옷차림을 보고 놀리기 시작하여 이제는 말투, 행동까지 반 대부분의 아이들이 그 아이를 놀리게 되었습니다. 옆에 있는 다른 급우들은 그저 그 모습을 웃으며 바라보기만 하고 적극적으로 이 친구의 편을 들어주지 않는 것 같습니다.

9회기에서는 문제해결을 위한 방안을 다음과 같이 제시한다.

1. 능동적으로 억압과 차별에 참여하기(예: 계절에 맞지 않는 옷차림을 지적하고 예의 없는 태도에 대해 꾸지람한다.)
2. 부인하기/무시하기(예: 학급학생들이 놀리고 차별하는 사실을 무시한다.)
3. 인식하지만 행동하지 않기(예: 학급학생들이 놀리고 차별하는 것에 대해 부당하다고 생각하지만 방관한다.)
4. 인식하고 행동하기(예: 학급학생들에게 베트남 날씨와 우리나라 날씨에 대해 설명해 준다.)
5. 자신을 교육하기(예: 여학생의 부적응에 스며 있는 문화적 차이에 대해 알아본다.)
6. 타인을 교육하기(예: 학생들에게 옷차림이나 문화적으로 다른 행동을 가지고 놀리는 것은 인권을 존중하지 않는 나쁜 행동이며, 놀리는 모습을 방관하는 것 또한 비겁한 행동이라는 것을 알린다.)
7. 지지하기/격려하기(예: 여학생이 반 친구들에게 베트남 문화, 기후를 소개할 수 있도록 지원한다.)
8. 주도적으로 행동하기(예: 다문화 가정 학생이 차별받지 않는 방안에 대해 교사회의 때 논의한다.)
☞ 다르게 대응한다면 어떻게 할 수 있을까?

(9) 10회기: 나의 문화적 이슈 이해하기

10회기 목표는 교사 자신의 문화적 이슈에 대해 인식하고 민감하게 대처할 수 있는 방법을 탐색하는 것이다. 10회기에서는 교사가 자신의 주변사람들과 문화적 이슈로 인한 갈등상황을 떠올려 보면서 갈등 대상과 갈등 이유를 생각하고, 활동지의 동심원(나)을 중심으로 문화적 차이에 따라 자신의 주변사람들을 적어본다. 문화적 차이가 많이 난다고 생각할수록 동심원의 바깥쪽에 적어 넣는다. 갈등 대상자의 감정, 생각, 행동을 상상해 보며, 갈

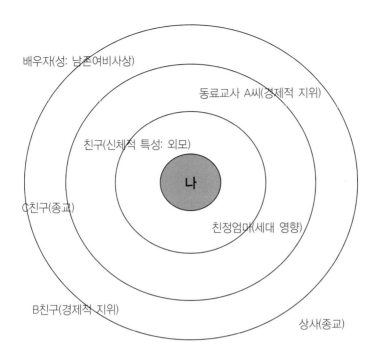

등적 대인관계 및 상황에 담긴 문화적 이슈가 무엇인지, 그리고 문화적 이슈에 따라 어떠한 개인적, 사회적 차별과 억압이 발생하는지, 차별과 억압에 효과적으로 대응하기 위한 개인적, 사회적 대처방안이 무엇인지 생각하고 토론한다.

1. 이 장에서 교사를 대상으로 구성된 문화적 역량 프로그램에 소개된 상담사례 중 마음에 남는 사례를 한 가지 선정하여 다음의 질문에 답해 보자.

- 그 사례를 선정한 이유가 무엇인가?
- 그 사례와 비슷한 경험을 한 적이 있다면 그 경험에 대해 나누어 보자.
- 그 사례에 담긴 사회문화적 이슈는 무엇인지 생각해 보자.
- 자신의 마음에 가장 남는 한 사례를 선정하여 사례에 등장하는 인물들의 정서, 생각, 행동에 대해 탐색해 보고, 그들의 갈등을 해결하기 위한 방안을 생각해 보자.
- 사례에 등장하는 차별과 억압당하는 사람을 돕기 위한 구체적 방안에 대해 생각해 보자.

부록

[부록 1] 한국 상담자의 다문화 상담역량 검사

▶ 다음은 상담자의 다문화 상담역량에 대한 질문입니다. 현재 자신의 상태나 생각에 가장 가까운 곳에 ∨ 표해 주세요.

문항 번호	요인명	전혀 아니다	아니다	보통	그렇다	매우 그렇다
1	당신은 내담자와의 종교적 신념 차이를 경험할 때 민감성을 유지하면서도 편안하게 받아들일 수 있습니까?	1	2	3	4	5
2	사회경제적 배경에 대한 당신의 고정관념이 상담을 진행하는 데 어떤 영향을 미치는지 알고 있습니까?	1	2	3	4	5
3	성(gender)에 대한 당신의 고정관념이 상담에 미치는 영향을 이해하기 위해 교육이나 훈련, 슈퍼비전을 받은 경험이 있습니까?	1	2	3	4	5
4	당신은 내담자가 어떤 사회경제적 배경이든 내담자를 존중합니까?	1	2	3	4	5
5	당신은 내담자의 신체적 특징(장애, 외모 등)이 내담자의 삶에 어떤 영향을 미치는지 알고 있습니까?	1	2	3	4	5
6	당신은 다양한 종교에 관한 최근 연구 경향을 알고 내담자를 이해하는 데 활용합니까?	1	2	3	4	5
7	당신은 상담을 진행할 때 내담자의 사회경제적 배경을 존중하는 상담기법을 사용해야 한다고 생각합니까?	1	2	3	4	5
8	당신은 심리검사도구나 상담기법에 포함되어 있는 소외계층에 대한 미묘한 차별적 표현들을 식별할 수 있습니까?	1	2	3	4	5
9	당신은 내담자의 사회경제적 배경을 고려하면서 효과적으로 상담할 수 있습니까?	1	2	3	4	5
10	당신은 내담자와의 사회 계층적 특징 차이를 경험할 때 민감성을 유지하면서도 편안하게 받아들일 수 있습니까?	1	2	3	4	5
11	성(gender)에 대한 당신의 고정관념이 상담을 진행하는 데 어떤 영향을 미치는지 알고 있습니까?	1	2	3	4	5
12	인종/민족에 대한 당신의 고정관념이 상담에 미치는 영향을 이해하기 위해 교육이나 훈련, 슈퍼비전을 받은 경험이 있습니까?	1	2	3	4	5
13	당신은 내담자가 여성이든 남성이든 내담자를 존중합니까?	1	2	3	4	5
14	당신은 내담자의 문화적 배경이 내담자의 심리적 장애 발현에 미치는 영향을 알고 있습니까?	1	2	3	4	5
15	당신은 다양한 사회경제적 배경에 대한 최근 연구 경향을 알고 내담자를 이해하는 데 활용합니까?	1	2	3	4	5
16	당신은 상담을 진행할 때 내담자의 성(gender)을 존중하는 상담기법을 사용해야 한다고 생각합니까?	1	2	3	4	5

17	당신은 심리검사도구나 상담기법에 포함되어 있는 성차별적 표현을 식별할 수 있습니까?	1	2	3	4	5
18	당신은 내담자의 성(gender)을 고려하면서 효과적으로 상담할 수 있습니까?	1	2	3	4	5
19	당신은 내담자와의 성(gender)역할 고정관념 차이를 경험할 때 민감성을 유지하면서도 편안하게 받아들일 수 있습니까?	1	2	3	4	5
20	인종/민족에 대한 당신의 고정관념이 상담을 진행하는 데 어떤 영향을 미치는지 알고 있습니까?	1	2	3	4	5
21	당신 세대의 특징으로 인한 고정관념이 상담에 미치는 영향을 이해하기 위해 교육이나 훈련, 슈퍼비전을 받은 경험이 있습니까?	1	2	3	4	5
22	당신은 내담자가 어떤 인종/민족 출신이든 내담자를 존중합니까?	1	2	3	4	5
23	당신은 내담자의 문화적 배경이 내담자의 도움 요청 행동에 미치는 영향을 알고 있습니까?	1	2	3	4	5
24	당신은 성(gender)역할에 대한 최근 연구 경향을 내담자를 이해하는 데 활용합니까?	1	2	3	4	5
25	당신은 상담을 진행할 때 내담자의 인종/민족 정체성을 존중하는 상담기법을 사용해야 한다고 생각합니까?	1	2	3	4	5
26	당신은 소수 인종/민족 출신의 내담자가 상담서비스를 이용할 때 경험할 수 있는 어려움을 알고 있습니까?	1	2	3	4	5
27	당신은 내담자의 인종/민족 정체성을 고려하면서 효과적으로 상담할 수 있습니까?	1	2	3	4	5
28	당신은 내담자와의 인종/민족 정체성 차이를 경험할 때 민감성을 유지하면서도 편안하게 받아들일 수 있습니까?	1	2	3	4	5
29	특정 신체적 특징(장애, 외모 등)을 가진 사람들에 대한 당신의 고정관념이 상담을 진행하는 데 어떤 영향을 미치는지 알고 있습니까?	1	2	3	4	5
30	특정 신체적 특징(장애, 외모 등)을 가진 사람에 대한 당신의 고정관념이 상담에 미치는 영향을 이해하기 위해 교육이나 훈련, 슈퍼비전을 받은 경험이 있습니까?	1	2	3	4	5
31	당신은 내담자의 신체적 특징(장애, 외모 등)에 개의치 않고 내담자를 존중합니까?	1	2	3	4	5
32	당신은 내담자의 문화적 배경이 내담자의 자존감과 자아개념에 미치는 영향에 대해 알고 있습니까?	1	2	3	4	5
33	당신은 다양한 인종/민족의 현안에 대해 알고 내담자를 이해하는 데 활용합니까?	1	2	3	4	5
34	당신은 상담을 진행할 때 내담자의 연령을 존중하는 상담기법을 사용해야 한다고 생각합니까?	1	2	3	4	5

35	당신은 심리검사도구나 상담기법에 내재된 연령 차별적 표현들을 식별할 수 있습니까?	1	2	3	4	5
36	당신은 내담자의 연령을 고려하면서 효과적으로 상담할 수 있습니까?	1	2	3	4	5
37	당신은 내담자와의 신체적 특징(장애, 외모 등) 차이를 경험할 때 민감성을 유지하면서도 편안하게 받아들일 수 있습니까?	1	2	3	4	5
38	성적 소수자(게이, 레즈비언, 양성애, 트랜스젠더 등)에 대한 당신의 고정관념이 상담을 진행하는 데 어떤 영향을 미치는지 알고 있습니까?	1	2	3	4	5
39	당신은 문화적 배경이 다른 사람들과의 상담을 위해 교육이나 훈련, 슈퍼비전을 받은 경험이 있습니까?	1	2	3	4	5
40	당신은 내담자의 국적에 개의치 않고 내담자를 존중합니까?	1	2	3	4	5
41	당신은 내담자의 문화적 배경이 내담자의 대인관계에 미치는 영향에 대해 알고 있습니까?	1	2	3	4	5
42	당신은 다양한 인종/민족의 특성이 정신건강과 심리상태에 미치는 영향에 대한 최근 연구 경향을 알고 내담자를 이해하는 데 활용합니까?	1	2	3	4	5
43	당신은 상담을 진행할 때 내담자의 신체적 특징(장애, 외모 등)을 존중하는 상담기법을 사용해야 한다고 생각합니까?	1	2	3	4	5
44	당신은 독특한 신체적 특징(장애, 외모 등)을 지닌 내담자가 상담서비스를 이용할 때 경험할 수 있는 어려움을 알고 있습니까?	1	2	3	4	5
45	당신은 내담자의 신체적 특징(외모, 장애 등)을 고려하면서 효과적으로 상담할 수 있습니까?	1	2	3	4	5

〈요인별 문항번호〉

- 상담자 문화에 대한 수용: 1, 10, 19, 28, 37: 평균 3.765, 표준편차 .526
- 상담자 문화에 대한 지식: 2, 11, 20, 29, 38: 평균 3.792, 표준편차 .635
- 상담자 문화의 영향 조절 노력: 3, 12, 21, 30, 39: 평균 2.685, 표준편차 .989
- 내담자 문화에 대한 존중: 4, 13, 22, 31, 40: 평균 4.280, 표준편차 .508
- 내담자 문화에 대한 지식: 5, 14, 23, 32, 41: 평균 3.718, 표준편차 .656
- 다문화적 지식 활용: 6, 15, 24, 33, 42: 평균 2.995, 표준편차 .745
- 다문화적 기법 수용: 7, 16, 25, 34, 43: 평균 4.139, 표준편차 .548
- 개입기법의 차별적 요소에 대한 지식: 8, 17, 26, 35, 44: 평균 3.103, 표준편차 .775
- 다문화적 상담개입 기술: 9, 18, 27, 36, 45: 평균 3.517, 표준편차 .597

출처: 임은미, 강혜정, 김성현, 구자경(2018).

[부록 2] 한국 상담자의 사회정의 옹호역량 척도

다음 각 문항이 현재 자신의 모습과 얼마나 일치하는지를 판단하여 체크해 주십시오. 바람직하다고 생각하는 모습보다는 현재의 모습에 가깝다고 생각되는 곳에 체크해 주십시오.

내담자 역량강화	전혀 아니다	아니다	보통 이다	그렇다	매우 그렇다
1. 당신은 종교적 소수자인 내담자가 자신의 안녕과 발달을 가로막는 환경적 장애물에 적극적으로 대응하도록 내담자를 격려합니까?	1	2	3	4	5
2. 당신은 사회경제적 취약계층의 내담자가 자신의 안녕과 발달을 가로막는 환경적 장애물에 적극적으로 대응하도록 내담자를 격려합니까?	1	2	3	4	5
3. 당신은 성(gender)차별을 받는 내담자가 자신의 안녕과 발달을 가로막는 환경적 장애물에 적극적으로 대응하도록 내담자를 격려합니까?	1	2	3	4	5
4. 당신은 인종/민족적 소수자인 내담자가 자신의 안녕과 발달을 가로막는 환경적 장애물에 대응하도록 내담자의 역량을 강화합니까?	1	2	3	4	5
5. 당신은 고령이나 청소년 등 연령적으로 취약한 내담자가 자신의 안녕과 발달을 가로막는 환경적 장애물에 적극적으로 대응하도록 내담자를 격려합니까?	1	2	3	4	5
6. 당신은 신체적 특징(장애, 외모 등)으로 인해 차별받는 내담자가 자신의 안녕과 발달을 가로막는 환경적 장애물에 적극적으로 대응하도록 내담자를 격려합니까?	1	2	3	4	5
7. 당신은 내담자가 학업, 진로 또는 개인-사회적 발달을 가로막는 제도적 사회적 장벽에 도전하도록 돕습니까?	1	2	3	4	5
소계					

환경 변화 필요 인식	전혀 아니다	아니다	보통 이다	그렇다	매우 그렇다
8. 당신은 종교적 차별로 인해 어려움을 겪고 있는 내담자를 돕기 위해 사회적 인식이나 제도의 변화가 필요하다고 생각합니까?	1	2	3	4	5
9. 당신은 사회 계층의 차별로 인해 어려움을 겪고 있는 내담자를 돕기 위해 사회적 인식이나 제도의 변화가 필요하다고 생각합니까?	1	2	3	4	5
10. 당신은 성(gender)차별로 인해 어려움을 겪고 있는 내담자를 돕기 위해 사회적 인식이나 제도의 변화가 필요하다고 생각합니까?	1	2	3	4	5
11. 당신은 인종/민족 차별로 인해 어려움을 겪고 있는 내담자를 돕기 위해 사회적 인식이나 제도의 변화가 필요하다고 생각합니까?	1	2	3	4	5
12. 당신은 연령차별로 인해 어려움을 겪고 있는 내담자를 돕기 위해 사회적 인식이나 제도의 변화가 필요하다고 생각합니까?	1	2	3	4	5

13. 당신은 신체적 특징(장애, 외모 등)에 대한 차별로 인해 어려움을 겪고 있는 내담자를 돕기 위해 사회적 인식이나 제도의 변화가 필요하다고 생각합니까?	1	2	3	4	5
14. 당신은 사회문화적 차별과 억압을 개선하기 위해 어떤 형태로든 전문적인 활동(예: 강의, 연구자료 발표, 전문가 모임 참여, 캠페인 참여 등)을 해야 한다고 생각합니까?	1	2	3	4	5
15. 당신은 사회 체제 속에 내재하는 불평등적 요소에 도전해야 한다고 생각합니까?	1	2	3	4	5
16. 당신은 내담자의 환경 속 편견, 편향, 차별에 주목하고 이를 개선하기 위해 노력해야 한다고 생각합니까?	1	2	3	4	5

소계

상담자 사회참여	전혀 아니다	아니다	보통이다	그렇다	매우 그렇다
17. 당신은 종교적 소수자인 내담자의 문제해결과 자원 확보를 위해 합법적인 사회적, 전문적 활동에 참여합니까?	1	2	3	4	5
18. 당신은 사회경제적 취약계층인 내담자의 문제해결과 자원 확보를 위해 합법적인 사회적, 전문적 활동에 참여합니까?	1	2	3	4	5
19. 당신은 성차별을 받는 내담자의 문제해결과 자원 확보를 위해 합법적인 사회적, 전문적 활동에 참여합니까?	1	2	3	4	5
20. 당신은 인종/민족적 소수자인 내담자의 문제해결과 자원 확보를 위해 합법적인 사회적, 전문적 활동에 참여합니까?	1	2	3	4	5
21. 당신은 고령이나 청소년 등 연령적으로 취약한 내담자의 문제해결과 자원 확보를 위해 합법적인 사회적, 전문적 활동에 참여합니까?	1	2	3	4	5
22. 당신은 신체적 특징(장애, 외모 등)으로 차별받는 내담자의 문제해결과 자원 확보를 위해 합법적인 사회적, 전문적 활동에 참여합니까?	1	2	3	4	5
23. 당신은 성적 지향(레즈비언, 게이, 양성애, 트랜스젠더 등)으로 차별받는 내담자의 문제해결과 자원 확보를 위해 합법적인 사회적, 전문적 활동에 참여합니까?	1	2	3	4	5
24. 당신은 내담자의 문제가 타인의 인종차별이나 편견에서 유래할 경우 내담자가 이를 개인화하지 않도록 내담자를 위한 제도적 개입활동에 참여합니까?	1	2	3	4	5

소계

합계

- 요인 I. 내담자 역량강화(7문항): 평균 3.728, 표준편차 .612
- 요인 II. 환경 변화 필요 인식(9문항): 평균 4.149, 표준편차 .514
- 요인 III. 상담자 사회참여(8문항): 평균 2.684, 표준편차 .829

출처: 임은미(2017).

[부록 3] 사회문제 옹호척도

▶ 다음에 제시될 각각의 문장이 자신의 행동과 어느 정도 일치하는지 표기해 주십시오. 바람직하다고 생각하는 모습보다는 현재의 모습에 가깝다고 생각되는 곳에 체크해 주십시오.

정치사회적 활동 참여	전혀 아니다	아니다	보통 이다	그렇다	매우 그렇다
6. 나는 내 전문분야에서 추구하는 가치를 지지하는 정치적 명분이나 후보자를 위해 자원봉사를 한다.	1	2	3	4	5
3. 나는 내가 믿는 정치적 명분이나 후보자들을 위해 자원해서 일한다.	1	2	3	4	5
5. 나는 사회문제에 대하여 내가 개인적으로 옳다고 생각하는 입장을 옹호하는 정책 입안자들을 만난다.	1	2	3	4	5
4. 나는 나에게 중요한 사회문제에 대한 집회나 시위에 참여한다.	1	2	3	4	5
2. 나는 나의 전문분야에 영향을 미치는 문제들에 대한 나의 의견을 표현하기 위해 정책 입안자들에게 전화를 한다.	1	2	3	4	5
7. 나는 내 전문분야의 가치를 지지하는 정치적 명분이나 후보자를 위해 재정적인 후원을 한다.	1	2	3	4	5
8. 나는 내 전문 분야에 영향을 미칠 수 있는 사회 문제와 관련하여 미디어를 통해 다른 사람들에게 영향력을 미치기 위해 편지나 이메일을 활용한다.	1	2	3	4	5
1. 나는 나의 전문분야에서 중요한 사회 문제에 대한 집회나 시위에 참여한다.	1	2	3	4	5
소계					

개인에 대한 정책의 영향 인식	전혀 아니다	아니다	보통 이다	그렇다	매우 그렇다
16. 국회와 지방자치단체의 정책은 개인이 양질의 교육과 자원에 접근하는 것에 영향을 미친다.	1	2	3	4	5
17. 국회와 지방자치단체의 정책은 개인이 사회적 서비스에 접근하는 것에 영향을 미친다.	1	2	3	4	5
18. 사회 권력(예, 공공정책, 자원분배, 인권)은 개인의 교육적 수행에 영향을 미친다.	1	2	3	4	5
15. 사회 권력(예, 공공 정책, 자원 분배, 인권)은 개인의 건강과 안녕감에 영향을 미친다.	1	2	3	4	5
소계					

동료의 차별행동 직면	전혀 아니다	아니다	보통 이다	그렇다	매우 그렇다
20. 나에게는 장애인 차별의 징후를 보이는 동료들에게 맞설 전문적인 책임이 있다.	1	2	3	4	5
19. 나에게는 노인 차별의 징후를 보이는 동료들에게 맞설 전문적인 책임이 있다.	1	2	3	4	5
21. 나에게는 동료가 문화적/민족적으로 다른 사람들 혹은 집단을 차별하는 징후를 보인다고 생각될 때 지적하여 맞설 전문적인 책임이 있다.	1	2	3	4	5
소계					

관련분야 정책현안 주시	전혀 아니다	아니다	보통 이다	그렇다	매우 그렇다
9. 나는 내 전문분야에 영향을 미칠 수 있는 중요한 법안이나 입법 문제가 국회에서 논의되고 있을 때 그 과정을 지속적으로 주시한다.	1	2	3	4	5
10. 나는 내게 개인적으로 관심이 있는 중요한 법안이나 입법문제가 국회에서 논의되는지를 주시한다.	1	2	3	4	5
11. 나는 내 전문 분야에서 중요한 법안이나 입법문제에 대해 친구 및 가족들과 토론한다.	1	2	3	4	5
13. 나의 전문분야의 중요한 법안이나 정책들에 대해 동료 및 지인들과 토론한다.	1	2	3	4	5
소계					
합계					

- 요인 I. 정치사회적 활동 참여: 평균 2.00, 표준편차 .87
- 요인 II. 개인에 대한 정책의 영향 인식: 평균 4.23, 표준편차 .84
- 요인 III. 동료의 차별행동 직면: 평균 3.77, 표준편차 .95
- 요인 IV. 관련분야 정책현안 주시: 평균 3.22, 표준편차 1.02
- 전체: 평균 3.00, 표준편차 .69

참고문헌

강신영, 김은주(2012). 현대사회에서의 모성성의 의미 탐색: 만화영화 〈마당을 나온 암탉〉과 〈고 녀석 맛나겠다〉에서 그려진 보육행동을 바탕으로. 어린이미디어연구, 11(1), 169-187.

강운선(2015). 다문화교육에 대한 대학생의 인식과 대학교 교육과정의 시사점. 동아인문학, 30, 417-443.

구자경(2012). 청소년상담자의 문화적 역량향상을 위한 집단프로그램의 효과분석. 청소년시설환경, 10(4), 3-13.

구자경(2014). 내국인과 함께 다문화의사소통훈련 프로그램에 참여한 결혼이주여성의 경험분석. 다문화 상담연구, 4(1).

구자경, 신은주(2009). 대학생의 문화적 역량 개발을 위한 집단 프로그램 사례연구. 평택대학교 논문집, 23, 319-342.

구자경, 임은미(2009). 교사의 문화적 역량 강화를 위한 집단 프로그램. 평택대학교 다문화가족센터.

구자경, 장은정(2016). 집단상담 참여경험에 나타난 대학생의 자아정체성 변화에 관한 내러티브 탐구. 청소년학연구, 23(10), 155-180.

구자경, 장은정, 장정은(2017). '마당을 나온 암탉' 애니메이션 감상을 통한 대학생의 다문화 인식 경험에 대한 내러티브 탐구. 다문화콘텐츠연구, 24, 187-234.

김기찬(2017). 한국남성 100원 받을 때 여성은 63원 받아⋯ 남녀 임금격차 OECD최고. 중앙일보. https://news.joins.com/article/21724441에서 2010년 1월 인출.

김명석(2014). 〈마당을 나온 암탉〉의 서사분석과 다문화 교육. 돈암어문학, 27, 285-309.

김미혜(2013). 다문화 문식성 신장을 위한 문학교육의 방향 연구. 다문화사회연구, 6(1), 5-31.

김봉환, 강은희, 강혜영, 공윤정, 김영빈, 김희수, 선혜연, 손은령, 송재홍, 유현실, 이제경, 임은미, 황매향(2018). 진로상담(2판). 서울: 학지사.

김상렬(2009). 다문화에 대한 편견 감소를 위한 영화치료 프로그램의 효과: 고등학생을 대상으로. 고려대학교 대학원 석사학위논문.

김수아(2012). 결혼이민여성의 문화적 정체감 발달 단계탐색: Q방법론적 접근. 우석대학교 대학원 박사학위논문.

김은주(2011). 한국 애니메이션 "마당을 나온 암탉"에서 찾은 생태적 인식 및 유아교육적 의미 탐색. 어린이 문학교육연구, 12(2), 183-199.

김태호(1998). 문화적 정체감 발달 단계별 태도 척도개발의 탐색 연구. 상담교육연구, 1(1), 1-20.

두산백과(2018). 연령 차별주의. https://ko.dict.naver.com/에서 2019년 1월 인출.

박순희, 이주희, 김은진(2011). 다문화교육 프로그램이 대학생의 문화적 민감성 증진에 미치는 효과. 청소년학연구, 18(6), 123-145.

박종수(2016). 영화를 활용한 다문화교육의 현황과 과제: 종교영화 아카이브 구축을 위한 제언. 종교문화연구, 26, 77-103.

박혜숙(2012). 『마당을 나온 암탉』과 『강아지 똥의 초월성』. 동화와 번역, 24, 219-238.

보건복지부(2008). 다문화가족 상담 가이드북. 전국다문화가족사업지원단.

서기주(2015). 다문화 인식개선을 위한 접근방법 연구. 문화교류연구, 4(3), 29-45.

서재복(2014). 사범대학생의 다문화 수업 프로그램 효과 연구. 교육종합연구, 12(4), 191-207.

서지은, 최현미(2012). 결혼이주여성의 가족상담 서비스 이용결정 요인 분석. 사회과학연구, 28(3), 23-43.

설기문(1993). 다문화주의의 입장에서 본 상담의 토착화와 한국적 상담의 가능성. 학생연구, 21, 43-61, 동아대학교 학생생활연구소.

신은주, 구자경(2008). 문화적 역량개발을 위한 매뉴얼. 평택대학교 다문화가족센터.

염미경(2012). 대학 다문화교육과 대학생들의 다문화 인식: 다문화이해 관런 교양 강좌 수강생들을 중심으로. 현대사회와 다문화, 2(1), 211-233.

이소연, 서영석, 김재훈(2018). 사회정의에 기초한 진로상담 및 직업상담: 상담자 역할과 상담자 교육에 대한 시사점. 한국심리학회지: 상담 및 심리치료, 30(3), 515-540.

이승연(2011). 소수자 이해를 위한 다문화시대의 소설교육 연구:『나마스테』,『마당을 나온 암탉』을 중심으로. 한양대학교 대학원 석사학위논문.

이장호(1986). 상담심리학 입문. 서울: 박영사.

임은미(2010). 다문화 진로상담. 김봉환 외 공저, 진로상담이론: 한국 내담자에 대한 적용(pp. 258-260). 서울: 학지사.

임은미(2015). 학교장면에서의 옹호상담 방안 모색. 교육학연구, 53(3), 119-140.

임은미(2016). 한국 상담자를 위한 사회문제 옹호 척도(SIAS)의 타당성 검증. 상담학연구, 17(4), 1-20.

임은미(2017). 한국 상담자를 위한 사회정의 옹호역량 척도(SJACS-K)의 개발 및 타당화. 상담학연구, 18(6), 1-20.

임은미, 강혜영, 고홍월, 공윤정, 구자경, 김봉환, 손은령, 손진희, 이제경, 정진선, 황매향(2017). 진로진학상담기법의 이론과 실제. 서울: 사회평론아카데미.

임은미, 강혜정, 구자경(2018). 일반 상담역량, 다문화 상담역량, 사회정의 옹호 상담역량의 구조적 관계 및 잠재집단 탐색. 상담학연구, 19(5), 209-232.

임은미, 강혜정, 김성현, 구자경(2018). 한국 상담자의 다문화 상담역량 척도 개발 및 타당화. 상담학연구, 19(1), 421-442.

장수경(2014). 애니메이션「마당을 나온 암탉」과 만화『마당을 나온 암탉』의 비교 연구. 한국문예창작, 13(1), 151-176.

전미순, 김현정, 가이래, 김재원, 김진수, 박선하, 송지현, 오새영(2013). 대학생의 다문화에 대한 인식과 태도. 다문화건강학회지, 3(1), 9-14.

최가희(2018). 사회정의와 상담심리의 역할. 한국심리학회지: 상담 및 심리치료, 30(2), 249-271.

출입국 · 외국인정책본부(2018). 출입국 · 외국인정책 통계월보 2018년 11월호. http://www.immigration.go.kr에서 2019년 1월 인출.

통일부(2018). 주요사업통계: 북한이탈주민 정책-2018년 9월 현황. https://www.unikorea.go.kr/unikorea/business/statistics/에서 2019년 1월 인출.

표준국어대사전(2018). 민족, 인종, 사회계층. https://ko.dict.naver.com/에서 2019년 1월 인출.

한국경제용어사전(2018). 고령자 차별, 노인 차별. https://ko.dict.naver.com/에서 2019년 1월 인출.

허영식(2015). 다문화사회에서 편견·차별의 문제와 해결방안. 다문화와 인간, 4(2), 3-32.

Aponte, J., & Johnson, L. R. (2000). The impact of culture on intevention and treatment of ethnic populations. In J. Aponte & J. Wohl (Eds.), *Psychological intervention and cultural diversity* (pp. 18-39). Needham Heights, MA: Allyn & Bacon.

Arredondo, P., Toporek, M. S., Brown, S., Jones, J., Locke, D. C., Sachez, J., & Stadler, H. (1996). *Operationalization of Multicultural Counseling Competencies.* AMCD: Alexandria.

Asamen, J. K., & Berry, G. L. (1987). Self-concept, alienation, and perceived prejudice: Implications for counseling Asian Americans. *Journal of Multicultural Counseling and Development, 15,* 146-160.

Atkinson, D. R., Morten, G., & Sue, D. W. (1979). *Counseling american minorities: A cross-cultural perspective.* Dubuque, Iowa: Wm. C. Brown Co.

Beiser, M. (1987). Changing time perspective and mental health among Southeast Asian refugees. *Culture, Medicine, and Psychiatry, 11,* 437-464.

Bemak, F., & Greenberg, B. (1994). Southeast Asian refugee adolescents: Implications for counseling. *Journal of Multicultural Counseling and Development, 22*(4), 115-124.

Bemak, F., & Timm, J. (1994). Case study of an adolescent Cambodian refugee: A clinical, developmental and cultural perspective.

International Journal of the Advancement of Counseling, 17, 47–58.

Binswanger, L. (1963). *Being-in-the-world: Selected papers.* New York, NY: Basic Books.

Bronfenbrenner, U. (1993). The ecology of cognitive development: research models and fugitive findings. In Wozinak, R. H., & Fisher, K. (Eds.), *Scientific environments.* Hillsdale, NJ: Erlbaum.

Chung, R. C., & Bemak. F. P. (2012). *Social justice counseling: The next steps beyond multiculturalism.* Thousand Oaks, CA: Sage.

Clandinin, D. J., & Connelly, F. M. (2007). 내러티브 탐구: 교육에서의 질적 연구의 경험과 사례 [*Narrative inquiry*]. (소경희, 강현석, 조덕주, 박민정 공역). 서울: 교육과학사 (원전은 2000년 출판).

Corey, M. S., Corey, G., & Corey, C. (2016). *Groups: Process and practice,* (J. S. Kim, & D. S. Yoo, Trans), Seoul: Cengage Learning Korea (Original work published 2014).

Crethar, H., Rivera, E., & Nash, S. (2008). In search of common threads: Linking multicultural, feminist, and social justice counseling paradigms. *Journal of Counseling and Development, 86*(3), 269–278.

Cross, T. L., Bazron, B. J., Dennis, K. W., & Isaacs, M. R. (1989). *Towards a culturally competent system of care.* Washington, DC: Child and Adolescent Service System Program Technical Assistance Center.

D'Andrea, M. J., & Daniels, J. A. (2001). RESPECTFUL counseling: An integrative multi-dimensional model for counselors. In D. B. Pope-Davis & H. L. K. Coleman (Eds.), *The intersection of race, class, and gender in multicultural counseling* (pp. 417–466). Thousand Oaks, CA: SAGE.

Dinsmore, J. A., Chapman, A., & McCollum, V. J. C. (2000). Client advocacy and social justice. *Strategies for developing trainee competence.* Paper presented at the Annual Conference of the

American Counseling Association, Washington, DC.

Draguns, J. G. (2002). Universal and cultural aspects of counseling and Trimble (Eds.), *Counseling across cultures* (5th ed., pp. 29-50). Thousand Oaks, CA: Sage.

Egli, A., Shiota, N., Ben-Porath, Y., & Butcher, J. (1991). Psychological interventions. In J. Westermeyer, C. Williams, & A. Nguyen (Eds.), *Mental health services for refugees* (pp. 157-188). Rockville, MD: U.S. Department of Health and Human Services.

Essandoh, P. K. (1996). Multicultural counseling as the foruth force: A call to arms. *The Counseling Psychologist, 24,* 26-138.

Fontes, L. A. (2016). 다문화 상담 면접 기법: 다문화 면담의 준비과정에서 보고서 작성까지 [*Interviewing clients across cultures*]. (강영신 역). 서울: 학지사 (원전은 2008년 출판).

Gilligan, C. (1993). *In a different voice: Psychological theory and women's development.* Cambridge, MA: Harvard University Press.

Goffman, E. (1963). *Stigma: Notes on the management of spoiled identity.* Englewood Cliffs, NJ: Prentice Hall.

Goodman, I. A., Liang, B., Helms, J. E., Latta, R. E., Sparks, E., & Weintraub, S. R. (2004). Training counseling psychologist as social justice agents: Feminist and multicultural principles in action. *The Counseling Psychologist, 32*(6), 793-837.

Hall, E. T. (1976). *Beyond culture.* New York: Anchor Press.

Harro, B. (2010). The cycle of socialization. In M. Adams, W. J. Blumenfeld, C. Castaneda, H. W. Hackman, M. L. Peters, & X. Zuniga (Eds.), *Readings for diversity and social justice* (pp. 45-51). NY: Routledge.

Hays, P. A. (1996). Addressing the complexities of culture and gender in counseling. *Journal of Counseling and Development, 74,* 332-338.

Hays, P. A. (2008). *Addressing cultural complexities in practice: Assessing, diagnosis, and therapy.* American Psychological Association.

Hays, P. A. (2010). 문화적 다양성과 소통하기: 다문화상담의 이해 [*Addressing cultural complexities in practice*]. (방기연 역). 서울: 한울아카데미 (원전은 2008년 출판).

Helms, J. E. (1999). Another meta-analysis of the White Racial Identity Attitude Scale's Cronbach alphas: Implications for validity. *Measurement and Evaluation in Counseling and Development, 32*, 122-137.

Herr, E. L. (1989). *Counseling in a Dynamic Society: Opportunities and Challenges,* Alexandria, VA: American Association for Counseling and Development.

Hofstede, G. (1995). 세계의 문화와 조직 [*Cultures and organizations: Software of the mind*]. (차재호, 나은영 공역). 서울: 학지사 (원전은 1995년 출판).

Hughes, M., & Demo, D. H. (1989). self-perceptions of Black Americans: Self-esteem and personal efficacy. *American Journal of Sociology, 95*, 135-159.

Ibrahim, F. A. (1991). Contribution of cultural wordview to generic counseling and development. *Journal of Counseling and Development, 70*, 13-19.

Ivey, A. E., & Collins, N. M. (2003). Social justice: A long-term challenge for counseling psychology. *The Counseling Psychologist, 31*(3), 290-298.

Jun, H. S. (2009). *Multicultural social justice counseling.* Sage Publications.

Katz, J. (1985). The sociopolitical nature of counseling. *The Counseling Psychologist, 13*, 615-624.

Kim, T. H. (1990). The relationship between cultural identity development and vocational preference of Korean-American adolescent students. Syracuse University.

Kiselica M. S., & Robinson, M. (2001). Bringing advocacy counseling to life: The history, issues, and human dramas of social justice work in counseling. *Journal of Counseling and Development, 79*(4), 387–397.

Kleinman, A., & Kleinman, J. (1985). Somatization: The interconnections in Chinese society among culture, depressive experiences, and the meaning of pain. In A. Kleinman & B. Good (Eds.), *Culture and depression: Studies in the anthropology and cross-cultural psychiatry of affect and disorder* (pp. 429–490). Berkeley: University of California Press.

Koltko-Rivera, M. E. (2004). The psychology of worldviews. *Review of General Psychology, 8*, 3–58.

Koss-Chioino, J. D. (2000). Traditional and folk approaches among ethnic minorities. In J. Aponte & J. Wohl (Eds.), *Psychological intervention and cultural diversity* (pp. 149–166). Needham Heights, MA: Allyn & Bacon.

Lambert, M. J., & Bergin, A. E. (1994). The effectiveness of psychotherapy. In A. E. Bergin & S. L. Garfield (Eds.), *Handbook of psychotherapy and behavior change* (4th ed., pp. 143–189). New York, NY: Wiley.

Lewis, J. A., Arnold, M. S. House, R., & Toporek, R. L. (2003). Advocacy competency domains. American Counseling Association. http://www.counseling.org에서 2018년 10월 인출

Lewis, J. A., Lewis, M. D., Daniels, J. A., & D'Andrea, M. J. (2011). *Community counseling: A multicultural social justice perspective* (4th ed.). Belmont CA: Cengage.

Lewis, J., Arnold, M., House, R., & Toporek, R. (2003). Advocacy competencies. https://www.counseling.org/knowledge-center/competencies에서 2018년 6월 인출.

Liu, W. M. (2001). Expanding our understanding of multiculturalism. In D. Pope-Davis & H. L. K. Coleman (Eds.), *The intersection of race, class, and gender in multiculturalism counseling* (pp. 127–170). Thousand Oaks, CA: Sage.

Lorde, A. (2018). 시스터 아웃사이더 [*Sister outsider: Essays and speeches*]. (주혜연, 박미선 공역). 서울: 후마니타스 (원전은 1984년 출판).

MacCluskie, K. (2012). 현대상담기술: 통합된 이론, 다문화주의 그리고 자각 [*Acquiring counseling skills: Integrating theory, multiculturalism, and self-awareness*]. (홍창희, 인숙자, 정정화, 정민 공역). 서울: 학지사 (원전은 2010년 출판).

McAuliffe, G., Goméz, E., & Grothaus, T. (2013). Conceptualizing race and racism. In G. McAuliffe (Ed.), *Culturally alert counseling: A comprehensive introduction* (2nd ed., pp. 89-124). Thousand Oaks, CA: Sage.

McIntosh, P. (1986). White priviledge and male privilege: A personal account of coming to see correspondences through work in women's studies. Paper presented at the meeting of the American Educational Research Association, Boston, MA.

McIntosh, P. (1989, July/August). White privilege: Unpacking the invisible knapsack. *Peace and Freedom*, 10-12.

Meyer, I. H. (1995). Minority stress and mental health in gay men. *Journal of Health and Social Behavior, 36*(1), 38-56.

Mthethwa-Sommers, S. (2014). *Narratives of social justice educators: Standing firm*. Springer.

Muecke, M. A. (1983). In search of healers, Southeast Asian refuges in the American healthcare system. *Cross-Cultural Medicine, 139*(6), 835-840.

Nagda, B(Ratnesh) A. (2001). *Creating Spaces of Hope and possibility: A Curriculum Guide for Intergroup Dialogue*, Intergroup Dialogue, Education and Action(IDEA), Training & Resource Institute, School of Social Work, University of Washington. National Association for Multicultrual Education, http://www.nameorg.org/resolutions/definition.html.

Neukrug, E. (2017). 전문 상담자의 세계 [*The world of the counselor: An introduction to the counseling profession*, 5th ed.]. (이윤주, 구자경,

권경인, 박승민, 손은령, 손진희, 임은미 공역). 서울: 사회평론 (원전 2016년 출판).

Nilsson, J. E., Marszalek, J. M., Linnemeyer, R. M., Bahner, A. D., & Misialek, L. H. (2011). Development and assessment of the Social Issues Advocacy Scale. *Educational and Psychological Measurement, 71*(1), 258-275. DOI: 10.1177/ 0013164410391581.

Parham, T. A., & Helms, J. E. (1985). Attitudes of racial identity and self-esteem of Black students: An exploratory investigation. *Journal of College Student Personnel, 26*(2), 143-147.

Pedersen, P. (2000). *A handbook for developing multicultural awareness.* Alexandria, American Counseling Association.

Pedersen, P. B., Creathar, H., & Carson, J. (2008). *Inclusive cultural empathy: Making relationships central in counseling and psychotherapy.* Washington, DC: American Psychological Association.

Pierce, C. (1970). Offensive mechanisms. In F. B. Barbour (Ed.), *The Black seventies* (pp. 265-282). Boston, MA: Porter Sargent.

Ponzo, Z. (1974). A counselor and change: Reminiscences and resolutions. *Personnel and Guidance Journal, 53*, 27-32.

Ratts, M. J. (2009). Social justice counseling: Toward the development of a fifth force among counseling paradigms. *Journal of Humanistic Counseling, Education, and Development, 48*(2), 160-172.

Ratts, M. J., & Pedersen, P. B. (2014). *Counseling for multiculturalism and social justice: Integration, theory, and application* (4th ed.). Wiley.

Ratts, M. J., & Wood, C. (2011). The fierce urgency of now: Diffussion of innovation as a mechanism to integrate social justice in counselor education. *Counselor Education and Supervision, 50*, 207-223.

Ratts, M. J., Singh, A. A., Nassar-McMillan, S., Butler, S. K., & McCullough, J. R. (2015). Multicultural and social justice counseling competences: Guidelines for the counseling profession. *Journal of*

Multicultural Counseling and Development, 44, 28-48.

Ratts, M. J., Singh, A. A., Nassar-McMillan, S., Butler, S. K., & McCullough, J. R. (2015). Multicultural and social justice counseling competencies: Guidelines for the counseling profession. *Journal of Multicultural Counseling and Development, 44*, 28-48.

Rosenberg, M. B. (2004). 비폭력 대화 [*Nonviolent communication: A language of life*] (캐서린 한 역). 서울: 바오 (원전은 2003년 출판).

Shriberg, D., Song, S. Y., Miranda, A. H., & Radliff, K. M. (2013). *School psychology and social justice: Conceptual framework and tools for practice*. NY and London: Routledge.

Speight, S. L., Myers, L. J., Cox, C. L., & Highlen, P. S. (1991). A redefinition of multicultural counseling. *Journal of Counseling and Development, 70*(1), 29-36.

Steele, C. M. (1998). Stereotyping and its thret are real. *American Psychologist, 53*(6), 680-681.

Steele, C. M., & Aronson, J. (2000). Stereotype thret and the intellectual test performance of African Americans. In C. Stangor (Ed.), *Stereotypes and prejudice: Essential readings in social psychology* (pp. 369-389). New York, NY: Psychological Press.

Sue, D. W, Bernier, J. E., Durran, A., Feinberg, L., Pedersen, P., Smith, E. J., & Vasquez-Nuttall, E. (1982). Position Paper: Cross-Cultural Counseling Competencies. *The Counseling Psychologist, 10*, 45-52.

Sue, D. W. (1977). Barriers to effective cross-cultural counseling. *Journal of Counseling Psychology, 24*, 420-429.

Sue, D. W. (1995). Multicultural organizational development: Implications for the counseling profession. In J. G. Ponterotto, J. M. Casa, L. A. Suzuki, & C. M. Alexander (Eds.), *Handbook of multicultural counseling* (pp. 474-492). Thousand Oaks, CA: Sage.

Sue, D. W., & Sue, D. (2011). 다문화상담: 이론과 실제 [*Counseling culturally diverse: Theory and practice*, 5th ed.]. (하혜숙, 김태호, 김인규, 이호준, 임은미 공역). 서울: 학지사 (원전은 2008년 출판).

Sue, D. W., & Sue, D. (2013). *Counseling the culturally diverse: Theory and Practice*. New York: J. Wiley

Sue, D. W., & Torino, G. C. (2005). Racial cultural competences: Awareness, knowledge, and skills. In R. T. Carter (Ed.), *Handbook of racial-cultural psychology and counseling: Theory and research* (pp. 3-18). Hoboken, NJ: Wiley.

Sue, D. W., Arredondo, P., & McDavis, R. (1992). Multicultural counseling competencies and standards: A call to the profession. *Journal of Counseling and Development, 70,* 477-486.

Sue, D. W., Ivey, A. E., & Pedersen, P. B. (2008). 다문화 상담의 이론과 실제 [*Theory of multicultural counseling and therapy*] (김태호, 임은미, 김인규, 은혁기, 김명식, 서혜석, 하혜숙, 김영혜, 김수아, 정성진 공역). 서울: 태영출판사 (원전은 1996년 출판).

Sue, S., & Sue, D. (2007). *Counseling the culturally diverse* (5th ed.). New York: Wiley.

Szymanski, D. (2013). Counseling lesbian, gay, bisexual, and transgendered clients. In G. J. McAuliffe (Ed.), *Culturally alert counseling: A comprehensive introduction* (2nd ed., pp. 415-554). Thousand Oaks, CA: Sage.

Tatum, B. D. (2010). The Complexity of identity. In M. Adams, W. J. Blumenfeld, C. Castaneda, H. W. Hackman, M. L. Peters, & X. Zuniga(Eds.), *Readings for diversity and social justice* (2nd ed., pp. 5-8). NY: Routledge.

Toporek, R. L., Lewis, J. A., & Crethar, H. C. (2009). Promoting Systemic Change through the ACA advocacy competencies. *Journal of Counseling and Development, 87,* 260-269.

van Deurzen, E. (2002). *Existential counseling and psychotherapy in practice* (2nd ed.). London, UK: Sage Publications.

Vera, E. M., & Speight, S. L. (2003). Multicultural competence, social justice, and counseling psychology: Expanding our roles. *The Counseling Psychologist, 31*(3), 253-272.

Westermeyer, J. (1988). Folk medicine in Laos: A comparison between two ethnic groups. *Social Science and Medicine, 27,* 769-778.

Whol, J. (2000). Psychotherapy and cultural diversity. In J. Aponte & J. Whol (Eds.), *Psychological intervention and cultural diversity* (pp. 75-91). Needham Heights, MA: Allyn & Bacon.

Worell, J., & Remer, P. (1992). *Feminist perspectives in therapy: An empowerment model for women.* Chichester, England: Wiley.

Zúñiga, X., Nagda, B. A., & Sevig, T. D. (2002). Intergroup dialogues: An educational model for cultivating engagement across differences. *Equity and Excellence in Education, 35*(1), 7-17.

Zúñiga, X., Nagda, B. A., Chesler, M., & Cytron-Walker, A. (2007). Intergroup dialogue in higher education: Meaningful learning about social justice. *ASHE Higher Education Report, 32*(4), 1-128.

찾아보기

[인명]

[내용]

저자 소개

임은미(Lim, Eun Mi)

서울대학교 대학원 교육학 석사(교육상담)
서울대학교 대학원 교육학 박사(교육상담)
현 전북대학교 교육학과 교수

구자경(Koo, Ja Gyoung)

서울대학교 대학원 교육학 석사(교육상담)
서울대학교 대학원 교육학 박사(교육상담)
현 평택대학교 상담대학원 상담학과 교수

상담 및 심리치료 이론 시리즈 13

다문화 사회정의 상담
Multicultural Social Justice Counseling

2019년 3월 20일 1판 1쇄 인쇄
2019년 3월 25일 1판 1쇄 발행

지은이 • 임은미 · 구자경
펴낸이 • 김진환
펴낸곳 • (주)**학지사**
04031 서울특별시 마포구 양화로 15길 20 마인드월드빌딩
대표전화 • 02)330-5114　　　　팩스 02)324-2345
등록번호 • 제313-2006-000265호

홈페이지 • http://www.hakjisa.co.kr
페이스북 • https://www.facebook.com/hakjisa

ISBN 978-89-997-9261-8 93180

정가 15,000원

이 도서의 국립중앙도서관 출판시도서목록(CIP)은 서지정보유통지
원시스템 홈페이지(http://seoji.nl.go.kr)와 국가자료공동목록시스템
(http://www.nl.go.kr/kolisnet)에서 이용하실 수 있습니다.
(CIP 제어번호: CIP2019005878)

교육문화출판미디어그룹 학지사

심리검사연구소 **인싸이트** www.inpsyt.co.kr
원격교육연수원 **카운피아** www.counpia.com
학술논문서비스 **뉴논문** www.newnonmun.com
간호보건의학출판 **학지사메디컬** www.hakjisamd.co.kr